大学体育与健康

袁红文　黄晓　主　编

许娇　吴健　乔琳　副主编

电子工业出版社·

Publishing House of Electronics Industry

北京·BEIJING

内 容 简 介

本书以大学体育教学实践内容为依据，针对目前大学生的体质状况及大学生应该了解的体育知识，对身心健康相关的理论知识及身体素质练习方法进行了详细介绍；同时对大学生常见运动损伤及处理、特殊群体的体育锻炼进行了讲解；着重对"三大球"、"三小球"、武术、操舞类项目及大学生喜爱的多种体育项目进行了讲解并配有学习视频。

本书坚持理论联系实际，注重实用性，立足可读性，突出指导性，不仅可以作为普通高等学校学生学习体育课程的基础教材，还可以作为高等学校体育教师进行教学的参考教材。

图书在版编目（CIP）数据

大学体育与健康 / 袁红文，黄晓主编. -- 北京 ：
电子工业出版社，2024. 8. -- ISBN 978-7-121-48723-1

Ⅰ. G807.4；G647.9

中国国家版本馆 CIP 数据核字第 2024PA4244 号

责任编辑：孟　宇
印　　刷：三河市龙林印务有限公司
装　　订：三河市龙林印务有限公司
出版发行：电子工业出版社
　　　　　北京市海淀区万寿路 173 信箱　　邮编：100036
开　　本：787×1 092　1/16　印张：12.75　字数：326 千字
版　　次：2024 年 8 月第 1 版
印　　次：2024 年 8 月第 1 次印刷
定　　价：45.00 元

凡所购买电子工业出版社图书有缺损问题，请向购买书店调换。若书店售缺，请与本社发行部联系，联系及邮购电话：（010）88254888，88258888。

质量投诉请发邮件至 zlts@phei.com.cn，盗版侵权举报请发邮件至 dbqq@phei.com.cn。

本书咨询联系方式：（010）88254527，mengyu@phei.com.cn。

前　言

党的二十大报告指出："广泛开展全民健身活动，加强青少年体育工作，促进群众体育和竞技体育全面发展，加快建设体育强国。"体育强国是新时期我国体育工作改革和发展的目标与任务，已成为中华民族伟大复兴的标志性事业。为了贯彻党的教育方针，落实立德树人的根本任务，教师要帮助和引导大学生在体育锻炼中享受乐趣、增强体质、健全人格、锤炼意志。根据《关于强化学校体育促进学生身心健康全面发展的意见》《关于全面加强和改进新时代学校体育工作的意见》《全国普通高等学校体育课程教学指导纲要》等文件精神，结合当前普通高校体育课程改革及大学生对体质健康水平的需求，编写了本书。

本书主要具有以下四个特色。

（1）时代性：结合党的二十大报告，贯彻党中央、国务院近年来发布的相关体育文件精神。

（2）实用性：紧密结合大学体育课程内容，便于学生自主选择、自主学习，满足大学生对体育活动多样化的需求。

（3）针对性：针对大学生每年的国家体质健康测试，为大学生提供科学、合理的身体锻炼指导。针对部分特殊大学生群体，介绍各种锻炼方法及注意事项。

（4）创新性：结合学校体育信息化教学，运用"互联网+"新媒体进行教学升级。针对部分体育运动拍摄了视频，通过扫描二维码可以观看该体育运动的主要内容及讲解。

在编写本书过程中，参考了大量的文献资料，并得到了有关专家、一线教师、运动员的支持和帮助，在此表示衷心的感谢！

由于编写人员水平有限，书中难免存在不足之处，恳切希望广大同仁与读者给予批评指正，以便今后进一步完善。

编者

2024 年 5 月

目　　录

第一章 大学体育与课程思政

第一节 大 学 体 育

一、大学体育的作用

（一）大学体育是大学教育的重要组成部分

体育是以增强体质为主要目的的身体教育，它是教育的一个重要组成部分。大学体育在大学教育中的地位是由大学的教育目标所确定的，大学教育致力于使大学生德、智、体、美、劳全面发展，努力培养有理想、有道德、有文化、守纪律的合格人才。合格人才应具有高度的政治觉悟和良好的自学能力、研究能力、社会交往能力和健康的体魄等基本条件。其中，健康的体魄是基础和前提。体质健康状况对一个人的性格、情绪、智力、意志力等都具有重要的影响，强健的体魄是大学生在将来工作中有所作为的重要保证。

（二）大学体育与大学生

1. 当代大学生的人格特征

（1）有较强的批判性：随着社会经济、科技水平的突飞猛进，社会对人才的要求也越来越高。新观念与旧思想的矛盾冲突必然会对处于不成熟向成熟发展阶段的大学生群体产生较大的影响。大学生在逐渐接触社会过程中，逐步建立和完善自身的价值评判标准，力图用新观念去化解或者摆脱旧思想带给他们的冲击，从而更好地与外界事物建立联系。

（2）以自我为中心：如今的大学生普遍具有强烈的自尊、自立意识。当遇到各类问题时，习惯于用自身标准去判断和处理，这在一定程度上体现了他们的独立。但是大学生在处理人与人、人与社会的关系上，易形成以自我为中心的思考和行为方式，强化其作为社会个体在新的社会环境中的独立性和唯一性。

2. 大学体育的独特作用

（1）大学体育有利于大学生保持与增强体质：健康的体魄、充沛的体能是生活、学习和工作的前提与基础。随着经济科技的迅猛发展，我们的生活方式发生剧烈变化，这种变化不断影响着我们的运动参与度。现阶段的大学生运动明显不足，身体素质呈缓慢下降趋势。大学体育通过各种丰富多彩的体育项目与各类课外体育活动、竞赛和健康教育，切实承担起构建大学生强健体魄、提高其体能与健康水平的责任。

（2）大学体育有效促进大学生心理健康：健全的人格需要具备良好的心理素质。学业压力、就业压力以及群体生活带来的社会交往压力等都影响着大学生的学习、生活状态。体育运动是解决这类问题的有效方法之一，它可以消除紧张情绪，释放心理压力。通过参加体育运动可以营造一种轻松、愉快的心境，改善心理感受。

（3）大学体育有利于培养大学生的团队精神、协作能力：团队精神和协作能力是健全人格的核心内容。"以自我为中心"的个性可能使得即便成绩优秀的大学毕业生也由于不愿意与他人合作、缺乏团队精神和协作能力而导致其自身发展受到限制。大学体育在培养团队精神和协作能力方面具有独特的优势，尤其是需要集体参与的大球运动项目或者体育游戏，各成员必须团队协作，并肩作战。这个过程中自然而然地增强了大学生的团队意识，最终演变成为一种团队协作行为。另外，在体育比赛中，各成员之间必须有良好的沟通，这样才能协同配合，形成合力，争取最后的胜利，因此，体育比赛的过程也是一个培养团队精神和协作能力的过程。

（4）大学体育有利于提高大学生的审美水平：大学生健全人格还有一项重要内容就是确立正确的审美意识。首先，体育运动本身的特质决定了它会激起大学生对活力的热爱与向往，进而培养他们追寻美的意识。其次，体育教育可以提升大学生欣赏美、鉴赏美的能力。在目前体育竞技环境日益成熟的情形下，各类体育赛事已进入人们的娱乐生活。通过观赏各类赛事，加深对运动历史、运动规则、运动本质等方面的了解，可以拓宽知识面，丰富体育文化生活，从欣赏运动之美的角度去获得更多美的体验，进而提高鉴赏美的能力。

（5）大学体育有利于培养大学生健康向上的体育精神：体育精神是指体育运动中所蕴含的对人的发展具有启迪和影响的有价值的思想和意识。体育精神是追求人的健康、健美的发展，从而最大限度地激发人的潜能以争取精神世界健康的心理状态，这种执着的追求常表现为勇气、耐力、意志力等。体育作为一种社会交往活动，有利于发展大学生的社会认知；自尊、自爱、自强不息是体育精神的重要内涵，有利于培养大学生积极的参与意识、自主精神和独立人格。除此之外，体育比赛是在各种规则约束下组织的健康文明活动，对于培养大学生的是非感和正义感具有积极作用。体育运动倡导公平竞争，让所有运动参与者都明白要靠真正实力、靠智慧技巧、靠拼搏精神去战胜对手，这有利于大学生形成健康的价值观和人生观。而且，体育还可以培养大学生不畏困难、不惧失败的意志品质。

二、大学体育的组织形式

大学体育在落实教育目标、目的的过程中，主要通过以下途径进行：体育课堂教学、课外体育锻炼、课余体育竞赛和课余运动训练等。将体育课堂教学与课外体育活动有机结合，促进学校与社会紧密联系，能够更好地实现体育教育目标。

（一）体育课堂教学

体育课堂教学是大学体育的基本组成部分，是实现大学体育目的与目标的重要组织形式，是保证全体大学生学习与掌握体育与健康知识技能、达到增强体质和提高体育素养的中心环节。课程形式主要有体育基础课、体育选项课、体育选修课、保健康复课等。

（二）课外体育锻炼

课外体育锻炼是指除体育课堂教学外，为了达到强身健体、休闲娱乐以及丰富课余生活的目的，学校、体育协会、体育俱乐部等组织的各类形式多样、丰富灵活的面向全体大学生的体育活动，或者大学生个人或小群体自发组织参与的身体锻炼活动。

（三）课余体育竞赛

课余体育竞赛是在课余时间进行，由两个及以上的个人或团体，根据一定的规则和比赛规程进行的竞赛活动。课余体育竞赛是推动大学生活动开展、丰富课余文化生活、提高运动训练水平的重要杠杆。

（四）课余运动训练

课余运动训练是指在课余时间针对体育基础较好、具有运动天赋的大学生进行的系统训练。大学的课余运动训练既有利于竞技体育人才的培养，为我国竞技体育运动水平提高做出贡献，也有利于为社会培养群众性体育活动的骨干，推动大众体育活动的发展。

三、校园体育文化

校园体育文化是以大学生为主体、以课外体育活动为主要内容、以校园为主要空间、以校园精神为特征的一种群体文化。校园体育文化的宗旨主要是培养大学生的体育精神、体育意识和体育技能，提高大学生体育文化素养，增进大学生身心健康。

校园体育文化作为大学体育的重要组成部分，在德、智、体、美、劳全面发展的教育方针中，以及在培养身心健康和具有创新精神和实践能力的社会主义现代化合格人才中具有十分重要的作用。当代校园体育文化在坚持具有中国特色的社会主义体育教育方向的同时，既要发展中华民族传统的体育文化，又要引进国际先进的体育文化。校园体育文化建设包括体育课程建设、组织运动竞赛、组建发展体育协会、丰富课外体育活动和体育交流等多种形式。因此，校园体育文化建设，必须多途径、全方位实施，从而充分发挥校园体育文化的积极作用。

第二节　体育课程思政

一、体育课程思政的概念

体育课程思政概念的提出是对课程思政理念的深化与拓展，是体育课程与思政教育融合的具体体现。目前诸多学者对体育课程思政进行了多视角、多维度的研究与探讨，但体育课程思政的概念还没有明确的界定。从教学角度来看，体育课程思政是充分挖掘德育元素，结合体育课程的特点及优势，并运用一定的教学手段和方法对大学生进行动态思想政治教育的过程，体现了体育课程中的思想政治功能。从课程角度来看，体育课程思政的本质在于让体育教学回归教育本位，从体育课程中寻找教育价值，并依托体育知识和运动技能传授，实现以体育人、以体育德的课程理念。结合课程思政概念及内涵，从立德树人这项根本任务出发，体育课程思政以体育课程为载体，以立德树人为根本遵循，以社会主义核心价值观为价值引领，以体育学科核心素养为重要依据，实现思想政治教育渗透于体育教学的各环节与全过程，有效发挥体育课程的德育价值，坚持德、智、体、美、劳全面发展的综合育人理念。

二、体育课程思政的理论遵循

（一）以立德树人为根本遵循

新时代高等教育工作以立德树人为根本任务，将育人与育才相结合是党和国家对人才培养的新期待。育德是育人的前提与基础，其首要任务就是要将立德任务内化至人才培养的各类课程中。体育课程是培养学生体育学科核心素养的重要载体，体育课程思政是思政课程的继续深挖与探索。构建以立德树人为根本遵循的体育课程思政体系，将使得体育课程的重要德育功能得以充分体现。

（二）以社会主义核心价值观为价值引领

立德树人的核心是社会主义核心价值观教育。蕴含中华体育精神的体育课程，以思政建设的价值导向表现出与社会主义核心价值观的高度趋同性。从国家层面而言，体育课程思政的价值导向在于祖国至上、民族自豪、为国争光；在社会层面，体育课程思政强调了人在社会化过程中的协调发展及追求公平公正的精神风貌；对个人而言，体育课程思政反映了顽强拼搏、勇攀高峰的道德风范。体育课程思政与社会主义核心价值观的高度融合，不仅能够推动大学生对体育精神内涵的理解，更是推进社会主义核心价值观教育的重要渠道。

（三）以体育学科核心素养为重要依据

2014 年教育部发布了《关于全面深化课程改革落实立德树人根本任务的意见》（简称《意见》），明确要求研究制定学生发展核心素养体系和学业质量标准，各级各类学校要从实际情况和学生特点出发，把核心素养和学业质量要求落实到各学科教学中。由此可见，课程改革的重点及要求是结合各学科的教学特点与规律，不断深挖其中蕴含的思想政治教学资源、素材、案例等，从而全面推进课程德育的改革与创新，形成完整的高校课程理论体系。体育学科核心素养作为学科素养建设的重要组成部分，也是思政建设的应有之义，推进体育学科核心素养发展既是促进课程思政建设的重要手段，更是高校体育课程落实立德树人根本任务的必然选择。

三、体育课程思政的基本特点

（一）体育课程思政育人的直观性与实践性

在学校倡导德、智、体、美、劳五育并举进程中，身体是承载知识和内涵品德的物质实体，同时也是一切教育活动的基础。体育课程教学的练习性决定了课程是动态的，需要学生全身心投入课程并参与练习，考验学生是否能够承受运动带来的生理负荷，是否能够积极面对技能学习的挑战，是否能够正确面对竞赛的成败得失，是否能够在运动中保持良好的心态等，学生易在运动中展现自我的真实个性，流露真情实感，这意味着思政教育能够更有效、直观地动态呈现在体育课程中。

（二）体育课程思政育人的多样性与全面性

以身体练习为主要教学手段的体育课程，相较于其他学科，因其开展项目的多样性、面对人群的普适性、活动地点的多变性等特点，往往需要学生积极投入，注重学生良好的身心体验与个性释放，鼓励学生积极营造良好的人际关系。从育人对象来看，体育课程涵盖各级各类学校的各个年龄阶段的各个专业学生，其覆盖范围广，开展项目选择多，思政教育切入点巧，是学生乐于接受的思政教育途径。

（三）体育课程思政育人的融合性与有效性

在教学实施方法层面上，体育课程具有独特的开展形式，如情境教学法、榜样示范法、游戏竞赛法等，能够在教学过程中对学生身行潜移默化、润物无声的教育。不同项目具有不同的德育元素，体现出隐形思政教育与显性体育专业教学方法的有机融合，真正体现了以体育人、以体育心的特点，也体现了道德培养的基本要求，能有效地使学生将道德知识转化为道德行为。

四、体育课程思政的时代价值意蕴

（一）体育课程思政建设是落实立德树人根本任务的重要途径

2020 年，教育部印发的《高等学校课程思政建设指导纲要》指出："体育课程要树立健康第一的教育理念，注重爱国主义教育和传统文化教育，培育学生顽强拼搏、奋斗有我的信念，激发学生提升全民族身体素质的责任感。"教育的目标在于把自然人转变为能够适应社会环境、履行社会角色的社会人。体育作为人类发展过程中实现自我价值最直接的文化手段，本身就具有独特的价值性，通过体育实践活动塑造品德、追求公正及实现自我价值等外部行为，彰显了立德树人的时代价值。在课程思政改革总体要求下，体育课程理应主动承担学科责任，有效利用学科思想政治资源，达成体育学科课程教学与立德树人的高度融合。在德、智、体、美、劳"五育并举"的教育新格局中，全面推进体育课程思政建设是落实立德树人根本任务的重要举措，同时也肩负全员、全过程、全方位育人的时代使命。

（二）体育课程思政建设是体育德育功能的重要体现

体育课程是一门实践类课程，其本质是让学生在实践过程中寻找与自身相适应的价值观，并通过中华民族传统美德的价值传达，完成身心统一的育人效果。体育课程思政是培育学生道德品质的重要手段，要充分发挥体育学科核心素养的德育内涵，实现体育课程与思想政治教学资源的有效融合。具体到体育课程教学中，要既能使学生掌握运动技能，又能增强体质，促进个体健康发展；既能提升学生运动能力，又能增强责任意识与集体观念，促进人际关系和谐发展；既能学习体育运动知识，又能传承民族传统文化，增强文化自信。以体育课程为载体，将育人与育德过程融入体育课程学习中，有利于引领学生确立正确的价值坐标，充分体现体育课程的德育功能。

（三）体育课程思政建设是实现"体育强国"战略的重要手段

2019 年，国务院办公厅印发了《体育强国建设纲要》，该纲要指出："促进体育文化繁荣发展，弘扬中华体育精神。"相关教育家深入挖掘中华体育精神，将其融入社会主义核心价值体系建设。"体育强国"战略的落实，关键在于人才培养，其中涵盖体育竞技、体育科技等方面的人才，也包括广义的德、智、体、美、劳全面发展的各领域人才。学校体育课程作为培育新时代青少年的重要阵地，也是推进"体育强国"战略的重要渠道。体育课程思政的深化，将拓宽学生的国际视野，坚定民族自信。优秀体育文化传统与精神的价值引导，可培育学生成为具有全面综合素质和高度责任感的新时代爱国青年。在这一层面上，在体育课程思政中融入"体育强国"战略思想，能够帮助学生充分认识体育强国对于推进社会主义现代化强国的战略意义。因此，体育课程思政建设是实现"体育强国"战略的重要手段。

第二章　体育锻炼与身心健康

第一节　体育锻炼的科学理论

人体是由各器官系统组成的有机体，通过体育锻炼增强体质需要遵循很多科学规律。例如，体育锻炼的科学定量化就与锻炼效果密切相关，对于不同性别、体质、年龄的人，其锻炼内容、方法、生理/心理负荷强度等均有所不同。

一、体育锻炼的能量供应理论

能量代谢是指物质代谢过程中所伴随着的能量释放、储存、转移与利用的过程。食物中的糖类、蛋白质、脂肪既是建造机体结构、实现自我更新的原料，又是机体内能量的来源。运动时能量供应有其一定的生理规律，认识这些规律对正确选择体育锻炼项目、方法及提高体育成绩有一定帮助。

人体运动时的直接能源来自体内一种特殊的高能磷酸化合物——三磷酸腺苷（ATP）。肌肉活动时，肌肉中的 ATP 在酶的催化下，迅速分解为二磷酸腺苷（ADP）和磷酸，同时释放出能量供肌肉收缩。但是人体肌肉内的 ATP 含量甚微，只能供极短时间消耗，因此肌肉要持续运动，就需及时补充 ATP。

人体运动时，当 ATP 分解放能后需要及时补充，补充的途径有三条：磷酸肌酸（CP）分解、糖的无氧酵解及糖与脂肪的有氧氧化。人体供能系统有如下三个。

（一）磷酸原系统

CP 是储存在肌细胞内的另一种高能磷酸化合物。当 ATP 分解放能后，CP 立刻分解放能以补充 ATP 的再合成，由于这一过程十分迅速，不需要氧气也不会产生乳酸，因此，生理学上将 CP 与 ATP 合称为非乳酸系统，又称磷酸原系统（ATP-CP 系统）。

生理学研究证明，全身肌肉中 ATP-CP 系统的供能能力能持续 8 秒左右。这一系统供能能力的强弱，主要和绝对速度有关，如果要提高 50 米、100 米等短距离跑的绝对速度，就要提高 ATP-CP 系统的供能能力。提高这一系统的供能能力的最好训练方法是持续 10 秒以内的全速跑，重复练习，中间间歇休息 30 秒以上。如果间歇时间短于 30 秒，则由于 ATP-CP 系统恢复不足，会产生乳酸积累。

（二）乳酸能系统

当人体肌肉快速运动持续较长时间后（超过 8 秒），ATP-CP 系统已不能及时补充 ATP，于是动用肌糖原进行无氧酵解供能。这一系统供能时不需要氧，但会产生乳酸积累，故称为乳酸能系统。机体产生的乳酸在氧供应充足时，一部分继续氧化释放能量，另一部分合成肝糖原。乳酸是一种强酸，在体内积聚过多，会产生酸中毒，使机体工作能力下降，故乳酸能系统有供能能力，但持续时间也不长（33 秒左右）。

乳酸能系统供能能力的优劣主要与速度耐力有关。中距离跑主要需要速度耐力，100 米、200 米跑的后程及不少球类运动也都需要速度耐力。要提高速度耐力，就要提高乳酸能系统的供能能力，最适宜的锻炼方法是全速（或接近全速）跑30～60秒，间歇休息2～3分钟。这种方法能使血液中的乳酸达到最高水平，锻炼和提高对乳酸的耐受能力。

（三）有氧供能系统

在氧气供应充足的条件下，机体利用糖和脂肪氧化分解成二氧化碳和水，释放大量能量来合成ATP，这种有氧氧化供能系统称为有氧供能系统。其中，糖有氧氧化产生的能量为糖酵解的13倍，故其维持的工作时间较长。

虽然ATP-CP系统和乳酸能系统在运动中提供了大量能量，但归根结底，ATP与CP的合成、糖酵解产物乳酸的消除，都是通过有氧氧化来实现的。所以，肌肉活动能量最终还是来源于糖和脂肪的有氧氧化，而糖和脂肪又来自食物。

人体的有氧供能能力和心肺功能有关，是耐力素质的基础，要提高这一供能能力，主要宜采用较长时间的中等或较低强度的匀速跑或较长距离的中速间歇训练等方法。

人体从事任何一种运动时，能量供应很少仅来源于一个供能系统，大多数情况是上述三个供能系统均参与供能，只不过不同的运动三个供能系统供能的多少各不相同。例如，100米跑主要以ATP-CP系统及乳酸能系统供能为主，长跑则主要由有氧供能系统供能，400米跑等练习以乳酸能系统供能为主，1500米跑则对三个供能系统均有较高要求。因此，在体育锻炼中应根据自身特点，确定主要提高哪一个系统的供能能力，并选择恰当的锻炼方法。

二、体育锻炼超量恢复的理论

新陈代谢是有机体生命活动的基本特征之一，是通过同化作用和异化作用的对立、统一进行的。体育锻炼是对机体新陈代谢过程的一种刺激，它能引起组织系统兴奋，加剧物质代谢和能量转换，造成代谢的不平衡。在进行体育锻炼时，体内的新陈代谢比平时大大加强，能量消耗增加，以不断满足运动时的能量需要。运动后身体的能量物质不仅可以恢复到原有水平，而且还会超过原有水平，这种现象叫超量恢复。能量物质的恢复过程大致可分为三个阶段：第一阶段是在运动过程中，恢复过程就已经开始，这时机体一边进行锻炼消耗能量物质，一边补充和恢复能量物质，由于消耗大于补充，因此能量物质的储存量逐渐减少；第二阶段是运动结束后，此时能量物质消耗已逐渐减少，而恢复过程却不断增强，锻炼中消耗掉的能量物质不断得到补充，直至恢复到锻炼前的原水平；第三阶段是超量恢复阶段，能量物质恢复到原水平后并未停止，而是继续恢复补充，在这段时间，能量物质的恢复可超过原有储备的水平，比锻炼前能量物质的储存量还要多。但是，过一段时间后，能量物质的储备又回到原来水平。如果经常坚持体育锻炼，不断增强能量物质的恢复过程，超量恢复便能达到更高程度，体质也就能不断得到增强

超量恢复出现的早晚与运动量的大小、疲劳程度以及营养供给都有关，可以运用人体超量恢复的规律来指导身体锻炼，但要根据各自的身体条件、年龄和锻炼基础合理地安排运动量和锻炼持续时间，这样既能引起机体超量恢复，又不会超过机体适应的上限。

三、体育锻炼的最大摄氧量理论

人体好像一台机器，各个器官都在不停地工作，各个器官的活动都需要消耗能量，可以说人体进行一切生命活动和保持恒定的体温都需要能量。这些能量从哪里来？人体既不能直接利用太阳的光能，也不能利用外界供给的电能、机械能，人体所需的能量只能通过体内糖、

脂肪和蛋白质的分解获得。而这些营养物质需要氧化才能分解释放出能量。人体不断消耗吸进的氧气来氧化营养物质（糖、脂肪、蛋白质），所释放出的能量供给各器官。所以人体有氧能力的提高，是在某种程度上摄氧量的提高。摄氧量也叫吸氧量或耗氧量，是指人体吸进体内并被组织细胞实际消耗利用的氧量。安静时，人体每分钟的摄氧量为 0.25～0.30 升，与安静时每分钟的摄氧量相比，运动时的摄氧量随着运动强度的加大而增加。进行剧烈运动时，因受到循环、呼吸系统等机能的限制，每分钟摄氧量增加到一定限度就不能再增加，即达到摄氧量最高水平，故称为最大摄氧量，即运动的每分钟能够摄入并被身体利用的氧的最大量。一般成年人最大摄氧量为每分钟 2～3 升，而有训练经验的运动员可达每分钟 4～5 升，优秀的耐力运动员可达每分钟 6～7 升。因此，若要提高最大摄氧量，参加体育锻炼者应注意以下几点。

（1）最大摄氧量通过锻炼只能提高 5%～25%，其他 75%～95%主要是受遗传因素的影响，但个别人通过锻炼则还可提高 25%以上。力量锻炼不能提高最大摄氧量，研究实验表明，采用中等负荷的循环力量练习，每组重复 10～15 次，组间休息 15～30 秒，最大摄氧量变化很小或没有变化。

（2）最大摄氧量的提高与锻炼次数有关。实验证明，每周要至少锻炼 2 次，如果每周锻炼少于 2 次，最大摄氧量的变化不显著。短期的锻炼不能提高人体的有氧适应能力，最少需要 10～20 周才能有效。对成年人来说，每周锻炼不应少于 2 次，每次不应少于 10 分钟，否则，不能起到保持和提高健康水平的作用。

（3）若要想改进身体的组成，使去脂体重（净体重）的比例增大，则每周锻炼不应少于 3 次，每次至少持续 20 分钟，消耗的热量每次应接近 300 千卡。如果每周锻炼 4 次，则每次消耗热量应接近 200 千卡。

（4）提高最大摄氧量的最低阈值，应为最大心率储备的 60%左右（50%的最大摄氧量）。最大心率储备是指最大心率与安静时的心率差，再加上安静时的 1／2 的心率。对青年人来说，相当于心率达到 130～150 次／分的水平；对老年人来说，此值可低至 110～120 次／分。

（5）最初练习跑步，每周 3 次以上，每次超过 30 分钟，有可能引起膝盖的损伤，为此可选用不同的项目交替进行练习。持续锻炼是保持良好锻炼效果的重要因素。停止锻炼 2 周，工作能力可能会显著下降；停止锻炼 4～12 周，已提高的心脏、呼吸健康水平可下降 50%。停止锻炼 10 周～8 个月；健康状况就会回到锻炼前的水平。

（6）最新研究表明，年龄不是耐力锻炼的障碍，中老年人最大摄氧量的变化与青年人相似，只是年龄大的人需要更长的时间才能适应锻炼强度。

四、运动负荷有效价值阈的理论

（一）运动负荷

所谓运动负荷，是指人体在运动中所承受的生理刺激。按对人体产生刺激的性质，我们把运动负荷相应地分为负荷强度和负荷量两个方面。这种划分的意义在于：一方面便于我们了解、认识并研究运动负荷，另一方面便于我们安排和调节运动负荷。在实际运用中，负荷量和负荷强度彼此互为存在的条件，即没有一定强度的量和没有一定量的强度都是没有意义的。

负荷量与负荷强度之间又存在着明显的反比关系，即提高负荷强度，则要相应减少负荷量；增加负荷量，则要相应降低负荷强度。大负荷强度和大负荷量的练习（如用很快的速度跑相当长的一段距离）机体承受不了，而小负荷强度和小负荷量的练习（如用慢速跑一段很短的距离）又难以获得起码的锻炼效果。在运动实践中，安排和调节运动负荷，一般是通过调节影响负荷量和负荷强度的各个因素来实现的。

（二）运动负荷的有效价值阈

无论是便于用百分比确定负荷强度的练习（如走、跑、游、举重等），还是很难用百分比确定负荷强度的练习（如球类、体操、武术、游戏等），都可以根据运动负荷价值阈理论来把握体育锻炼的效果。运动负荷价值阈是按一定的心率区间来确定运动负荷的一种计量标准。尽管因为有个体差异性的存在而不可能确定一个运动负荷有效价值阈的绝对标准，但由于具有正常健康水平的人之间差异并不明显，因此，以一定的心率区间来确定运动负荷的运动负荷有效价值阈理论，仍具有普遍的指导意义。体育锻炼的目的在于有效地增强体质，应以有氧代谢为主。国内外有关研究成果表明：科学体育锻炼的有效价值心率范围为 120～140 次 / 分。当心率为 110 次 / 分以下时，机体的血压、血液成分、尿蛋白和心电图等都没有明显的变化，锻炼身体的价值不大；当心率为 130 次 / 分时，每搏输出量接近或达到一般人的最佳状态，锻炼身体的效果明显；当心率为 150 次 / 分时，每搏输出量开始出现了缓慢的下降；当心率增加到 160～170 次 / 分时，虽无不良的异常反应，但未能呈现出更好的锻炼效果。因此，从事体育锻炼的健康人的运动负荷的有效价值心率范围应保持在 120～140 次 / 分。心率在此范围内波动的时间，应占一次锻炼总时长的 2 / 3。

生理学实验还证明：当心率为 110～140 次 / 分时，每搏输出量大；当心率为 140～180 次 / 分时，每分钟输出量最大。因此，在体育锻炼过程中，适当安排强度较大，持续时间较短的无氧代谢练习，有助于提高负氧债能力。还要根据自己的年龄、体质状况确定有氧代谢的运动负荷。目前，国内外常采用以下三种方法确定运动负荷。

（1）卡沃南氏公式：接近极限负荷的每搏次数（假设每分钟 200 次）减去安静时的每搏次数（假设每分钟 60 次），再乘以 70%，再加安静时每搏次数 60 次，即（200–60）×70%+60=158 次 / 分。

（2）以运动负荷有效价值心率范围 150～130 次 / 分的运动负荷为指标。

（3）以 180 次/分为基数减去体育锻炼者的年龄，作为体育锻炼时每分钟的平均心率数值。

以上运动负荷标准是科学体育锻炼的经验总结。在选择体育锻炼运动负荷时，还必须加强自我监督，感觉运动后是否舒适，以不影响正常学习和生活为宜。

五、运动技能形成的理论

（一）运动技能

运动技能是指人体在运动中学习掌握和有效完成专门运动动作的能力。运动技能的形成，会促进身体素质的发展，身体素质提高了，也会为进一步促进和改善运动技能打下良好的基础，所以运动技能和身体素质之间是相互影响、相互促进的。从生理本质来看，运动技能是复杂的、连锁的、本体感受性的运动条件反射。

（二）运动技能形成的过程

运动技能的形成实质上是在大脑皮质建立运动条件反射的过程，或者说是在大脑皮质建立暂时性神经联系的过程。运动技能形成的过程可人为地划分为四个相互联系的过程。

1. 泛化过程

在形成运动技能的初期，由于机体内外的刺激会通过感受器传入大脑皮质的相应中枢并使相应中枢兴奋，加上此时大脑皮质内抑制过程尚未建立，大脑皮质的兴奋和抑制过程都呈扩散状态，因此将形成运动技能的初期阶段称为泛化阶段。由于大脑皮质的兴奋和抑制处于广泛扩散状态，因此出现的运动动作不协调、不准确，并出现多余和错误动作，而且动作完成很费力。泛化过程一般出现在学习新动作的开始阶段，所以在此阶段的教学和训练，应特别注意动作的主要环节，而不要过于抓动作细节；要应用正确的示范和简练的讲解，使学生建立起正确的动作概念。

2．分化过程

随着运动技能的逐步改进，运动技能的形成过程就由泛化过程进入分化过程。在分化过程，大脑皮质的兴奋和抑制过程不论在时间和空间上均日趋集中和完善，所以多余动作和动作不协调现象消失，错误动作得到了纠正，能顺利、连贯地完成成套技术动作。在分化过程，运动动作虽初步定型，但运动技能还不巩固，所以在较强的新异刺激出现时，常会使已建立起的内抑制过程遭到破坏，又会出现多余动作和动作不协调现象。在分化过程要特别注意对动作细节的严格要求，要多体会和思考动作的细节，使分化过程得到进一步发展。

3．巩固过程

分化过程以后就进入巩固过程。巩固过程的特点是，大脑皮质的兴奋和抑制过程不论在空间和时间上都更加集中，动作也更加精确、省力、协调，动作细节完成得更加准确，甚至某些动作在无意识情况下也能完成。在巩固过程，环境条件发生变化不会影响动作，说明运动动作定型更加巩固，内脏器官的机能活动与肌肉活动配合得也很协调和完善。在巩固过程，运动动作定型虽然已比较巩固，但是如果长期不进行练习，那么已形成的运动技能还会消退，而且越是难度大的复杂性高的动作技能越容易消退。所以运动技能达到巩固过程后，也应经常练习，进一步提高技术水平，使运动动作达到自动化。

4．自动化过程

在无意识情况下能自如地完成动作称为动作自动化。例如，篮球运动员在比赛中不需考虑如何传球和运球，只要考虑如何互相配合战胜对方就行了；走路、骑自行车不必考虑如何迈步及如何蹬自行车前进，这些都是动作自动化现象。动作达到自动化后，虽然在无意识情况下可以完成，但是仍然需要大脑皮质参与。

第二节　体育锻炼对身心健康的影响

世界卫生组织（WHO）对健康提出了一个明确和全面的定义：健康是指个体在身体、心理和社会各方面都处于完好的状态，而不仅是没有疾病和摆脱虚弱状态。

一、体育锻炼对身体健康的影响

（一）提高心血管系统的机能

大量研究表明，参与有规律的体育锻炼会显著降低心血管疾病形成和发生的危险。体育锻炼可增强心血管系统的适应能力，同时还可以改善人体的代谢过程，减少脂肪在血管壁的堆积，增加血管的弹性，对预防心血管疾病有积极的作用。

（二）改善呼吸系统的功能

人体在体育锻炼过程中，代谢加快、呼吸加快加深，吸进更多的氧气，排出更多的二氧化碳，从而使肺活量增大、肺功能增强。经常锻炼的人由于身体适应能力较强，能保持肺组织的弹性，改善肺组织的通气和换气功能，增强吸氧能力，因此呼吸平稳、深沉、均匀，呼吸频率也较慢。

（三）提高消化系统的功能

体育锻炼会增强体内营养物质的消耗，加强机体的代谢水平，增加人体能量的消耗，因而能增强食欲。另外，体育锻炼还会促进胃肠蠕动和消化液分泌，改善肝脏、胰腺功能，从而使整个消化系统的功能得到提高，为人的健康和长寿提供良好的保障。

（四）改善神经系统的功能

人体的活动是在神经系统支配下的协调活动，运动可以加快大脑的血液循环，提供给大脑更多的能量。坚持体育锻炼的人，常表现为机体灵活、耳聪目明、精力充沛，其大脑皮质的兴奋和抑制更加集中，神经活动的灵活性更高。

（五）促进骨骼健康

适量体育锻炼能促进钙的代谢，使骨骼处于健康的状态，同时也能促进骨骼的生长发育，提高骨骼抵抗折断、弯曲、压缩、拉长和扭转方面的机械性能。有研究表明，有规律的体育锻炼可以提高骨密度和骨强度，进而达到预防骨裂的目的。体育锻炼对骨质疏松病人有积极的作用。

（六）控制体重与改善体型

肥胖会影响人的正常生理功能，增加心脏负担，引发各种疾病，缩短寿命。适度的体育锻炼能减少脂肪，增强肌肉力量，保持关节柔韧性，控制体重，改善体型和外表，并且能保持形体优美。

（七）延缓衰老，延年益寿

研究表明，长期有规律的体育锻炼可以延长寿命。不锻炼的人比经常锻炼的人早逝的可能性高 31%。

二、体育锻炼对心理健康的影响

（一）促进智力发展

经常参加体育锻炼，可以提高大脑皮质兴奋和抑制的协调作用，从而改善大脑皮质的平衡性和准确性；经常参加体育锻炼还可以促进人的感知能力发展，从而提高大脑的的灵活性、协调性和反应速度；经常参加体育锻炼还可以使大脑对重力、空间、时间变化产生更好的适应性，从而使重力感知、速度空间感知等更加准确，进而提高大脑神经细胞工作的耐受能力，有效缓解和改善意识、记忆朦胧、模糊带来的错觉、幻觉障碍，为智力发展提供良好的生理基础，

（二）完善个性心理

良好的自我控制力、坚定的信念、勇于拼搏、坚韧的毅力等都是体育运动过程中必备的心理品质。有针对性地参与体育锻炼，能够有效改善心理状况，构建健全人格。例如，性格孤僻、不善交际的人可以参与三大球、拔河、同心鼓等集体项目；胆小、怯懦的人可以参加搏击、跆拳道等有身体对抗的项目；不够自信的人可以参加健美操、广场舞等项目。体育运动有着"更高、更快、更强"的奥林匹克精神，崇尚"公开、公平、公正"原则，必须要克服困难、勇敢拼搏、遵守规则、尊重对手、制约和调整自身某些行为才能参与其中。通过体育活动在竞争中发挥自身潜能，在胜利中构建自我信念；在尊重对手、遵守规则中锻炼自我品行；传达团结、友谊、竞争、进步等思想和愿望。这一过程能够有效地纠正性格的缺陷，

很好地培养和塑造良好的个性心理品质。

（三）改善情绪，消除脑力疲劳

参加体育锻炼，特别是那些自身喜欢或者擅长的运动项目，大脑会分泌一种调节心理支配行为的肽类。这种肽类能够振奋人心，让人产生快感，从而在体育锻炼中愉悦心情，缓解不安、焦虑、寂寞、自卑的情绪。而且有研究表明，参与体育锻炼能提高最大摄氧量和改善大脑中枢神经系统等生理功能，可以有效减少和缓解脑力疲劳，对治疗神经衰弱具有特别显著的作用

（四）加强人际交往

经济和科技的发展给人们生产、生活方式带来了巨大改变，尤为突出的就是个体化日益凸显。人与人之间的情感交流缺乏更多的空间和时间，人际关系逐渐疏远。体育运动尤其是群体性体育活动为人际交往提供了机会。体育运动的竞技性和群体性的特点是，让所有参与群体在竞争和配合中逐渐培养默契度、建立情感。往往运动中的一个动作、一个手势就能直接或者间接表达情感和沟通信息。集体项目中的相互鼓励、相互信任、默契配合的团队精神能有效改善性格孤僻、以自我为中心，构建集体认同感和集体荣誉感。

（五）树立成就感

勇于进取、顽强拼搏、树立自我认同感、具有强烈的成就意识，是人们应该具备的基本品质。体育锻炼过程中不断战胜自我、超越自我，生理机能改善、身体形态健美，运动技能提高等都会产生愉悦、振奋和幸福感，使忧郁、自卑等不良情绪得以改善。

（六）治疗心理疾病

体育锻炼作为治疗心理疾病的有效手段已经得到心理医生的广泛认可。体育锻炼可以有效改善焦虑症和抑郁症的相关症状。一个健康的人长期进行体育锻炼可以促进心理健康，对一个患有心理疾病的人来说，这种效果会更加明显。有研究表明，在进行 8 周体育锻炼后，精神病患者的抑郁状况得到了明显改善；进行有氧运动的学生，其心境状态改善程度比未进行有氧运动的学生明显，特别是那些运动前存在情绪问题的学生，其心境状态改善的程度最为明显。

第三章 运动损伤与运动处方

第一节 运 动 损 伤

一、运动损伤的概念和分类

在体育运动中，人体组织或器官在解剖上的破坏或生理上的紊乱，称为运动损伤。

运动损伤按时间可分为新伤和旧伤；按病程可分为急性和慢性；按性质可分为开放性损伤和闭合性损伤。认识运动损伤的分类是处理损伤的前提，也是诊治的依据。

二、运动损伤发生的原因

运动损伤的发生绝非偶然，有多方面的原因和一定的规律性。掌握了原因和规律，就能杜绝或减少运动损伤。根据高校体育运动的实际情况，运动损伤发生的原因有潜在因素和直接因素。

（一）潜在因素

人体解剖学结构的不完善和弱点成为潜在的致伤因素。如肩关节由肱骨头和肩胛骨的关节盂构成，由于肱骨头大，肩胛骨小，关节活动灵活而稳定性差，加上肌力不足，韧带弹性差，可能造成肩关节损伤。

人体解剖学结构的特点和运动项目、技术对机体活动的特殊要求，是发生运动损伤不可忽视的潜在因素，它只是有发生运动损伤的可能，但只要注意保护，不一定都会发生。

（二）直接因素

直接因素包括主观因素与客观因素两个方面。

（1）主观因素：参加者在思想上对运动损伤的预防、重要性和可能性认识不足；对自我保护等安全措施未予重视；体质弱、身体素质差、力量小、速度慢、耐力不足、柔软性差、反应迟钝；技术水平低、动作不熟练、大脑皮层运动中枢的兴奋和抑制扩散，造成肌肉紧张，产生多余动作使动作僵硬、不协调、不正确和技术动作的错误；违反了身体结构特点和运动时的力学原理；运动时心情不愉快，操之过急，或因睡眠、休息不好；带伤、带病、伤病初愈、运动负荷安排不当；不做准备活动或准备活动不充分、神经系统和各部组织器官不能充分动员起来等等，都会导致运动损伤的发生。

（2）客观因素：组织教法不周密、不合理；不从实际出发、违反锻炼的原则；保护和帮助缺乏或不及时、不正确；场地器材设备不完善、场地不平、光线不足、器材设备不符合要求、器械不牢固、运动服/鞋不适宜或携带校徽、小刀等易伤物品；动作粗野、违反规则；气温过高、过低、风雨、冰雪天气等都会引发运动损伤。

三、运动损伤的预防

教师要坚持预防为主，加强体育意识、道德观念、遵守规则的教育；认真检查场地器材设备和衣着；帮助学生克服运动损伤发生的恐惧心理；要根据年龄、性别、身体素质、技术水平、训练水平等实际情况，合理安排运动负荷；要根据气候、锻炼内容、锻炼时间及锻炼原则，充分做好准备活动和整理活动；要加强身体的全面锻炼，提高身体素质，使身体各个器官、系统的机能都得到发展；要加强保护和帮助，以防事故的发生；要加强自我医务监督，有伤病或尚未痊愈的学生要在医生指导下参加体育活动。

四、常见的运动损伤与处理方法

（一）开放性软组织损伤与处理方法

开放性软组织损伤是局部皮肤或黏膜破裂的机械性损伤。常见的有擦伤、撕裂伤和刺伤。这些损伤均有伤口与外界相通，并有出血或组织液渗出，容易发生感染。

1. 常见开放性软组织损伤

（1）擦伤：是开放性软组织损伤中伤势最轻最常见的一种。擦伤是皮肤被粗糙物件摩擦所致。如运动中摔倒，体表与地面相互摩擦，发生皮肤擦伤，伤处有擦痕，并有小出血点和组织液渗出。

（2）撕裂伤：是由钝器击打所引起的皮肤和软组织裂开的损伤，以头、面部为多见。如器械体操中，头部碰撞器械，使头部破裂；打篮球时眉弓被对方肘后鹰嘴碰撞而造成眉际皮肤破裂等。撕裂伤的伤口边缘不整齐，周围组织受破坏，会出血和肿胀。

（3）刺伤：是由细长尖锐的物体刺入体内所致。如被运动场上的钉子或跑跳鞋的钉子、标枪或器械上的木刺刺入体内。

2. 处理方法

当发生开放性软组织损伤时，会有不同程度的外出血，因此先要及时止血，而后处理伤口，以预防感染。当发生小面积皮肤轻度擦伤时，可用生理盐水或冷开水冲洗伤口，并经过氧化氢溶液消毒后，用红汞或龙胆紫溶液和抗生素软膏涂抹，无须包扎。但脸部擦伤则不宜涂抹龙胆紫溶液；关节附近的擦伤，不宜采用暴露治疗法，否则伤口容易干裂影响关节活动。伤口一旦感染，可在伤口上涂抹磺胺嘧啶软膏或抗生素软膏，并用消毒敷料敷盖包扎。大面积严重损伤或伤口有煤渣、碎石、砂粒等异物，应用消毒的小镊子细心将异物取出。刺伤的伤口一般细小且较深，可造成深层肌肉组织或内脏器官的损伤，有些刺入物往往可能折断或带入污物碎片，应先将其取出，再处理伤口。伤口消毒后撒消炎粉，用消毒纱布或凡士林油纱布敷盖，并用绷带包扎。若伤口较脏，可用抗生素治疗或者肌肉注射破伤风抗毒血清 1500单位（先做皮试）。伤口大者还要及时进行缝合与包扎。

（二）闭合性软组织损伤与处理方法

闭合性软组织损伤是局部皮肤和黏膜完整的机械性损伤。多见的有挫伤、拉伤和扭伤。常见的损伤部位有肌肉、肌腱、筋膜、韧带、滑囊和关节囊等。这些损伤无裂口与外界相通，损伤时的出血积聚在组织内。

1. 常见闭合性软组织损伤

（1）挫伤：是由于钝力（击打、挤压、碰撞、摔倒）直接作用于人体，使局部软组织受伤。例如，运动过程中互相冲撞、被踢打或与器械撞击，均可造成挫伤。

（2）拉伤：是由于外力的作用，使肌肉、肌腱、筋膜和韧带过度牵拉而引起的损伤。例如，跨栏过程中，摆动腿过栏时，因原动肌（大腿前肌群）猛烈收缩，而对抗肌（大腿后肌群）不能及时放松或伸展，以致被迫拉长而发生大腿后肌群的拉伤。又如压腿、劈叉等练习，也会因肌肉拉伸范围超过原来的伸展程度而受伤。

（3）扭伤：是因动作不慎，如别扭、拧转、挤压等，使关节发生超常范围的活动，造成关节囊、韧带、肌腱的损伤。常见的有踝关节、膝关节和肘关节扭伤。此外，在体操、举重练习中，也常会发生急性腰扭伤。

闭合性软组织损伤发生后，伤部均有不同程度的疼痛、肿胀，皮肤青紫，皮下淤血、活动受限。急性损伤的疼痛部位明显，慢性损伤的疼痛部位多不固定，并时轻时重，多为酸胀痛。肿胀是由于组织出血和渗出液所致，局部有隆起或波动感。损伤部位的功能活动一般不会完全丧失。但其活动能力受到限制，同时受伤组织发生炎症反应而产生一种灼热感，也可能有肌肉痉挛或肌肉紧张的感觉。如发生断裂损伤，在断裂处可摸到凹陷或一端异常膨大。

2．处理方法

（1）止血防肿。损伤后均发生内出血，出血越多，血肿越严重，恢复过程也就慢，易形成组织粘连，影响以后的功能恢复。所以损伤后应尽快止血防肿，一般可用冷敷、加压包扎、抬高伤肢等措施。冷敷可用冰水、冰袋或冷水毛巾裹住伤部或用氯乙烷喷射伤部表面，使局部组织降温和血管收缩，以达到止血的目的。切不可用热水冲淋伤部，以免伤部周围毛细血管扩张而增加出血量。

（2）活血化瘀，消肿止痛。一般经过24～48小时后，出血停止，这时可以拆除包扎，进行热敷、按摩、理疗等，以促进伤部的血液循环，消除肌肉痉挛，加速血肿和渗出液的吸收，减轻疼痛和肿胀，以达到活血化瘀、消肿止痛的目的。

（3）功能锻炼。功能锻炼可以促使受伤肢体较快地康复。功能锻炼能改善受伤肢体的血液循环和代谢，预防损伤组织的粘连与萎缩，加速愈合。在进行功能锻炼时，其活动的幅度、强度和数量应逐渐增加。忌用暴力，以免造成再次受伤。

（三）骨折与处理方法

1．常见骨折

骨的完整性和连续性被中断，称为骨折，骨折常在直接或间接的暴力作用下发生。根据骨折处是否与外界相通，可分为闭合性骨折和开放性骨折；根据骨折的程度和形态，可分为不完全性骨折和完全性骨折。在体育运动中发生骨折是较为严重的损伤事故。骨折以闭合性骨折为多，开放性骨折较少，尤多见为四肢长骨完全性骨折。外力的过度牵拉和暴力击打，都可能发生骨折。例如，在运动中突然跌倒手掌撑地时，可能发生前臂骨远端骨折；在跌倒时膝部跪地时，可能发生髌骨骨折；在投掷运动的动作不正确时，用力过猛，可能发生上臂骨骨折；在踢足球时，若小腿被踢，则可能发生胫骨骨折等。

2．处理方法

（1）止痛抗休克。骨折发生后若疼痛剧烈，容易发生休克。休克的症状包括脸色苍白、血压下降、血流缓慢、四肢发冷、体温下降及神志不清昏迷状，这时应立即止痛抗休克。其方法是，让伤者安静躺下，略放低头部，以增加头部供血量，同时注意保暖，并给予止痛药或镇静剂。如呼吸困难，应松开伤者衣领，使呼吸畅通或进行人工呼吸。如伤者昏迷不醒，可用手指掐其人中或合谷穴，使其苏醒。

（2）伤口处理。若为开放性骨折，不要把刺出皮肤的断骨送回伤口，以免污染。伤口出血时，应先迅速止血后消毒敷盖包扎。在搬动伤肢时动作要轻柔，避免伤肢移位。

（3）安全转送医院。在没有把握或条件不具备的情况下，严禁随意复位，不要无故移动伤者或伤肢。要暴露伤口，但不可为伤者脱衣，可为其解开衣服，并将其尽快护送到医院治疗，途中应减少震荡，并注意观察伤者情况。

（四）关节脱位与处理方法

1．关节脱位

关节脱位（又称脱臼）是指组成关节的各骨之间的关节面彼此失去正常的对合关系。在体育运动中，因外力作用使关节正常解剖位置发生改变，属外伤性关节脱位。常见上肢关节脱位多于下肢，且以肩、肘关节脱位为多见。其原因是上肢关节结构较下肢关节薄弱。例如，在篮球、足球比赛中腾空争夺球互相发生碰撞，身体失去平衡而使肩部着地、肱骨头突然遭到暴力直接撞击，均可能使关节脱位。摔倒后，上臂外展，手或肘部着地，外力通过传导引起肘关节和肩关节脱位。关节脱位一般会引起关节囊和韧带损伤。发生关节脱位后有疼痛、压痛、肿胀、畸形、关节功能丧失等症状。严重者可合并血管、神经受伤或骨折，甚至发生休克。

2．处理方法

发生外伤性关节脱位后，首先要止痛抗休克。要让伤者安静躺下，注意保暖，并观察其变化。如出现休克昏迷状，应及时采取抢救措施（与骨折同），然后固定脱位关节以制动。固定时要注意保持脱位关节的位置，使关节不得转动，更不能随意使用整复手法。做简易处理后，将伤者从速护送医院进行整复与治疗。

（五）脑震荡与处理方法

1．脑震荡

脑震荡是指大脑神经细胞和神经纤维受到强烈的外力震荡所引起的意识和机能暂时性的障碍，不久即可恢复，这是最轻度的脑损伤。例如，在投掷、足球、篮球或体操练习中，常因头部受到硬物击打或头部与地面、器械等碰撞所致。

脑震荡发生后，伤者立即会出现一时性意识丧失或精神恍惚、肌肉松弛，呼吸表浅，脉搏稍缓，瞳孔稍大但对称，神经反射减弱或消失。这些情况的时间长短不一，短则数秒钟，长者数分钟到半小时。昏迷时间越长，伤势越重。意识清醒后，伤者会遗忘受伤时的情景，并伴有不同程度的头痛、头晕、耳鸣、恶心、呕吐等症状。

2．处理方法

脑震荡发生后，要立即让伤者安静平卧，严禁牵扯、随意移动，头部两侧要用衣服填塞，以免头左右摇晃，头部冷敷，身体保暖。对昏迷者可掐其人中或合谷穴，使其复苏。对呼吸发生障碍者，可以进行人工呼吸，对昏迷超过4分钟以上，两侧瞳孔大小不一，鼻、口、耳出血、眼球青紫，并且伤者清醒后剧烈头痛、呕吐或又再度昏迷，应立即送医院抢救。对短时间意识恢复的轻伤者，要尽早让其卧床休息，不宜过早参加体育运动，否则易留下头痛、头晕等后遗症。

五、运动损伤的急救

运动损伤的急救是指对突然意外发生的运动损伤做初步的、临时性的紧急处理，其目的在于保护伤者的生命安全，防止伤情加重、减轻疼痛、预防并发症，为进一步治疗创造条件。急救处理时要沉着冷静、胆大心细，有条不紊地进行。

运动损伤的简单急救方法有：止血法、冷敷法、热敷法、按摩法。

六、运动性疾病

由体育运动引起的疾病或症状称为运动性疾病。根据高校体育运动的实际情况，常见的运动性疾病有以下五种。

（一）肌肉痉挛

运动中，有时肌肉不自主地发生强直收缩（痉挛性收缩），称为肌肉痉挛，俗称"抽筋"。最易发生痉挛的肌肉为小腿腓肠肌和足底的屈拇肌和屈趾肌。

原因：寒冷的刺激、大量排汗、肌肉收缩失调或受损伤，过快且连续收缩。

症状：局部肌肉变硬，疼痛难忍，指或趾不自主地屈曲，难以伸直，一时不易缓解。

处理：要沉着冷静，不可慌乱失措，牵拉患部。离开寒冷的环境，热敷患处，还可配合局部按摩，喝些盐开水。

预防：加强锻炼提高适应力，做好充分的准备活动。冬季运动时要注意保暖，尤其是下水游泳前先淋擦全身，水温低时不要在水中停留太长时间，更不能停止活动。

（二）腹痛

在剧烈运动时引起的一时性腹部疼痛称为运动性腹痛。随着运动停止，症状可以逐渐缓解或消失。

原因：准备活动不充分，内脏器官的生理机能不能适应剧烈活动的需要；残留在肠道中的粪便和食物因运动的震动，刺激邻近的脏器；运动时呼吸节奏调节不匀。

症状：腹部局部疼痛。

处理：轻者可用自己的拇指按揉疼痛部位，适当调节呼吸，减缓运动速度，一般可消除腹痛。疼痛加剧者，应立即停止运动，口服十滴水或溴丙胺太林等药物，揉按内关、足三里、大肠俞等穴位，若仍有疼痛加剧现象应立即去医院治疗。

预防：要讲科学性，运动前充分做好准备活动，运动中合理安排运动负荷，注意呼吸节奏。运动前吃易消化的食物，食量不应太多，少饮水，运动前三小时内不宜进食。失水过多时应及时补充水和盐。

（三）运动性昏厥

脑部突然供血不足而发生短时间的一时性意识丧失，称为运动性昏厥，又称重力性休克。

原因：下肢活动多时，血液大量积聚下肢，使回心血量减少，大脑暂时性供血不足；下蹲过久骤然站立；精神过度紧张或身体患有疾病等。

症状：昏厥前伤者感到全身无力，头昏眼花；昏厥后，面色苍白、遍体冷汗、心律快、血压下降、脉搏微弱、呼吸缓慢、瞳孔缩小。

处理：将伤者身体放平，头稍低，下肢抬高，一般经短暂休息，神志可恢复。按摩小腿向心推挤和揉捏，针刺或按人中穴。若伤者呕吐，应将其头侧偏。若伤者呼吸停止，应对其进行人工呼吸。

预防：当伤者有昏厥前兆时，应让其立即停止运动，并搀扶其走一段路，症状可能会消失；剧烈运动后不应立即停止活动，而应继续慢走或慢跑以加深呼吸。

（四）运动性低血糖

运动后，血液中血糖下降，称为运动性低血糖。

原因：在饥饿情况下，从事体育活动时间较长。

症状：轻者感觉饥饿、疲乏、头晕、心悸、面色苍白、出冷汗。重者表现为神志不清、语言含糊、四肢发抖、烦躁、脉快且弱、呼吸急促甚至晕厥。

处理：轻者喝些糖水，保暖休息，短时便会恢复。重者若已昏迷，先按人中、百合、涌泉、合谷等穴位，随即送往医院进行输液治疗。

预防：不要在饥饿状态下从事体育活动。要在长时间的运动项目途中补充含糖、盐的饮料。有轻度症状出现时，应立即停止体育活动，迅速进食。身体不适或病后未愈者，应避免剧烈运动。

（五）运动性中暑

长时间在高温或受烈日照射下从事运动产生的急性病，称为运动性中暑，也是夏季运动的常见病。

原因：日光暴晒、通风不良、气温太高。

症状：痉挛的症状有肌肉痉挛、大量出汗、疲劳、体温正常；热衰竭的症状有极度虚弱、力竭、头痛、恶心、头晕、大量出汗、肤冷、体温正常、脉搏快等症状、有时甚至会失去知觉；热中风的症状有无汗、皮肤干燥、头痛、恶心、精神错乱、步履慢而不稳、体温甚高、虚脱、失去知觉，有时甚至会死亡。

处理：通气换气，到阴凉处休息，喝些冷开水，或口服十滴水、人丹等药物，中暑现象就会消失。严重者，要平卧、头部稍高、冷敷前额、刺激人中穴、合谷穴或送医院治疗。

预防：夏季运动时，应穿浅色运动服，运动负荷不宜太大，时间不宜太长，场地要注意通风和降温。

第二节　运 动 处 方

一、定义

运动处方的定义最早是美国生理学家卡波维奇在 20 世纪 50 年代提出的。20 世纪 60 年代以来，随着康复医学的发展及对冠心病等疾病的康复训练的展开，运动处方开始受到重视。1969 年，世界卫生组织开始使用运动处方术语，从而该术语在国际上得到认可。运动处方类似医生给伤者开的医疗处方，由指导者给准备进行体育运动的人根据实际情况，用处方的形式规定运动的内容、运动强度、每次运动持续时间和运动频率以及运动的注意事项等。

在制定运动处方前，要询问病史和锻炼史并进行医学检查，查明健康状况，特别是心脏功能、运动器官功能和体力测定。根据检查结果制定出运动处方，并对运动处方的执行做具体指导。经过一段时间运动后，再次检查，并将结果作为评定运动效果的依据，再重新调整的运动处方。

二、运动处方内容及基本原则

运动处方的内容包括运动项目、运动强度、持续时间、次数及注意事项等。

运动强度是制定和执行运动处方的关键，它对运动效果和是否安全有直接的影响。为获得最佳锻炼效果，运动强度应能使摄氧量达到一定水平，并能得到不断增强。一般来说，正常的青少年和体质好的人可进行大强度（与中、小强度相结合）的锻炼；中老年和体弱者或心脏功能较差者可进行小强度锻炼。运动强度是否适宜可通过测定心率来确定，心率是掌握运动强度的尺度。测定心率最易行的方法是测定脉搏的次数。心率与年龄、体力、锻炼项目、气候等都有关，每个人的心率差别较大，应因人而异、个别对待。为简便起见，可按下列公式计算：

　　运动时最高心率（次／分）= 200 − 年龄；运动时最佳心率（次／分）= 180 − 年龄。

　　最好坚持每天有规律的运动。每周的运动频率（次数）一般为隔天进行一次，每周三次，随着体力增强，可以增加次数，也可以不增加次数而增加每次的强度。运动负荷大小、间隔时间长短都应从实际出发，因人而异。

　　运动处方的基本原则包括科学性原则、个别对待原则、趣味性原则、调整性原则及有效性原则。

三、运动处方的实施

　　在运动处方的实施过程中，要注意每次练习课的安排、运动量的监控及医务监督。

　　（一）练习课的安排

　　在运动处方的实施过程中，每次练习课都应包括三个部分，即准备活动部分、基本活动部分和整理活动部分。

　　准备活动部分的主要作用是：使身体逐渐从安静状态进入到工作（运动）状态，逐渐适应运动强度较大的训练部分的运动，避免出现心血管、呼吸等内脏器官系统突然承受较大运动负荷而引起的意外，避免肌肉、韧带、关节等运动器官的损伤。

　　在运动处方的实施过程中，准备活动常采用运动强度小的有氧运动和伸展性体操，如步行、慢跑、徒手操、太极拳等。准备活动的时间可根据不同的锻炼阶段有所调整。在开始锻炼的早期阶段，准备活动的时间可为 10～15 分钟；在锻炼的中后期，准备活动的时间可减少为 5～10 分钟。

　　运动处方的基本活动部分是运动处方的主要内容，是达到康复或健身目的的主要途径。运动处方基本活动部分的运动内容、运动强度、运动时间等都应按照具体运动处方的规定实施。

　　每次按运动处方进行锻炼时，都应安排一定内容和时间的整理活动。整理活动的主要作用是，避免出现因突然停止运动而引起的心血管系统、呼吸系统、神经系统的症状，如头晕、恶心、重力性休克等。常见的整理活动有散步、放松体操、自我按摩等。整理活动的时间一般为 5 分钟左右。

　　（二）锻炼中运动强度的监控

　　在运动处方的实施过程中，应注意对运动强度的监控。一般常采用的方法有：自觉疲劳分级（RPE）、靶心率（THR）等。即先按适宜的心率范围进行运动，然后在运动中结合自觉疲劳分级来掌握运动强度。

　　（三）锻炼中的自我监督

　　在运动处方的实施过程中，应对一般的健康人进行自我监督，对治疗性运动处方的实施还应进行医务监督。

第四章　大学生体质健康与身体素质

第一节　大学生体质健康概述

大学生体质健康广义上是指大学生在体质健康方面的基本状况。狭义上讲可以理解为大学生的身体健康素质、身体运动素质和运动能力的综合体现，是学生在大学阶段所表现出的形态发育、生理机能、心理状态、身体素质、运动能力以及对环境的适应和对疾病的抵抗等综合的、相对稳定的状态和水平。

体质简单理解就是指人体的质量。体质可以综合反映某个群体或个人在某个时期内身体发育、生理机能等的基本状况和发展变化趋势，因此，国民体质的增强不仅为国家发展提供了优质的人力资源，而且也从另一个侧面反映了国家社会和经济等方面的变化。

体质测量内容与评定主要从以下三个方面进行，即形态、机能和身体素质。

（1）身体形态类指标：包括身高、体重、身体成分（体脂率）。

身体形态测量是定量化研究人体外部特征的重要方法。包括观察和计量两个过程，属于前者的有姿势的观测，属于后者的有身高、体重和胸围等指标的测量。其测量获得的数据资料在许多的专业领域中均有实用价值。

（2）身体机能类指标：包括肺活量、骨密度。

身体机能是指人的整体及其组成的各系统、器官表现的生命活动。在体育测量学中，测量身体机能的目的，就是应用人体机能测试和医学检查方法来检测与计量人体在安静时和做定量运动负荷时，机体主要器官系统机能水平的状况，并对所获取的各种生理机能指标做出客观评价。

（3）身体素质类指标：包括力量、柔韧、灵敏、速度等。

与传统的体检不同，体质测试是通过运用专业的体质测试设备，对受测人员的心肺功能、肌肉力量、柔韧度、耐力、爆发力、敏捷度等指标进行综合测量和评定，以量化形式反映受测人员的体质状况。身体素质是人的体能状态的反映，是指人体在运动、工作和生活中所表现出来的力量、速度、耐力、灵敏性、平衡性及柔韧性等能力。通过对身体素质的测定和评价，可以客观地反映体育健身的效果，同时也可以根据自身的体能不足寻找相应的锻炼对策。

第二节　身　体　素　质

身体素质是指人体在运动、生产活动中所表现出来的速度、力量、耐力、灵敏和柔韧及功率、脂肪、身体姿势等的总称。

一、速度素质

速度素质是人体快速完成动作的能力和动作反应时间的总称，也可理解为人体（或身体的某部分）以最短的时间完成动作的能力。它是人的基本运动素质之一，不但直接决定某些项目的成绩，而且对其他素质的发展也有很大影响。在田径运动的径赛及游泳比赛中，速度起着决定性作用。在跳远、三级跳远、投掷等项目的比赛中，速度对成绩起着重要的作用。另外，速度构成了现代各项球类运动的重要基础，篮球、排球、足球的技术演变可充分说明这一点。

在运动实践中，通常将速度素质分为反应速度、位移速度及动作速度。

反应速度是指人体对各种刺激做出反应的快慢；动作速度是指完成单个或成套动作的快慢；位移速度是指人体通过一定距离所需时间的长短。人最基本的运动形式，如跑、跳、投等都要求以具有良好的速度为前提。所以速度素质是人体重要的身体素质指标之一，它对体育锻炼、竞技运动及体质监测等都具有特殊的意义。目前常以100米内的短距离跑成绩作为衡量速度素质的主要指标。

其中，50米跑是国际上通用的位移速度测试项目，通过较短距离的高强度跑测试速度素质。速度素质的测试可以反映人体中枢神经系统的机能状态和神经与肌肉的调节机能，也可以综合反映人体的爆发力、灵敏、反应、柔韧等素质。速度素质有明显的性别和年龄差异，男性在20岁前、女性在18岁前，速度素质一般随着年龄增长而提高。然而体重过大或肥胖会影响速度素质。《国家学生体质健康标准》中50米跑的测试和评价以秒为单位，保留1位小数，小数点后第二位数非"0"时则进1。如9.01秒，按9.1秒查表评分。

二、力量素质

力量素质是指人的机体或机体的某一部分肌肉工作（收缩和舒张）时克服内外阻力的能力。外部阻力是指物体的重量、支撑反作用力、摩擦力及空气或水的阻力等。内部阻力包括肌肉的黏滞力、关节的加固力及各肌肉间的对抗力等。外部阻力往往是发展力量素质的手段，人体在克服这些阻力过程中能提高、发展自身的力量素质。力量素质是人体进行体育运动的基本素质之一，是获得运动技能和取得优异运动成绩的基础，同时也是其他身体素质发展的重要因素。据统计，一场激烈的羽毛球比赛，运动员在场上反复快速移动达500次左右，再加上蹬、跳、跨、击球、跳起扣杀等，对下肢力量的要求很高。无论是在前场的搓、推、勾、扑球、放球，还是在后场的挥拍吊球、扣杀都需要一定的手腕、手背、肩部、腰背肌群的力量。因而，羽毛球运动对上肢、肩部、躯干肌肉群的力量要求也较高。所以，在教学、训练以及自我训练中，应科学地、系统地注意增强上下肢及躯干肌肉群的力量素质。

按运动时肌肉克服阻力的表现形式，通常把力量素质分为最大力量、相对力量、速度力量和力量耐力四种。

（1）最大力量。最大力量指身体或身体某部分肌肉克服最大阻力的能力，也称为单纯性力量，我们通常讲的"力气"就是对它而言的。衡量最大力量并不考虑体重因素，随着体重的增加，一般来说最大力量也会提高。最大力量对推铅球、掷实心球起着决定性的作用。

（2）相对力量。相对力量指人体每公斤体重所具备的最大力量，其表达式为：相对力量=最大力量（千克）÷体重（千克）。相对力量对跳高、中长跑、体操具有重要意义。1000米跑、引体向上等项目的成绩好坏与相对力量的大小有直接关系。

（3）速度力量。速度力量是指肌肉在运动时快速克服阻力的能力。速度力量是力量和速度有机结合的一种特殊力量素质。速度力量典型的表现形式就是通常所说的爆发力（爆发力是指在尽可能短的时间内发挥出尽可能大的力量）。肌肉在运动克服阻力的过程中，阻力越大，速度越慢。

（4）力量耐力。力量耐力是既有力量又有耐力的综合性素质。它是在静力性或动力性工作中长时间保持肌肉紧张而又不降低工作效果的运动能力。阻力越大，运动持续时间越短。只有在克服一定较小阻力的情况下，才能维持较长时间的运动或重复更多的次数。力量耐力对各种跑，特别是中长跑有重要意义，对 1000 米、3000 米跑的成绩有很大影响。根据肌肉工作的方式，力量耐力可分为动力性力量耐力和静力性力量耐力。动力性力量耐力又可细分为最大力量耐力（重复发挥最大力量的能力）和快速力量耐力（重复发挥快速力量的能力）两种。无论动力性力量耐力还是静力性力量耐力均与最大力量有密切关系，不同运动员在完成同一负荷重量时的重复次数，主要取决于最大力量。最大力量大，则重复次数多，力量耐力好。

三、耐力素质

耐力素质是指机体克服长时间肌肉工作所产生疲劳的能力。疲劳是一种生理现象，机体经过长时间的肌肉运动，必然会产生疲劳，这是机体的一种自我保护。适度的疲劳刺激，通过良性的恢复，可使机体的机能不断得到发展和提高。

加强耐力素质锻炼，能有效地促进呼吸系统，尤其是心血管系统机能水平的提高，对于保持健康的体魄有重要意义。研究表明，有着高水平的耐力素质的中长跑运动员的安静心率在 40～50 次／分，而一般人的安静心率在 70 次／分左右，这反映了这些运动员心血管系统机能水平非常高，远远超出一般人。

耐力素质是基本身体素质之一，也是保证人体健康体能的重要素质。耐力素质不仅对耐力性运动项目如中长跑、竞走、长距离游泳、划船、骑自行车具有决定性的意义，而且对其他运动素质的发展也有着很大的影响。

根据分类的方法、角度不同，耐力素质可被分成许多种类。

1. 根据活动持续时间的分类

根据活动持续时间，可将耐力素质分为短时间耐力、中等时间耐力和长时间耐力。

（1）短时间耐力主要是指持续时间为 45 秒～2 分钟运动项目（如 400 米跑、500 米跑）所要求的耐力。运动中的能量供应主要通过无氧过程提供，氧债很高。400 米跑中能量的 80% 由无氧系统提供，800 米跑中能量的 60%～75% 由无氧系统提供。

（2）中等时间耐力主要是指持续时间为 2～8 分钟的运动项目所需要的耐力。其强度小于短时间耐力项目而大于长时间运动项目，供氧不能全部满足需要，会出现氧债。3000 米跑中能量的 20% 由无氧系统提供，1500 米跑中能量的 50% 由无氧系统提供。通过有氧和无氧的混合过程提供运动所需要的能量。

（3）长时间耐力主要是指持续时间超过 8 分钟的运动项目所需要的耐力。整个运动过程，人体心血管和呼吸系统被高度动员，心率、每分钟心排出量、肺通气量都达到相当高的程度，来保证运动的有氧过程。

2. 根据与专项运动关系的分类

根据与专项运动的关系，可将耐力素质分为一般耐力与专项耐力。

（1）一般耐力是指各器官系统长时间协调工作的能力，并包括以下特征：运动持续时间长、不间断，大肌肉群参加运动，运动强度相对不大，心血管系统的功能、活动形式与时间相适应。

（2）专项耐力是指机体在专项运动中产生的抗疲劳的能力。专项耐力是建立在一般耐力基础上的，专项运动成绩的提高依赖于一般耐力的发展。然而，专项耐力又不同于一般耐力。对那些主要靠无氧供能的运动项目来说，一般耐力无法起到直接的作用。专项耐力的主要特征是突出体现专项运动的特点，满足专项运动的需求。如短跑项目需要保持较长时间、快速跑的专项耐力，举重与体操项目则需要保持较长时间发挥力量能力的专项耐力。一般耐力和专项耐力之间存在着密切的关系，由于一般耐力是在多肌群、多系统（中枢神经系统、心肺系统）长时间工作的条件下形成的，这就为专项耐力的发展创造了良好的条件。无论专项运动的特点如何，良好的一般耐力水平都有助于运动员在专项耐力的发展中获得成功，所以，也常把一般耐力看成专项耐力发展的基础。

3. 根据器官系统机能的分类

根据器官系统机能，可将耐力素质分为心血管耐力和肌肉耐力。

（1）心血管耐力是指循环系统保证机体长时间肌肉活动时，营养和氧的供应以及排泄代谢物的能力。心血管耐力是影响耐力素质最重要的内在因素之一。根据运动时能量供应中氧参加的程度，心血管耐力可分为有氧耐力、无氧耐力、有氧无氧混合耐力和缺氧耐力。有氧耐力是指机体有氧供应比较充足的情况下的耐力。无氧耐力是指机体在氧气供应不足且运动后过量氧耗情况下的耐力，无氧耐力又可以分为乳酸供能无氧耐力（糖原无氧酵解供能）和非乳酸供能无氧耐力（ATP、CP 分解供能）。有氧无氧混合耐力是指机体在具有有氧和无氧双重情况下的耐力。缺氧耐力是指机体在严重缺氧或处于憋气状态下的耐力。

（2）肌肉耐力是指运动员肌肉系统在一定的内部与外部负荷的情况下，能坚持较长时间或重复较多次数的能力。肌肉耐力和力量水平的发展关系极为密切，发展肌肉的最大力量能有效促进肌肉耐力水平的提高。根据运动时参与工作的肌肉群数量或身体活动部位，肌肉耐力可分为局部耐力和全身耐力。

4. 根据肌肉的工作方式的分类

根据肌肉的工作方式，可将耐力素质分为静力性耐力和动力性耐力。

（1）静力性耐力是指机体在较长时间的静力性肌肉工作中克服疲劳的能力。如在射击、射箭、举重的支撑、吊环的十字支撑等过程中，表现出的耐力水平。

（2）动力性耐力是指机体在较长时间的动力性肌肉工作中克服疲劳的能力。

在上述耐力素质分类体系及有关运动项目的耐力素质练习中，最有意义的是有氧耐力、无氧耐力、肌肉耐力、一般耐力和专项耐力的分类体系及其训练。

四、综合性体能素质

一般把柔韧素质、协调素质、平衡素质和灵敏素质这四大类统称为综合性体能素质。其实，每种素质的训练都需要建立在优秀的基础素质之上，只有具有了一定的基础素质，如力量、速度、耐力等，才能更好地发展综合性体能素质。特别是平衡素质、协调素质和灵敏素质，它们彼此之间存在着相互促进和制约的关系，一般在发展一种素质的同时，需要有机地兼顾或者结合其他素质同时进行训练，才会使训练更加有效。

1. 柔韧素质

柔韧素质是指机体大幅度完成动作的能力。这种能力由机体关节活动灵活性、肌肉和韧带的伸展性及肌肉紧张与放松的协调性所决定。柔韧素质在体育运动中具有重要意义，只是对不同的运动项目有不同的要求。

根据柔韧素质在运动或锻炼过程中的表现方式的不同，可将柔韧素质分为动力柔韧素质和静力柔韧素质两类。动力柔韧素质是指机体依靠相应关节及周围肌肉群的积极工作完成大幅度动作的能力。田径运动主要表现的就是动力柔韧素质。如短跑大幅度的"蹬摆"配合动作、跨栏的"攻摆"上栏动作、过栏的两腿"剪绞"动作、跳高运动员的过杆"背弓"动作、跳远的空中"走步"动作及投掷运动员的"超越器械"动作等。静力柔韧素质是指机体借助外界力量使关节活动范围和韧带肌肉伸展幅度都达到最大限度。静力柔韧素质的指标总是高于动力柔韧指标的，是动力柔韧素质发展的基础。动力柔韧素质往往体现专项柔韧素质水平，是在具有静力柔韧素质的基础上，针对某项技术的特殊需要的柔韧素质。一定意义上讲，动力和静力柔韧素质也可称之为专项和一般柔韧素质。

2. 协调素质

协调素质是指运动员在运动中，身体各运动器官、各运动部分配合一致完成动作的能力。它并非一种单纯的身体素质，而是运动员各器官功能、运动素质、心理品质和个性特征及技能储备的综合表现。

从生理学上讲，运动技术的形成是条件反射的建立与巩固。协调素质高体现在合理运用已掌握的各种技能储备，使大脑皮质的暂时性神经练习较快建立起来，快速掌握新技术。从运动学上讲，运动技术的形成是运动员按照动作的时间、空间、节奏等要素进行练习的结果。协调素质就是把掌握动作的要素与特征配合得当，从而更快地掌握新技术。

协调素质可以分为一般协调素质和专项协调素质。一般协调素质支配各种运动技能的形成和发展，是专项协调素质的基础。专项协调素质是运动员迅速、经济、准确、流畅地完成各专项运动动作的能力，包括各专项运动特殊要求的协调性。

3. 平衡素质

平衡素质即运动员通过力量、柔韧性、协调性等多方面因素共同保持身体平衡与稳定的能力。平衡素质对于运动员在力量训练或者竞技比赛时的动作完成度有着极大的意义。如果失去了平衡素质，那么力量的大小、技术的优劣则根本无从谈起。因为训练理念的偏颇、训练方法的不够完善，许多运动员往往对平衡素质不够重视。即使有部分运动员将平衡素质训练作为日常训练的一部分，但是也大都局限于综合体能训练的范畴之内，即处在一种次要的训练地位上，在这样的意识下不可能对平衡素质有真正的提高，更谈不上针对性练习。

4. 灵敏素质

灵敏素质是指机体表现出来的快速随机应变能力，它既与神经系统反应有关，又与力量、速度、协调性密切相关。发展灵敏素质的锻炼项目有体操、武术和各种球类等。它是运动员运动技能和各种素质在运动中的综合表现，是一种复杂的素质。对大多数的运动员而言，灵敏素质是一项相当重要的运动能力，甚至是决定胜负的关键所在。如排球运动的"鱼跃救球"、扣球时准确的"空间感"等，都需要具备良好的灵敏素质，这样才能将技术发挥得淋漓尽致。而灵敏素质与肌力、反应时间、速度、爆发力以及协调性有密不可分的关系，甚至可以说，灵敏素质是这些基本运动能力的综合表现。没有良好的灵敏素质，运动技能也难以发挥出较高水平。

通常将灵敏素质分为一般灵敏素质和专项灵敏素质。一般灵敏素质是机体在各种活动中，在突然变换化的条件下，迅速、合理、准确地完成各种动作的能力，它是专项灵敏素质的基础。专项灵敏素质是指在专项运动中，迅速、准确、协调自如地完成专项技术动作的能力。不同的项目对灵敏素质有不同的要求，所以灵敏素质有明显的项目特点。

第三节　大学生身体素质训练方法

一、50 米跑的训练方法

50 米跑的完整技术分为起跑、起跑后的加速跑、途中跑和终点冲刺跑四个部分。除起跑姿势外，其余三个部分是一个不明显的逐渐变化的动作过程，其中途中跑是最重要的部分。

（一）起跑

50 米跑采用的是站立式起跑，两脚前后开立，有力脚在后，前脚跟和后脚尖之间的距离约为一脚半长，两脚左右间隔半脚，身体重心落在前脚上，后脚用前脚掌支撑站立。眼睛略向前看，身体保持稳定姿势，集中注意力听枪声或"跑"的口令。当听到枪声或"跑"的口令时，快速起动，两脚用力蹬地，后腿蹬地后迅速前摆，前腿迅速蹬直，两臂配合两腿动作做快而有力的摆臂，使身体快速向前冲出，在短时间内获得最快的跑速。在起跑中要注意以下四个问题。

（1）如何体会后蹬力量。方法：采用对抗性练习。

（2）如何集中注意力。方法：深吸一口气后屏住呼吸。

（3）如何提高反应速度。反应速度的提高不是一朝一夕可以达到的，要保持长期练习。

（4）如何确定"预备"时的重心位置。重心位置过高、过低、过前或过后都不好，这个尺度应根据自身身高和运动水平而定。

（二）起跑后的加速跑

起跑后就转为加速跑，前几步的步幅要小，保持身体向前倾斜，让身体重心慢慢地升高，千万不要一下子抬起身体重心。在加速跑中要注意以下五点。

（1）掌握好第一步的落地点。

（2）掌握好步幅，并逐渐加大。

（3）掌握好重心高低和上体抬起的速度。

（4）掌握好步幅与步频，随跑步速度增大而增大。

（5）注意后蹬角度和前摆高度。后蹬角度小，蹬地动作幅度大，则加速快。前摆稍低，加快动作周期的速度。

（三）途中跑

加速跑后就进入途中跑，这是 50 米跑的最重要部分。后蹬腿的髋、膝、踝关节要尽可能地充分蹬直，完成快速有力的后蹬，髋部前送。后蹬腿蹬离地面后，大腿积极向前上方摆动，小腿随惯性折叠，并把同侧髋带出。紧接着，大腿积极下压，小腿随惯性向前摆动，落地时脚尖正直，用前脚掌做向下、向后的"扒地"动作。脚着地后，为了减少着地时的支撑反作用力，膝关节随之微屈，迅速缓冲，使身体重心很快前移并超过支撑点。途中跑要注意以下三点。

（1）眼看前方，不要昂头或低头。昂头，看不见前方跑道，易出现抢道、造成碰撞摔倒和自己失重跌倒等危险；低头，没有方向感。无论昂头和低头都不利维持身体平衡，易产生分力阻碍向前运动。要看准目标，保持斗志，一鼓作气，一定要坚持到底，不要半途而废或减速，特别在最后 10 米左右，最易减速。

（2）正确的摆臂能为向前运动提供动力和维持身体平衡。左右或其他摆臂都会产生分力，妨碍向前跑进。摆臂应以肩关节为轴，两手半握拳头，快速有力做前后摆动，前摆时手一般不超过身体中线和下颌水平位置，后摆时肘稍向外。

（3）前脚掌先着地后屈膝缓冲，然后迅速用力后蹬。不要使整个脚掌同时着地，这样没有缓冲，蹬伸也不充分，又易震伤脚和内脏器官。用前脚掌先着地，重力作用下，把鞋钉充分压进地面，后蹬时反作用力也大。

（四）终点冲刺跑

终点冲刺跑方式主要有两种。第一种采用冲刺技术，在接近终点线的几步，身体逐渐前倾，最后一步加大前倾，用胸部或肩部加速鞭打终点线做冲刺动作。注意，太远或太近冲刺都不好，恰到好处时会有意外收获，这样容易引起裁判紧张而按表动作加速，有利提高成绩。第二种方法是直接跑过去，把终点定于5～7米，保持高速跑过终点，避免减速冲刺。

此外，终点冲刺跑要注意安全，冲刺后要在自己的跑道上继续跑，等到同组队员都慢下来了，再横过跑道去查看成绩，这样做可避免与同组迟冲刺队员发生碰撞，特别是穿上钉鞋时，更要注意。终点冲刺跑需要注意以下问题。

（1）要有坚定的意志。

（2）减速方式。

（3）冲线后的缓冲方式。

以上是50米跑步过程中的技巧及方法，要想在50米跑中取得好成绩还要注意在平时学习和生活中勤于练习，尤其是身体锻炼和爆发力的训练。掌握技巧之后高效地练习一定会取得好成绩。

二、立定跳远的训练方法

立定跳远是指不用助跑从立定姿势开始的跳远，是发展下肢爆发力与弹跳力的运动项目。

（一）分解动作

完整的立定跳远技术动作由预摆、起跳、腾空、落地缓冲四部分组成。

（1）预摆：两脚左右开立，与肩同宽，两臂前后摆动，前摆时，两腿伸直，后摆时，屈膝降低重心，上体稍前倾，手尽量往后摆。

要点：上下肢动作协调配合，摆动时一伸二屈降重心，上体稍前倾。

（2）起跳、腾空：两脚快速用力蹬地，同时两臂稍屈后往前上方摆动，向前上方跳起腾空，并充分展体。

要点：蹬地要快速有力，腿蹬和手摆要协调，空中展体要充分，注意离地前的前脚掌瞬间蹬地动作。

（3）落地缓冲：收腹举腿，小腿往前伸，同时双臂用力往后摆动，并屈膝落地缓冲。

要点：小腿前伸的时机要把握好，屈腿前伸臂后摆，落地后双臂往前不往后。

（二）影响因素

（1）力量因素。特别考验下肢肌群的爆发用力能力，而且对踝关节的力量提出了较高的要求。因为立定跳远的最后用力点是前脚掌（甚至是脚尖），所以需要踝关节的跖屈有相当大的强度。

（2）协调用力的能力。是指骨盆肌群与下肢肌群协调用力的能力（包括踝关节）。协调用力正确的标志是髋、膝、踝三关节能迅速有力地蹬直，上肢能做出协调的摆动，起到带、领、提、拉的作用。

（3）臂的摆动作用。立定跳远必须直臂摆动，摆幅越大，带、领、提、拉动作力度越强。注意观察，凡屈臂摆动者，必然造成上体的波浪动作，从而影响跳远的距离。

（4）能量的转换。从站立状态到下蹲状态，势能转化为动能，这样就相当于有一定的助跑，从而可以更有效地提高初速度，增加跳远的距离。

（三）训练手段

（1）蹲跳起。主要用于锻炼腿部肌肉力量和踝关节力量。

练习方法：双脚左右开立，脚尖平行，屈膝向下深蹲或半蹲，两臂自然后摆。然后两腿迅速蹬伸，使髋、膝、踝三个关节充分伸直，同时两臂迅速有力向前上摆，最后用脚尖蹬离地面向上跳起，落地时用前脚掌着地屈膝缓冲，接着再跳起。每次练习 15～20 次，重复 3～4 组。

（2）单脚交换跳。主要用于锻炼小腿、脚掌和踝关节力量。

练习方法：上体正直，膝部伸直，两脚交替向上跳起。起跳时主要是用踝关节的力量，用前脚掌快速蹬地跳起，离地时脚面绷直，脚尖向下。原地跳起时，可规定跳的时间（30 秒～1 分钟）或跳的次数（30～60 次）。向远处跳时，可规定跳的距离（2～3 米）。以上练习重复 2～3 组。

（3）踬跳步。主要用来锻炼腿部后群肌肉和踝关节的力量，并训练身体协调性。

练习方法：用右（左）腿直膝向前上方跳起，同时左（右）腿屈膝向上举，右腿落地，然后换腿，用同样方法跳，两臂配合腿前后大幅度摆动。跳时踝关节和前脚掌都要用力，整个动作轻快。它与舞蹈的"踬跳步"动作类似。

（4）纵跳摸高。这是锻炼腿部肌肉和踝关节力量而经常采用的一种练习方法。

练习方法：两脚自然开立成半蹲预备姿势，一臂或两臂向上伸直，接着两腿用力蹬伸向上跳起，用单手或双手摸高。每次练习 10 次左右，重复 3～4 组。

（5）蛙跳。主要用于锻炼大腿肌肉力量和髋关节力量。

练习方法：两脚分开成半蹲，上体稍前倾，两臂在体后成预备姿势。两腿用力蹬伸，充分伸直髋、膝、踝三个关节，同时两臂迅速前摆，身体向前上方跳起，然后用全脚掌落地屈膝缓冲，两臂摆成预备姿势。连续进行 5～7 次，重复 3～4 组。

（6）障碍跳。主要用于锻炼腿部肌肉力量和踝关节的爆发力。

练习方法：地上放小海绵垫 6～10 块，每块距离 1 米左右。两脚左右开立，脚尖平行，屈膝向下，两臂自然后摆，用脚掌力量向前上方跳过障碍，两臂配合向前上方摆动，落地时屈膝缓冲，落地后迅速做下一次跳跃。重复 5～6 组。

（7）跳台阶。主要用于锻炼腿部力量和踝关节力量。

练习方法：两手背在身后，两脚平行开立，屈膝半蹲，用前脚掌力量做连续跳台阶动作。一次可跳 20～30 个台阶，重复 3～4 组。

（8）冰棍跳。主要用于锻炼踝关节的灵敏度和力量。

练习方法：双手背在身后，两脚自然站立，膝盖伸直，前脚掌发力向上纵跳，膝盖不弯曲以练习踝关节力量，跳到脚踝微发酸为一组，重复 3～4 次。

（9）挺身跳。主要用于锻炼下肢、核心肌肉的力量和爆发力。

练习方法：原地屈膝开始跳，空中做直腿挺身动作，髋关节完全打开，做出背弓动作，落地时屈膝缓冲。单腿跳前进一般采用左（右）去右（左）来的方法进行练习，距离控制在 25～30 米左右，重复 3～4 组。

（10）收腹跳。主要用于锻炼腹部肌肉和核心肌肉力量。

练习方法：从原地直立开始起跳，空中做屈腿抱膝动作或双手在腿前击掌，落地时一定要屈膝缓冲。可以越过一定高度兼远度或一定远度兼高度，距离控制在 25～30 米左右，重复 3～4 组。

（四）注意事项

（1）尽量选平坦又不过于坚硬的地面进行练习，如跑道、土地、地板地面等。不宜在沙坑和过滑的地面上练习。

（2）提高爆发力的练习，重复次数一般不超过 10 次。提高力量耐力的练习，重复次数必须在 10 次以上，并尽可能增加重复次数。

（3）在立定跳远过程中，从起跳到落地瞬间的几个相关身体关节的角度（8 个角度），对跳远成绩起着举足轻重的作用。

（4）运动后要放松，运动员在训练后应注意用手轻揉肌肉进行放松，以降低在后面训练中发生肌肉拉伤的风险。

三、坐位体前屈的训练方法

坐位体前屈是大中小学体质健康测试项目，其用于测量在静止状态下的躯干、腰、髋等关节可能达到的活动幅度，主要反映这些部位的关节、韧带和肌肉的伸展性、弹性及身体柔韧素质的发展水平。坐位体前屈属于柔韧素质范畴，柔韧素质是通过关节的幅度按照一定的运动轴产生转动的活动范围而表现出来的。影响坐位体前屈成绩的主要因素是髋关节的柔韧性，其次还有脊柱弯曲程度和肩锁关节的柔韧性。充分的热身是保证柔韧练习取得最好效果的前提，体温过低将影响肌肉的状态。

（一）徒手

（1）站位体前屈：两腿并立，膝关节伸直，上体前屈，两手掌触地，上体与腿尽量贴近，复原姿势后连续再做（也可两手扶小腿后部来做）。

（2）横叉：两手在体前扶地，两腿左右分开成直线，上体俯卧或侧倾。

（3）正踢腿：直立，两臂平举，左脚向前迈出一小步，右腿绷脚面伸直，起腿要轻，急速有力地向上踢腿，高度要高，落腿要稳。两腿交替练习（有难度的练习——腾空飞脚）。

（4）原地跳至体前屈：两腿分立，两膝弯曲，两臂后摆，成半蹲式，向上纵跳，同时两腿向体前踢腿，上体前屈，两臂前伸触碰脚尖，此动作类似"两头起"。

（二）在肋木上

（1）正压腿：一条腿直立，另一条腿举起放于肋木上，身体正对高腿，上体向前尽量用胸部贴腿，双膝不得弯曲，复原姿势后连续再做，一定次数后左右腿互换。

（2）侧压腿：一条腿直立，另一条腿举起放于肋木上，身体侧对高腿，上体尽量侧屈，用头的一侧贴腿，不要前倾或后仰，复原姿势后连续再做，一定次数后左右腿互换。

（3）吊起屈腿：背靠肋木，两手抓住肋木上方，两脚悬空，上体不动，直腿前屈，复原姿势后连续再做，也可以两脚倒挂于肋木之上，上体前屈。

（三）在垫子上

（1）盘腿体前屈：两腿屈膝盘坐，两脚掌相对；两手握住两脚；上体前屈。复原姿势后连续再做，一定次数后左右腿互换。

（2）单腿屈：两腿分开坐于垫子上，两手握住一只脚，上体前屈，一定次数后左右腿互换。

（3）双腿伸直，脚跟并拢，脚尖自然分开，然后掌心向下，双臂并拢平伸，上体前屈，两手掌匀速前移，直至不能移动为止，复原姿势后连续再做。

（4）直膝分腿坐压腿：双腿尽量左右分开，坐在垫子上，双手体前扶地。双手从腿内侧去抓住双腿的脚踝，重复 3～5 次。然后呼气转体，上体前倾贴在一条腿上，双手扶在身体前倾一侧腿的踝关节前部。要求充分伸展双腿和腰部。

（5）跨栏坐：双腿尽量左右分开，坐在地面上，成跨栏坐姿势，呼气转体，上体前倾贴在一条腿上，双手扶在身体前倾一侧腿的踝关节前部，保持 15～20 秒，重复 3～5 次，然后交换腿进行。要求两条腿应尽量左右分开。

（6）坐压腿：双腿分开坐在垫子上，以右腿在体前伸直为例，左腿弯曲，脚跟接触伸展腿的内侧，左小腿外侧贴近地面，与右腿组成三角形，背部挺直，呼气，上体从胯部开始前倾，贴近右腿大腿的上部，双手抓住右脚脚尖，右腿膝部保持伸直，动作幅度尽量大，保持这个姿势 15 秒，然后交换腿进行，每条腿拉伸 3～5 次

（7）双人练习：一人按照单人练习的要求做，另一人在其身后用双手压其肩，使其最大限度地拉伸肌肉，一定次数后两人互换。

（8）双人拉锯：两个人面对面坐在垫子上，脚对脚，两腿并排伸直，上体前屈，两手相扣，互相拉动。

（9）扶腿压前屈：一人仰卧，两腿并拢，两腿做体前屈，另一个人扶其腿下压。

（四）游戏

（1）胯下传球：以小组竞赛的形式进行，前后两人的距离要适中（要有一定的难度），比较哪一组能快速完成传球。

（2）连贯前滚翻接力：以小组竞赛的形式进行，每人做 5 次前滚翻，来回接力（也可以后滚翻接力）。

（五）注意事项

在进行柔韧性练习时，一定要注意做准备活动，不要急于求成，不要练得过快、幅度过大过猛。尤其在冬季锻炼必须充分做好准备活动。若锻炼前不热身，则容易引起肌肉、韧带拉伤或扭伤。坐位体前屈成绩的提高不是一时可以完成的，需要循序渐进，从易到难，持之以恒，逐步来提高。

四、仰卧起坐的训练方法

仰卧起坐是女生身体素质测试的项目之一。它是一种锻炼身体的方式，目的是增强腹部力量。

（一）正确的技术动作

身体平躺仰卧于垫子上，双肩着垫，两腿屈膝，腹部与大腿呈 90°，大腿与小腿呈 90°，两手交叉贴于脑后，双臂屈肘，肘尖向前。低头、含胸坐起，动作协调一致，双肘触及两膝，坐起时臀部不能离开垫子，可有同伴压住脚面。

做仰卧起坐时，应配合合理的呼吸，坐起时应呼气，仰卧时应吸气。但如果机械地在仰卧时完成整个吸气过程，会不利于动作的完成。因此，为了提高动作的质量，还必须掌握呼吸技巧。向后仰卧的过程开始吸气，肩背部触碰到垫子的瞬间屏气收腹、上体逐渐抬起，当上体抬起至腹部有胀感时，快速呼气，向前引体低头完成动作。

（二）训练方法

（1）快速计数法。按照一定的节奏，如两秒一次进行报数，按照口令完成仰卧起坐，以 10 次为例，每组都练习 10 次，中间休息 30 秒，重复练习 3～4 组。在此基础上，练习次数逐渐增加，如第一组做 10 个，第二组做 12 个，中间休息 30 秒，同时口令节奏也可以从 2 秒 1 次变为 1 秒 1 次。

（2）计时法。按照一定要求进行计时训练，如 10 秒、20 秒、30 秒等，在规定的时间内尽可能地多做。以 10 秒为例，在 10 秒内尽量完成尽可能多的次数，如最低要求是 10 秒钟 8 个。一般进行 3~4 组，中间休息 1 分钟或者 30 秒。在此基础上，练习时间可以逐步增加。

（3）静力性练习法。静力性练习是指在静止状态下，通过克服自身重力或外在阻力的情况下进行的练习，这种练习可以对腰腹肌肉进行深度刺激。如静止举腿，平躺下来，双手垫在臀部下方，抬腿悬空，腿与地面成 30° 左右。或者两头起并维持一段时间，仰卧于垫子上，两头抬起，即头和腿抬起，臀部着地。建议一周进行一次为宜。

（三）注意事项

（1）做仰卧起坐必须要有一定速度。

（2）要有一定的爆发力，做了一个之后，头部迅速下去，倒在垫子上，要有力度，这样才会有惯性，依照这惯性，迅速做第二个、第三个。

（3）要能真正获得最好的训练效果，就必须做到以腹部肌群的收缩力，引起腹部肌肉压缩，动作很短促，做的时候上背部离开垫子，但下背部仍紧贴垫子。

（4）动作只是腹部的压缩，引起脊柱骨的弯曲，使胸肋骨紧贴骨盆，腹部肌群处于顶峰收缩状态，稍停，然后再以腹部肌群的紧张力控制住，慢慢地使脊柱骨逐渐伸展下，然后还原。

五、引体向上的训练方法

引体向上主要用于测试上肢肌肉力量的发展水平，是对男生上肢力量的考查项目，是自身力量克服自身重力的悬垂力量练习。引体向上是最基本的锻炼背部的方法之一，也是衡量男生体质的重要参考标准和项目之一。

引体向上要求有一定的握力和上肢力量，这个力量必须能克服自身的体重。引体向上对发展上肢悬垂力量、肩带力量和握力有重要作用。它是按动作完成的次数来计算成绩的，做得多则成绩好，因此它是一种力量耐力项目。

（一）标准动作

（1）静力引体。起始姿势：两手用宽握距正握（掌心向前）单杠，略宽于肩，两脚离地，两臂自然下垂伸直。

动作过程：用背阔肌的收缩力量将身体往上拉起，当下颌超过单杠时稍作停顿，静止 1 秒，使背阔肌彻底收缩。然后逐渐放松背阔肌，让身体缓慢下降，直到恢复身体完全下垂，重复再做。可以弯曲膝关节，将两小腿向后交叉，使身体略微后倾，能更好地锻炼背阔肌。

呼吸方法：身体上拉时吸气，下垂时呼气。

注意要点：上拉时意念集中在背阔肌上，把身体尽可能地拉高，不要让身体摆动。下垂时脚不能触及地面。可在腰上钩挂杠铃片来加重。

（2）借力引体向上。借力引体向上的起始姿势、呼吸方法与静力引体向上的相似。

动作过程：两手正握杠，将身体悬垂于空中，摆动身体，借摆动身体急停的力，双手向上拉杠，将下颌高于杠面，下杠时双臂缓慢弯曲，身体慢慢还原到起始状态，然后顺势将双膝弯曲，再借力完成下一个动作。

（二）训练方法

（1）最开始练习时可以试着先吊在杆上，吊到不能吊为止，下来后再吊。做 5~7 组，每次保持在 30 秒以上，做第 1 组时要保持在 1 分钟以上，每组间休息 1 分钟。

（2）接下来如果直接拉不上去，可以先垫一把凳子半弯着拉上去，也可以在上跳握住杆的同时拉上去，每组做到不能做为止，做 5 组，每组间休息 1 分钟。

（3）下一个阶段可先练习窄握距引体，估计一两个月后，当可以一次做 8～10 个时，再尝试标准的宽握距引体向上。如果窄握距引体向上比较吃力，可以进行互助练习，具体的方法为：帮助者双手托住练习者腰部，稍用力，使其用全力完成引体向上。此方法适用于能依靠自身力量引体上拉，但达不到下颌超过杠杆或只能完成一次或少数几次的练习者。

（4）力量训练：力量是引体向上的基础，引体向上需要加强手臂、背部、腰部、腹部肌群的力量。可采用俯卧撑、击掌俯卧撑、持哑铃上臂屈伸、仰卧起坐等方法增强力量。这些方法适用于初练者或缺乏器材时。

（5）耐力训练：每天保持必要的有氧运动，可以慢跑 1500 米左右。另外，引体向上本身也是一种很好的练习耐力的方法。引体向上练习要持之以恒，每天练习时间不要过长，但每组练习都要达到身体极限，尝试每组多做一两次，各种练习形式交替，注意练习结束后放松手臂、背部、腰部和腹部肌群。

六、耐力跑的训练方法

耐力跑是指机体在氧气供应充足情况下长时间跑步。练习耐力跑能使心脏收缩力加强，提高心脏供血能力，促进心脏、肺、血液循环系统的发展，提高有氧代谢能力，还有助于降低血液中的胆固醇含量。

女生 800 米、男生 1000 米跑是一种有氧跑的项目。对有氧供能和无氧供能的要求都很高，因此，该训练既能改善心脏和循环系统功能，增强有氧供能的能力，又能改善肌肉工作能力，增强无氧供能的能力。

（一）耐力跑的技术动作分解

起跑：在田径比赛中，800 米和 800 米以上项目的起跑规则采用站立式起跑姿势。发令时，"各就位"后，鸣枪出发。其技术要领是：两脚向后用力蹬地，后腿积极前摆，两臂配合两腿的运动向前冲出。正确的途中跑技术能发挥人体最大的潜能，同时又能最省力。它要求身体的前倾角度、摆臂摆腿的幅度和后蹬的力量都较短跑的小，但是后蹬的角度较大，约为 55°，在节奏上要轻快、均匀，力求实效、省力。同时注重呼吸和跑步的节奏相配合，比较理想的有"三步一呼气，三步一吸气"或"两步一呼气，两步一吸气"这两种方法。呼气时要张口呼吸，增大呼吸量，深呼吸，更多更快地进行气体交换。另外，注意中长跑的弯道技术：身体左倾，右臂的摆幅必须大于左臂的，左脚用外侧、右脚用内侧落地，以此获得向心力，克服直线运动的惯性，以保持跑速。

800 米跑和 1000 米属中长跑项目，对速度耐力要求很高，要求具备良好的冲刺速度及速度感、节奏感和坚强的意志品质。中长跑是典型的周期性耐力项目，其突出特征是考验高速度持续跑的专项速度耐力。只有具备较快的速度能力素质和良好的速度耐力及速度力量，才可能在比赛中战胜对手，取得好成绩。

（二）耐力跑的训练

（1）间歇训练。间歇训练是指两次练习之间有一个严格控制休息时间的间歇阶段，并且这个间歇阶段的长短是通过测量心率来控制的。关键一点是要在尚未完全恢复体力时，便开始进行下一组练习。

间歇训练的生理特点包括：机体通过较高负荷的心率刺激，使机体抗乳酸能力得到提高。在心率未恢复到安静水平时，进行下一次练习。在间歇阶段，运动器官（肌肉）得到休息，而心血管系统和呼吸系统的活动仍处于较高水平，这样多次重复刺激训练，使肺活量水平、肺通气效率得到提高。呼吸肌耗氧量、氧通气量下降，肺有效气体交换量增加，从而提高了氧运输系统能力，同时心脏收缩力量加强，心脏容积增加，提高了心排出量，增强了心脏的泵血能力，从而提高了血液循环能力，为肌肉运动提供了必要的能源物质。通过间歇训练，心脏容积比原来增大了 1/5，提高了心搏量。随着心肺功能的增强，机体的最大摄氧量水平也随之明显提高，成绩逐步提高。

间歇训练分为长距离、中距离、短距离间歇训练。

① 长距离间歇训练：2000 米、1500 米、1000 米间歇跑。一般适用马拉松跑训练。

② 中距离间歇训练：800 米、600 米间歇跑。一般适用长跑训练。

③ 短距离间歇训练：400 米、300 米。400 米间歇跑，运用最广泛。一般采用 10×400～30×400 间歇训练。300 米间歇训练适用于青少年，以及提高绝对速度时。

间歇时间长短是关键，间歇时间太长对训练效果不明显，间歇时间太短，对机体的恢复、承受力、伤病都有直接影响。

重复的次数和组数按心率确定：快速跑时，心率达 160～185 次 / 分即可。间歇到 120～130 次 / 分即可跑第二次或组。间歇也可按时间确定。间歇时要慢跑、快走，可以休息，但不能坐下。随着间歇时间的缩短，运动能力随之提高，从而达到训练目的。

（2）变速跑训练。快跑的段落一般为 400～1000 米。变速的次数，则根据具体情况（如任务，快跑、慢跑的段落，以及身体状况）而定，一般在 5 次以上。

① 定时变速跑。可在长跑中定点计时，如每次快跑 20 秒或 30 秒，然后慢跑，可以通过举手或哨音来指挥。

② 定距变速跑。在场地的直道上快跑，在弯道上慢跑，也可在跑道上做一些变速的标志物，如旗子、道次牌或标枪杆等。如要在野外练习跑，可指定一些比较熟悉的标记，如树木、楼房、商店、站牌、岗亭、桥梁等，规定好从某处到某处快跑。

③ 追逐变速跑。将学生分为两组，每组相距 100 米站在场内，让第一组先快跑，第二组慢跑，当第一组追上第二组时变成慢跑，第二组开始快跑，依此类推，直到各组跑够一定的距离或时间结束，慢跑时必须保持匀速，以保持适当的距离。

④ 围圆变速跑。画半径为 20 米的圆，运动员沿圆慢跑，先由第一人在圆外做加速跑绕一周后回到原位，第二人开始在圆外做加速跑，直到全队跑够一定时间为止。

⑤ 引导变速跑。将学生分为两组，一组做短距离的快跑练习，另一组做变速跑练习，如果快跑者做 200 米练习，那么变速跑的学生绕场一周，当跑到 200 米起点处，便由一名快跑组的学生引跑，慢跑组这时尽快加速跟上快跑者，一直到达 200 米终点继续改为慢跑，当又绕到 200 米起点处，再由另一名快跑组学生引跑，引跑次数可根据学生身体条件而定。

⑥ 上下坡变速跑。在约 50 米长、坡度为 15° 到 20° 的跑道上，上坡时慢跑，下坡时快跑，也可上快下慢，需要计时。

⑦ 极限变速跑。在快速跑时尽量跑到每个人的极限程度，再放慢速度调整恢复一下，这种方法一般要求教师要做到心中有数，对每名学生的身体状况都要充分了解，要有专人档案，以免出现事故。

⑧ 原地变速跑。学生做高抬腿或半高抬腿的原地跑动，两臂自然前后摆动，上体要保持正直（不要前倾，更不能后仰），呼吸要像跑步时一样，有规律地配合，教师可通过击掌频率的快慢变换来控制学生的跑动频率，也可以让学生快跑 30 秒，再慢跑 30 秒，如没有教师协

助，学生可自己默数，抬腿快跑 50 次，抬腿慢跑 50 次，速度的变化根据自己训练水平来定。

总之，变速跑的方法有很多，可以根据场地、器材、人数确定。在变速跑训练中，一定要根据学生的专项、训练水平、各种身体素质等来决定距离和强度。特别要注意，快跑时的速度要求，一定要符合学生的实际情况。

（3）重复训练。重复训练法是指在不改变动作结构及其外部运动负荷的情况下，按一定要求反复练习，各次（组）练习之间的间歇时间要使身体完全恢复，每次练习都要在完全恢复条件下进行的训练方法。重复训练主要用于提高身体的速度素质。重复训练有四个因素：重复练习的次（组）数、每次练习重复的距离或时间、每次练习的负荷强度、每次（组）练习之间的间歇时间。

随着中长跑水平的提高，运动中肌肉工作的时间缩短，而在单位时间内运动的强度增大，因此运动能量供应也随之发生变化，以适应肌肉工作需要。运动生理学表明，在快速跑 300～500 米，特别是 400 米的段落后，血乳酸的值比较高。在比赛途中加速冲跑，会在体内造成大量乳酸堆积，进而破坏机体内的碱储备，使 pH 酸碱度降低，这将大大影响各种酶的活性，从而引起组织细胞的新陈代谢、兴奋性及各种生理机能紊乱，造成酸中毒。对于平时无针对性训练，耐酸能力低下的学生，其破坏作用尤为明显，人体易出现呼吸急促、两腿酸沉的不良反应。

因此，若要取得好成绩，需进行耐酸训练，即在乳酸大量堆积情况下，仍能保持相当距离高速跑、变速跑、加速跑训练，在匀速跑途中，突然加速冲跑，然后再保持高速跑，而不能减速。提高这方面能力可采用重复跑练习，选择距离以短于专项距离为主。若要提高 800 米跑的成绩，则以 100～600 米训练为主，每组 4～5 次，速度等于或高于比赛速度，并且间歇时间要短。

第五章 篮球运动

第一节 篮球运动的概述

一、篮球运动起源与发展

1891 年，篮球运动起源于美国马萨诸塞州，由詹姆士·奈史密斯博士发明，因为当地冬季室外天气寒冷，其他室外体育运动无法正常开展，为了解决这个难题，奈史密斯博士受到儿童时期家乡"赶鸭子"游戏的启发，同时借鉴其他球类项目发明了篮球运动，当年篮球比赛的规则只有 13 条。1895 年，篮球运动由美国的来会理介绍传入我国天津市，虽然篮球运动传入我国很早，但当时篮球运动在我国发展速度滞后，直到 1949 年后才迎来了发展的春天，篮球运动在全国范围不断普及，篮球技术不断提高。1904 年，在圣路易斯奥运会上第一次进行了篮球表演赛；1936 年，篮球在柏林奥运会中被列为正式比赛项目；1992 年，巴塞罗那奥运会允许职业选手参加奥运会篮球比赛。

二、篮球运动特点与作用

篮球运动具有集体性、综合性、对抗性、健身性、增智性、启示与教育及商业性特点；具有培养团队精神、提高身体素质、推动社会发展、促进国际交往和增进友谊的作用。

第二节 篮球运动的基本技术

篮球技术是在篮球比赛中所运用的各种专门动作方法的总称。主要有移动技术、进攻技术、传接球技术、共有技术和防守技术。

一、移动技术

移动技术对于篮球运动极其重要，贯穿攻防体系技术门类，移动技术主要有起动、加速跑、变向跑、侧身跑、后退跑、交叉跑、单脚跳、双脚跳、急停、急停急起、转身等。

二、进攻技术

（一）运球技术

以肩关节为支点，手指手腕用力拍球并控制球方向。篮球比赛中运球技术是重要的技术之一，攻守转换快速推进，比赛中突破防守队员得分或寻找传球空间助攻队友得分。篮球运动中运球技术分为原地运球和行进间运球。

1. 原地高低运球

运球的高低是由拍球后反弹的高度界定的，通常以膝关节为分界线，拍球高度高于膝关节低于腰位置称为高运球；拍球高度低于膝关节称为低运球。

2. 原地体前变向变速运球

以右手为例，保持篮球基本姿势，两脚开立与肩同宽或稍宽，屈膝腰直立，非运球手屈肘抬起保护球，目视前方，拍球时，以肩关节为轴，向左拍球时，手掌掌心朝左，手指拍球右侧面；向右拍球时，改变手的方位，手掌掌心朝右，手指拍球左侧面，重复以上动作方法连贯拍球。左手运球方法同上。

3. 原地体前 V 字形运球

保持篮球基本姿势，两脚开立与肩同宽或稍宽，屈膝腰直立，非运球手屈肘抬起保护球，目视前方。拍球时，以肩关节为轴，左右手手掌掌心相对，手指均匀用力拍球左右两侧，同时重心左右手臂像钟摆一样向拍球方向左右转移。

4. 原地体侧前后运球

以右手为例，保持篮球基本姿势，两脚开立与肩同宽或稍宽，屈膝腰直立，非运球手屈肘抬起保护球，目视前方，拍球时，以肩关节为轴，向后拍球时，手掌掌心朝后，手指拍球前侧面；向前拍球时，改变手的方位，手掌掌心朝前，手指拍球后侧面，重复以上动作方法连贯拍球。左手运球方法同上。

行进间运球是篮球比赛进攻手段之一，是建立在原地运球基础的，通过手和脚协同配合完成的技术动作。

5. 行进间运球直线运球

以右手拍球为例，静止状态持球成篮球基本姿势开始，起动直线向前运球，右手手指手腕接触球后侧方，将球推至身前 1～2 米，迅速向前移动，当手接触球时，重复以上动作方法运球。

6. 行进间曲线运球

以右手拍球为例，静止状态持球成篮球基本姿势开始，曲线运球时，右手手指手腕接触球后侧方，将球推至右侧前方 1～2 米，迅速向右移动，当手接触球时，重复以上动作方法运球。

7. 行进间体前变向换手运球

以从右向左变向为例，当运球距离防守队员有一臂距离时，屈膝降低重心，减速制动，右手手指用力拍球右侧从体前将球拍至左侧，右脚往左侧方跨步，转腰压肩，左脚迅速蹬地，左手手指手腕往前推放球。

8. 行进间胯下变向运球

以从右向左变向为例，当运球距离防守队员有半臂距离时，屈膝降低重心，减速制动，左脚在前弓步开立，右手手指用力拍球右侧经胯下将球拍至左侧，右脚往左侧方跨步，转腰压肩，左脚迅速蹬地，左手手指手腕往前推放球。

9. 行进间背后变向运球

以从右向左变向为例，当运球距离防守队员有半臂距离时，屈膝降低重心，减速制动，双脚平行开立，右手手指手腕用力拍球，同时迅速将球从右侧继背后提拉至左侧，转腰压肩，右脚往左侧方跨步，左脚迅速蹬地，左手手指手腕往前推放球。

10. 行进间后转身变向运球

以从右向左变向为例，当运球贴近防守队员时，屈膝降低重心，减速制动，左脚插入防守队员两脚之间，右脚往左侧方侧部，转头转肩转腰，右手用力拍球同时提拉球至左侧，左脚迅速蹬地，左手手指手腕往前推放球。

（二）投篮技术

在篮球比赛中投篮是篮球比赛的得分方式，投篮分为原地单手肩上/双手胸前投篮、行进间投篮、跳投等。

1. 原地单手肩上投篮

以右手投篮为例，两脚前后自然平行开立，宽度与肩膀同宽或稍宽，两膝微屈，上半身要稍向前倾，把重心放在两脚之间，右手持球手五指要自然张开，掌心中，用五根手指的指根及其以上部位来控制球，保持投篮手 90° 弯曲，肘关节屈肘 90°，上臂与躯干形成 90°，即三个 90°。投篮时，通过脚踝、膝盖、胯部及整个上半身来带动手臂手腕，最后集中到指尖将球投出去。

2. 原地双手胸前投篮

双手持球于胸前，肘关节自然下垂（不要外展），上体稍前倾，两膝微屈，重心在两脚之间，目视篮筐。投篮时，两脚蹬地，腰腹伸展，两臂上伸，拇指向前压送，两手腕同时外翻，食指指端拨球。

3. 行进间高手投篮

以右手投篮为例，右手行进间运球接近篮筐时，适宜启动第一步投篮，右脚向前跨出一大步，同时接住球；左脚迅速跨出第二步，步幅要小以便调整和衔接第三步，第三步以左脚单脚支撑迅速起跳，右腿屈膝上抬，同时举球至头右侧，腾空往上跳，当身体跳到最高点时，右手臂伸直，用手腕前屈和手指（中指和食指）力量将球投出。动作要点包括：一大、二小、三高跳。

4. 行进间低手投篮

以右手投篮为例，右手行进间运球接近篮筐时，适宜启动第一步投篮，右脚向前跨出一大步，同时接住球；左脚迅速跨出第二步，步幅要小以便于调整和衔接第三步，第三步以左脚单脚支撑迅速起跳，右腿屈膝上抬；投篮手指五指自然分开，托球的下部，手心朝上，手臂向上伸展，接近篮筐时，用手指上挑的动作，使球向前旋转投向篮筐。动作要点：第二步用力蹬地向前方起跳，投篮出手前保持低手托球的稳定性，用指腕上挑力量使球向前旋转投出。

5. 跳投

以右手投篮为例，双手持球于胸前，两脚前后或左右自然开立，两膝微屈，重心落在两脚之间。投篮时，两脚用力蹬地向上起跳，提腰，同时双手举球至右肩前上方，当身体腾空接近最高点时，左手离球，右臂向前上方伸展，利用手腕前屈和手指拨球力量将球通过指端柔和投出。

三、传接球技术

在篮球比赛中传接球技术是进攻的桥梁与纽带。传接球主要有原地单/双手传接球、行进间传接球等。

（一）接球技术

1. 双手接球

两臂前伸迎球，手指自然分开，两拇指成八字形，两手呈半球形。当手触球后，两臂后引缓冲，持球在胸前。

2. 单手接球

接球时，单手向接球方向伸出迎球。手掌呈勺形，手指自然分开，掌心正对来球方向。单手触球后，迅速后引缓冲，持球在胸前。

（二）传球技术

1. 原地双手胸前传球

两脚开立与肩同宽或稍宽，两膝微屈，双手手指自然张开，均匀握在球的两侧，两臂夹紧躯干。传球时，两腿蹬地重心前移，两臂前伸平行于地面，手腕向上翻转，利用拇指下压，食指拨球将球传出。

2. 原地双手击地传球

两脚开立与肩同宽或稍宽，两膝微屈，双手手指自然张开，均匀握在球的两侧，两臂夹紧躯干。传球时，两腿蹬地重心前移，两臂向击地点（把传球距离均匀分成三等分，击地点是距离同伴 1/3 的地方）前伸，手腕向上翻转，利用拇指下压，食指拨球将球传出。

（三）行进间传接球

行进间传接球是在原地传接球技术基础上，结合脚步移动，完成传接球。传接球时注意传接球动作与传接球的提前量。

四、共有技术

篮球比赛中抢篮板球是获得球权的方式之一，篮球界有句俗语："得篮板球者，得天下！"可见，篮板球在篮球比赛中的重要地位。

（一）抢防守篮板球

当投篮发生时，首先利用脚步移动堵住进攻队员冲抢篮板球路线；其次迅速利用后转身动作将进攻队员挡在身后，并及时判断出球的反弹方向，起跳时力争在最高点手与球在空中相遇。抢到篮板球后半转身双脚同时落地，屈膝降重心，保持身体平衡，把球放在远离对手的一侧，同时要衔接好下一个动作。

（二）抢进攻篮板球

冲抢是抢进攻篮板球的关键。当对手投篮出手后，判断好球可能反弹的方向利用突破的起动插向防守者身前，或借助虚晃、变向、转身动作绕过防守人的堵挡，抢占有利位置。

五、防守技术

篮球界有句俗语："赢球靠进攻，夺冠靠防守！"在篮球比赛中防守可以限制对方得分，防守质量好坏往往决定比赛的胜负。防守技术中滑步是主要技术，滑步是队员防守时的主要移动方法。防守移动步法主要有：平滑步、侧滑步、攻击步和后撤步。

1. 平滑步

保持篮球基本姿势，两臂张开，掌心朝前，向左侧滑步，右脚掌内侧蹬地，左脚向左侧跨出一步，当左脚落地同时右脚往左侧滑动往左收。往右侧滑步时技术动作同上，方向相反。

2. 侧滑步

保持篮球基本姿势，两臂张开，掌心朝前，向左侧滑步，向左转髋转腰，左脚抬起向左侧45°跨出，右脚掌内侧蹬地，左脚向左跨出落地，同时右脚紧随左脚滑动往回收。向右侧滑步时技术动作同向左侧滑步，方向相反。

3. 攻击步

保持篮球基本姿势，两脚前后站立，两臂前后张开，掌心朝左或右，以右脚在前左脚在后为例，左脚用力蹬地，右脚向前跨出，当右脚落地时左脚迅速往回收，保持重心平稳，右手积极伸出干扰投篮或者抢断球。

4. 后撤步

保持篮球基本姿势，两脚前后站立，两臂前后张开，掌心朝左或右，以右脚在前左脚在后为例，右脚用力蹬地，左脚向后撤步，当左脚落地时右脚迅速往后收，保持重心平稳，右手积极伸出干扰运球。

第三节　篮球运动的基本战术

篮球战术是指在比赛中队员之间有策略、有组织、有意识地协同运用战术进行攻守对抗的布阵行动，以篮球技术为基础，在战术指导思想和战术意识支配下的集体攻守方法。

一、进攻战术基础配合

（一）传切配合

传切配合是指进攻持球队员先将球传给队友，再切入篮下接队友传球完成进攻的配合战术。如图 5-1 所示，②持球传给①，②摆脱切入篮下，①回传球给②，②接球后投篮完成进攻。

（二）策应配合

策应配合是指进攻球队的一名队员背对篮筐或侧对篮筐接球，由他做枢纽串联进攻。如图 5-2 所示，①持球传给②，①传球后围绕②切入篮下，②回传球给①，①接球后投篮完成进攻。

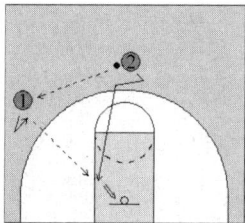

图 5-1

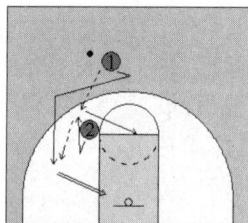

图 5-2

（三）掩护配合

掩护配合是指掩护队员利用身体挡住被掩护队友的防守人的移动路线，被掩护队友利用该时机持球或摆脱接球完成进攻的配合战术。如图 5-3 所示，挡拆配合：①持球于弧顶，②为①做掩护，①利用掩护往篮下运球突破，然后②后转身切入篮下，①可以运球突破篮下投篮或者急停投篮，或将球传给掩护后往篮下下顺的②，②接球后投篮完成进攻。如图 5-4 所示，无球掩护配合：①持球左侧三分线外持球，②为③做掩护，③利用摆脱防守，接①传球，接球后③可以运球突破篮下投篮或者急停投篮，或将球传给掩护后往篮下下顺的②，②接球后投篮完成进攻。

（四）突破分球

突破分球是指有球队员持球突破后主动或应变地利用传球与同伴配合的方法。如图5-5 所示，①左侧三分线外持球，②为③做掩护，③利用摆脱防守，接①传球，接球后

③可以运球突破篮下投篮或者急停投篮，或将球传给掩护后往篮下下顺②，②接球后投篮完成进攻。

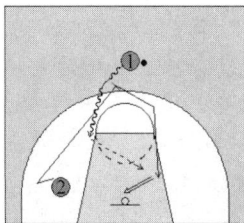 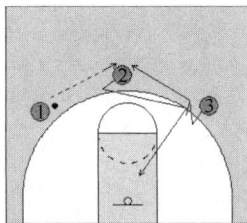 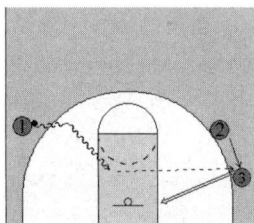

图 5-3　　　　　　　　图 5-4　　　　　　　　图 5-5

二、防守战术基础配合

防守战术基础配合是指在篮球比赛中，防守队员两三人间所采用的协同防守配合的方法。主要有抢过配合、穿过防守、交换配合、夹击配合、补防配合、关门配合。

三、篮球全队进攻战术

篮球进攻按照时间阶段划分，主要有以下阶段：快攻、衔接段进攻、阵地进攻三个阶段。

（一）快攻

快攻是指在由守转攻时，进攻方以最快的方式推进至前场，利用人数、位置及能力的优势完成进攻的战术门类。

（二）衔接段进攻

衔接段进攻是指在由守转攻时，进攻方以最快的方式推进至前场，当快攻未获得投篮机会时，迅速组织两三人间基础配合并逐渐过渡至五人的战术配合实施进攻的战术门类。

（三）阵地进攻

在篮球比赛中，根据球队队员技术特点，专门设计五人配合方法的战术门类。

四、篮球全队防守战术

篮球防守按照时间阶段划分，主要有以下阶段：防快攻、衔接段防守、半场阵地防守三个阶段，其顺序是不可逆的。

（一）防快攻

由攻转守时，以最快的速度就近封禁攻方一传，其次堵接应进攻队员，防快下接球进攻队员。

（二）衔接段防守

当进攻方快攻未果时，防守持球队员利用防守脚步及合理身体对抗迫使其减速，其他防守队员加强交流，利用人、球、区、时、篮，破坏衔接段进攻，为后场回防队员争取时间。

（三）半场阵地防守

半场阵地防守战术需要通过五人协同配合，主要有人盯人防守战术、区域联防战术、混合防守战术。以下简单介绍半场阵地防守，半场阵地防守主要有 1-2-2 联防（见图 5-6）、1-3-1 联防（见图 5-7）、2-3 联防（见图 5-8）、3-2 联防（见图 5-9）等。

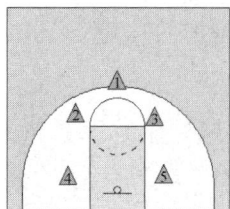

图 5-6

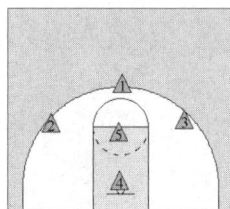

图 5-7

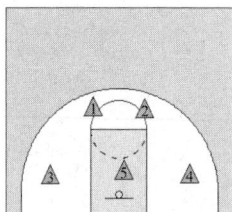

图 5-8

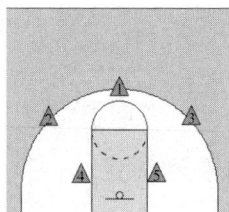

图 5-9

第四节　篮球运动的比赛规则

一、胜负判定

篮球比赛是指由两个队参加，每队出场五名队员，每队的目标是在对方篮筐得分，并阻止对方得分，在限定的时间得分高的为胜队，反之为负队。

二、场地规格

国际篮球联合会（FIBA）规定标准篮球场地由一块长为 28 米（边线）、宽为 15 米（底线）的长方形构成，中圈、罚球区分别由以线中点为圆心、以 1.8 米为半径所画成的圆和半圆组成。

三、违例

（1）球出界：在球出界以及球触及了除队员外的其他物体而出界之前，最后触及球或被球触及的队员是使球出界的队员。

（2）3 秒违例：某队在前场控制活球并且比赛计时正在进行时，该队的队员不得在对方队的限制区内停留超过持续的 3 秒，连续抢篮板球投篮不构成 3 秒违例。

（3）5 秒违例：一名被严密防守的队员必须在 5 秒内传球、投球或运球。当裁判员递交球后，执行罚球的队员必须在 5 秒内投篮。当队员可处理掷界外球时，必须在 5 秒内将球掷入球场。

（4）8 秒违例：当一名在后场的队员控制活球时，或在掷球入界后，球触及后场的任何队员或者被后场的任何队员合法触及，掷球入界队员所在队仍拥有在后场的球权。该队必须在 8 秒内使球进入该队的前场。

（5）24 秒违例：当一名队员在场上控制活球时，在掷球入界后，球接触场上的任何队员或被场上的任何队员合法触及，并且掷球入界队员的球队仍然控制活球时，该队必须在 24 秒内尝试投篮。

（6）两次运球：队员第一次运球结束后再次运球。

（7）带球走：当队员在场上控制活球，其一脚或双脚向任意一个方向非法的移动都是带球走。

（8）携带球：队员在运球过程中运球手掌心朝上控制球。

（9）球回后场：在前场控制活球的球队使球非法地回到其后场，如果该队一名队员在其前场最后触及球，并且随后球被该队一名队员首先触及，即该队员有部分身体触及后场，或在球已触及该队后场之后。

四、犯规条款

（1）犯规：对规则的违犯，包括与对方队员非法的身体接触或违反体育精神的行为。

（2）阻挡：阻碍持球或不持球的对方队员行进的非法身体接触。

（3）撞人：持球或不持球的队员推开或使对方队员躯干移位的非法身体接触。

（4）非法用手：防守队员用手或者手臂接触进攻队员并且从中获利。

（5）击头：防守队员用手击打进攻队员的头部并且从中获利。

（6）拉人：为干扰对方队员的活动自由而与其发生的非法身体接触。这种接触（拉人）可能发生在身体的任何部位。

（7）推人：队员用身体的任何部位强行地挪动或试图挪动控制球或未控制球的对方队员时发生的非法身体接触。

（8）违反体育道德精神：队员不是在规则的精神和意图的范围内试图合法地去直接抢球而发生了接触犯规。

（9）取消比赛资格的犯规：队员、替补队员、出局的队员、教练员、助理教练员或随队人员的任何公然违反体育精神的行为都是取消比赛资格的犯规。

（10）技术犯规：队员没有身体接触的犯规，任何故意的或再三不合作的或不遵守规则的精神和意图的行为。

（11）进攻犯规：进攻队员在进攻过程中过分利用身体肢体与防守队员发生身体接触并且从中获利的行为。

（12）双方犯规：双方犯规是两名互为对方的队员大约同时相互发生侵人犯规的情况。

第六章 排球运动

第一节 排球运动的概述

一、排球运动的起源与发展

排球运动起源于美国。1895 年，美国基督教青年会干事威廉·G·摩根创造了一项球类游戏：人们分别站在网球场球网的两侧，用篮球胆之类的球在空中拍打，击球的次数不限，这就是排球运动的雏形。当时这种运动被称为"小网子"。1896 年，摩根制定了世界上第一个排球竞赛规则，同年在斯普林菲尔德专科学校举行世界上最早的排球比赛。特哈尔斯戴博士将其命名为 Volleyball，意为"空中飞球"。

世界排球运动的发展主要分为三个阶段：娱乐排球、竞技排球和现代排球。

娱乐排球（1895—1936 年）：排球本就是为娱乐休闲而创造的，因此排球从诞生之初就被大众认为是一项娱乐性较强的游戏。人们进行排球运动，以休闲、健身为主要目的。

竞技排球（1947—1980 年）：第二次世界大战期间，排球运动一度停滞不前。直到 1947 年 7 月，在法国、捷克斯洛伐克和波兰三国的倡议下，国际排球联合会（FIVB）在巴黎召开成立大会，制定了国际排联宪章，成立了技术委员会、竞赛委员会和裁判委员会，正式出版了《通用国际排球竞赛规则》，并选举法国人鲍尔·黎伯为第一任主席。从此，排球运动从娱乐排球阶段进入了竞技排球阶段。

现代排球（1980 年至今）：包括全攻全守排球，社会化、商业化、职业化排球和"大排球"三个内涵。进入 20 世纪 80 年代，各种战术流派间的交流融合频繁，打法创新的步伐也在加快，凭一技之长就能一统排坛的时光已全然不在。于是，一场新的排球革命——全攻全守排球悄然开始。

1913 年 5 月，我国第一次参加在菲律宾举行的国际排球赛事。1981 年，中国女排夺得第一个世界冠军。中国女排隶属于中国排球协会，是中国各体育团队中成绩突出的体育团队之一。曾在 1981 年和 1985 年世界杯、1982 年和 1986 年世锦赛、1984 年洛杉矶奥运会上夺得冠军，成为世界上第一个"五连冠"，并又在 2003 年世界杯、2004 年奥运会、2015 年世界杯、2016 年奥运会、2019 年世界杯五度夺冠。中国女排是中国三大球项目中唯一一支拿到冠军奖杯的队伍。

二、排球运动的特点与作用

（一）排球运动的特点

1. 广泛的群众性

排球的场地设备简单，比赛规则容易掌握。排球既可在球场上比赛和训练，也可以在一般空地上活动，运动量可大可小，适合于不同年龄、不同性别、不同体质、不同技术水平的人。

2. 技术的全面性

每个队员都要进行位置轮转，既要到前排扣球与拦网，又要轮到后排防守与接应。要求每个队员都必须全面地掌握各项技术，能在各个位置上比赛。

3. 高度的技巧性

规则要求比赛时球不能落地，不得持球、连击。击球时间的短暂和击球空间的多变都决定了排球的高度技巧性。

4. 激烈的对抗性

排球比赛中，双方的攻防转换始终在激烈的对抗中进行。高水平比赛中，对抗的焦点在网上的扣拦上。在一场比赛中，夺取一分往往需要经过多个回合的交锋。水平越高的比赛，对抗争夺也越激烈。

5. 攻防技术的两重性

排球是多种技术都可以得分，也能失分的项目，这种情况在决胜局比赛中更加突出，所以每项技术都具有攻防的两重性，故要求技术既要有攻击性，又要有准确性。

6. 严密的集体性

排球比赛是集体比赛项目，除发球外，都需要在集体配合中进行。没有严密的集体配合，再好的个人技术也难以发挥，更无法发挥战术的作用。水平越高的队伍，集体配合就越严密。

7. 完成战术配合时触球次数的有限性

排球比赛规则是每方击球过网，最多不得超过 3 次。即每次战术配合过程只能在 3 次击球中完成，这一特点是其他集体球类运动项目所不具备的，因此排球比赛中的各种巧妙配合无一不体现运动员高度的战术意识、队员之间合作的默契程度和准确程度。

（二）排球运动的作用

1. 增进健康，强健体魄

排球运动具有竞技与娱乐并存的特点，不同年龄、不同性别、不同技术水平的人都能参与。经常参加排球运动，不仅能改善人体中枢神经系统和内脏器官的功能状况，同时还能提高力量、速度、弹跳、灵敏、耐力等专项身体素质和运动能力。

2. 培养与锻炼良好的心理素质

经常参加排球运动的训练或比赛，会学到很多控制自己情绪和调节自身心理的手段和方法，如在连续失误时，如何使自己尽快冷静下来而且不灰心；比分落后时的沉着不气馁；关键比分时进攻不手软的自信心等，这些都会使自身形成良好的心理品质得到提高和锻炼。

3. 培养勤奋、助人、拼搏的优秀品质

在排球比赛中，球不能落地而且击球至多 3 次必须过网的特有规定，使参加排球比赛的队友总要随时准备弥补队友因判断错误而无法处理，或因其他原因没有接到的球，为了发挥本方的进攻力量而不惜奔跑扑球，给下一次击球的队友创造有利条件。因此，经常参加排球运动，可以培养优良体育道德作风和团结协作的集体主义精神。

4. 培养信息意识、提高配合及应变能力

排球运动在某种意义上是一项依靠判断的运动，尤其在现代的排球比赛中，准确的判断已成为制胜因素之一。判断的基础是"眼观六路，耳听八方"，通过观察对方和队友的动作、击球的声音、场上的布局等，预测将要发生的情况而迅速做出决策。排球比赛也是一项靠集体配合取胜的球类竞赛，个人特长的发挥往往是在队友发挥特长的前提下获得的。队员在场上要相互协调，并不断观察队友的意图，才能默契地合作。因此，经常参加排球活动的人，既锻炼了体魄、愉悦了身心，又能提高机敏、应变、协调、配合等能力。

第二节　排球运动的基本技术

一、准备姿势和移动

准备姿势和移动是排球基本技术的击球前动作，是完成各项技术的前提和基础。

（一）准备姿势

1. 半蹲准备姿势

两脚开立，距离比肩稍宽（男生比女生更宽），两脚尖适当内扣，脚后跟抬起，膝关节弯曲，大小腿之间成 90°，上体前倾，重心着力点在前脚掌拇指根部，两肩前伸超出膝关节，两臂自然弯曲置于胸腹之间，抬头看球，随时准备移动。

2. 稍蹲和低蹲准备姿势

稍蹲和低蹲的姿势与半蹲的基本相同，只是两膝与躯干的弯曲程度大于或小于半蹲的。

（二）移动步法

1. 滑步移动

滑步移动主要用于短距离移动中，即来球距体侧稍远，两脚平行站立略比肩宽。向左滑步时左脚先向左侧迈出一步，右脚同时迅速跟上做滑步。

2. 跨步移动

当来球低、速度快、距离身体 1 米左右时，运用跨步移动较多。跨步移动可以单独使用，也可与滑步、交叉步、跑步移动的最后一步结合使用。两脚前后站立，跨步时，一腿用力蹬地，另一腿向来球方向跨出一大步，后腿随重心前移自然跟上，两手做好迎球动作。

3. 交叉步移动

交叉步移动主要用于体侧 2～3 米左右的来球，或二传手和拦网者在网前移动及防守两侧来球时运用。两脚左右站立。向右侧交叉步移动时上体稍向右转，左脚从右脚前向右交叉迈出一步，然后右脚再向右侧方向跨出一大步，同时重心移至右脚，身体转向来球方向，保持击球前的姿势。

4. 跑步移动

跑步移动经常与交叉步、跨步移动等结合起来使用。例如，侧向跑步时，常采用交叉步转身的方法起动，在接近球时，又常用跨步、倒地和各种跳跃动作来制动使之完成击球动作。

5. 综合步移动

综合步移动主要用于身体离球较远，用一种移动步法不便于完成击球动作时常用的步法。例如，跑步之后接侧滑步，或滑步之后接交叉步、跨步移动来完成拦网或救起距离较远的球。

二、垫球技术

垫球技术是排球比赛中最基本的技术之一，也是初学者必须掌握的技术之一。

（一）正面双手垫球

正面双手垫球是最基本的垫球技术之一。在能够移动到位的情况下都应采用正面双手垫球。

（1）准备姿势：采用半蹲准备姿势。

（2）移动找球：正面双手垫球通常采用滑步、跨步、跑步等移动步法。

（3）垫球手形：两手掌跟靠拢，两手手指重叠合掌互握，两拇指平行，手腕稍下压，两前臂外翻形成一个平面。

（4）击球部位：手臂击球部位在腕关节以上10厘米左右（小臂内侧平面）。击球的后中下部。

（5）击球点：击球时，击球点应在腹前，距离身体一臂远处。

（6）击球动作：移动到球下，主动迎球，两臂前伸，插到球下，含胸收腹，压腕，双脚蹬地，重心跟随，用全身协调动作迎击来球。

（二）侧面双手垫球

球来到身体两侧，球速较快，来不及移动正面垫球时，可采用侧面双手垫球。

（1）准备姿势：同正面双手垫球的准备姿势。

（2）移动找球：需要侧面垫球时，主要运用跨步、滑步等移动步法。

（3）击球部位：同正面双手垫球的击球部位。

（4）击球动作：移动到球下，重心落在垫球侧腿上，双手向垫球侧伸出，且同侧肩高于另侧肩。用转腰收腹动作带动两臂截击来球，向前垫出。

（三）背垫球

背垫球用于接应队友垫飞的球或第三次将球击到对方场区。

（1）准备姿势：同正面双手垫球的准备姿势。

（2）移动找球：主要以转身跑步作为移动步法。要准确判断、迅速移动到球的落点处（注意看球转身移动，观察场地方向）。

（3）击球部位：同正面双手垫球的准备姿势。

（4）击球点：击球时，击球点高于肩，距离身体一臂远处。

（5）击球动作：移动到球下，两臂夹紧前伸，插到球下。击球时，蹬地、抬头、挺胸、展腹，向后上方垫球。

三、传球技术

传球技术主要用于网前二传和调整传球。掌握正面双手传球技术后，就要不断尝试在组织进攻中运用该技术。

（一）正面双手传球

（1）准备姿势：采用稍蹲的准备姿势，便于随时移动，上身稍前倾，双手自然放松置于胸前。

（2）移动找球：主要以跑步、交叉步作为移动步法。

（3）击球手形和部位：双手触球时，两手自然张开形成半球型，手腕稍后仰，两拇指相对成"一字"或"八字"，拇指指向自己的额头。用拇指内侧、中指一二指节、无名指和小指第一指节击球的后中下部。

（4）击球点：在额头前上方一球距离处。

（5）击球动作：移动到球下，当球到额头前方时，主动迎球，用蹬地、伸膝、伸臂和手指、手腕的协调用力将球传出。

（二）背传球

背传球技术主要用于网前二传组织背后进攻时使用。

（1）准备姿势：采用稍蹲准备姿势。

（2）移动找球：同正面双手传球的移动找球。

（3）击球手形：手腕比正面双手传球更后仰。

（4）击球部位：击球的下部，拇指多用力。

（5）击球点：在额头上方，比正面双手传球稍偏后。

（6）击球动作：移动到球下，抬头、挺胸、展腹，向后上方发力传球。

（三）调整传球

调整传球也是正面双手传球技术的运用。当来球远离球网，需要组织进攻时，就形成调整传球。

（1）调整传球时一般离进攻点较远，传球时注意全身协调发力，充分蹬腿和伸臂。

（2）在调整传球时，关键是找好击球点，并保持上体稳定和手形正确。

（3）传球高度要合适，给扣球队员以足够的助跑时间。

四、发球技术

发球技术是排球比赛中唯一不受对方和队员影响，且不需要队员配合的技术。掌握发球技术动作方法不难，只要充分重视抛球，掌握正确的挥臂轨迹即可。

（一）侧面下手发球

侧面下手发球可以利用转体带动手臂击球，不费力，适用于初学者，也适合女生。

（1）准备姿势：左肩对网，两脚左右开立，与肩同宽，两膝微屈，弯腰收腹上体稍前倾，重心落在两脚间，左手持球于腹前。

（2）抛球：左手将球平稳抛离，离手 10～20 厘米，距离身体一臂远。

（3）挥臂击球：右手外展引臂，同时重心移至右腿，在左手抛球时，右脚蹬地向左稍转体带动右臂向体前上方摆动，在腹前击球的后中下部。击球后，迅速进场比赛。

（4）击球手法：侧面下手发球的击球手形可以是五指并拢，用掌根击球，也可以用半握拳的拳心击球，还可以用虎口击球。

（二）正面上手发球

正面上手发球是利用转体、收腹带动手臂加速挥击，同时利用手腕的推压动作，使发出的球向前旋转飞行的发球方法。这种发球技术需要较强的腰腹力量，更适合男生。

（1）准备姿势：面对球网，两脚自然开立，左脚在前，左手持球于体前。

（2）抛球：用抬臂和手掌平托上送，将球垂直抛于头上方，高于头 1 米以上。

（3）挥臂击球：左手抛球的同时，右臂抬起，屈肘后引，肘与肩平，手指自然张开拉至耳边，上体稍向右侧转动。击球时，利用蹬地，使上体向左转动，同时收腹，带动手臂挥动，完成鞭甩动作。用力顺序是腰带动肩、肩带动上臂、上臂带动前臂、前臂带动手腕，最后传递到手，在右肩上方伸直手臂去击球。击球后，重心前移，迅速进场。

（4）击球手法：用全手掌击球的中下部。击球时，手指自然张开，手腕迅速、主动做推压动作，使击出的球呈现出上旋飞行。

（三）上手飘球

上手飘球是采用上手形式，发出的球不旋转，而出现不规则飘晃飞行的一种发球方法。

（1）准备姿势：同正面上手发球的准备姿势。

（2）抛球：左手持球平稳地将球抛在体前右肩前上方，比正面上手发球偏前、偏低，且不旋转。

（3）挥臂击球：抛球同时，右臂抬起，屈肘后引，肘略高于肩，上体稍后展。以收腹、转体迅速带动手臂挥动。挥臂最后阶段呈直线，在右肩前上方，用手掌的掌根击球的后中下部。击球用力集中、迅猛，作用力通过球的重心，使球不旋转地向前飞行。

（4）击球手法：五指并拢，手腕稍后仰，保持一定紧张度。击球瞬间，手指、手腕固定，不加推压动作。用掌根部位击球，击球后，手臂要有突停动作。

五、扣球技术

扣球技术是排球比赛中最常用和最有利的得分手段之一，也是大家最愿意欣赏和学习的技术之一。

（1）准备姿势：采用稍蹲的准备姿势，两臂自然下垂，站在距网 3 米左右的位置观察来球，做好向各个方向助跑的准备。

（2）助跑起跳：左脚放松自然地向起跳的方向迈出一步，紧接着右脚跨出一大步，支撑点落在身体重心之前，并以脚跟先着地，过渡到全脚掌着地，两臂从体侧摆至体后。同时左脚及时踏在右脚前方，脚尖稍向内扣，身体重心下降，两膝微屈，上体前倾。双脚蹬地时，双臂由体后向上摆动，使身体向上起跳。

（3）空中击球：跳起后挺胸展腹，上体稍向右转，右臂向后上方屈臂抬起，右手自然张开至右耳边，身体稍右转并呈反弓形。挥臂时，以迅速转体、收腹动作发力，依次带动肩、肘、腕各关节呈鞭打动作向前上方弧形挥动，在右肩前上方最高点击球。

（4）击球手形：击球时，五指自然张开呈勺形，并保持适度紧张，用全手掌击球的中下部，手腕迅速、主动做推压动作，使击出的球呈现出上旋飞行。

（5）落地：击球后，双脚同时落地，以前脚掌先落地，同时屈膝、收腹，缓冲下落力量，保持身体平衡，并准备下一个动作。

六、拦网技术

拦网技术在网上近距离的攻防对抗中是一项被动技术，因此拦网技术的运用比较难掌握。

（一）单人拦网

（1）准备姿势：面对球网，密切关注对方动向。采用稍蹲的准备姿势，两脚平行开立，约与肩同宽，两膝微屈，两手自然弯曲置于胸前，离网大约 30 厘米。

（2）移动找球：根据对方扣球点的距离，可灵活运用滑步、交叉步等移动步法，快速接近起跳位置。

（3）起跳：移动后，两膝弯曲，重心下降，起跳时两脚迅速用力蹬地，两臂在体侧画小弧用力向体前上方摆动，带动身体垂直向上摆动，起跳后，含胸收腹，以便控制身体平衡和延长腾空时间。

（4）空中拦击：随着起跳后，两手贴近球网向网上沿伸出，两肩尽量上提，两臂尽量伸直并过网接近球，两手张开，增大拦截面积。当对方扣球后，拦网手触球瞬间突然压腕，将球拦下。当身高和弹跳有限时，起跳后要尽量提肩，手臂向上伸，手腕稍后仰，以拦住球，以降低扣球速度为目的。

（5）落地：拦网后自然双脚落地，屈膝缓冲，并迅速准备下一个动作。

（二）双人拦网

（1）双人拦网是比赛中运用最多的拦网技术。以单人拦网为基础，关键是两人之间的配合。

（2）双人拦网时，四只手要同时出现在网上，并保持在一个平面上。

（3）移动配合拦网队员注意制动，避免冲撞两边的队友。

第三节　排球运动的基本战术

一、进攻战术

（一）"中一二"进攻战术阵形

3号位队员作二传，将球传给4号、2号位队员进攻的组织形式。其优点是一传向网中3号位垫球比较容易，因而有利于组织进攻，适合初学者使用；二传在网前接应一传的移动距离近，向2号、4号位传球的距离较短，故容易传准。缺点是战术变化少，对方容易识破进攻意图。

（二）"边一二"进攻战术阵形

2号位队员作二传，将球传给3号、4号位队员进攻的组织形式。其优点是右手扣球者在3号、4号位扣球比较顺手，战术变化较多。缺点是5号位接一传时，向2号位垫球距离较远；一传垫到4号位时，二传传球较为困难。

（三）"插上"进攻战术阵形

二传队员由后排插上前排作二传，把球传给前排4号、3号、2号位队员进攻的组织形式。其优点是能保持前排三点进攻，战术配合变化多，并能利用网的全长组织进攻。缺点是对插上二传队员的要求较高。

二、防守战术

（一）不拦网的防守阵形

在对方进攻较弱，没有必要进行拦网时，可以采用不拦网的防守阵形。这种阵形与5人接发球站位阵形相似，前排进攻队员要撤到进攻线后，准备防守和防守后的反攻；后排队员后退，准备防后场球；二传队员留在网前，准备接网前球和组织进攻。

（二）单人拦网的防守阵形

当对方扣球威胁不大、扣球路线变化不多、轻打中吊球较多时，可以主动采用单人拦网的防守阵形。拦网队员拦对方扣球队员的主要进攻路线，不拦网队员及时后撤防守前区或保护拦网人，后排队员后撤加强后场防守。

（三）双人拦网的防守阵形

当对方水平较高、进攻力量较强、进攻路线变化较多时，多采用双人拦网的防守阵形，即两人拦网、4人接球。通常分为"边跟进"和"心跟进"两种。

1. "边跟进"

多在对方进攻较强、吊球较少时采用"边跟进"。当对方4号位队员进攻时，我方2号、3号位队员拦网，其他4名队员组成半圆弧形防守。如遇对方吊前区，由边上1号位队员跟进防守。其优点是加强了拦网；缺点是边上的队员又要防直线，又要跟进防前区，比较困难。

2. "心跟进"

在本方拦网能力强、对方采取打吊结合时采用"心跟进"。当对方 4 号位队员进攻时，我方 2 号、3 号位队员拦网，后排的 6 号位队员在本方拦网时跟在拦网队员之后进行保护，其他 3 名队员组成后排弧形防守。其优点是加强了前区的防守能力，缺点是后排防守队员之间的空当较大。

第四节　排球运动的比赛规则

一、比赛用球

排球比赛用球的周长为 65～67 厘米，重量为 260～280 克，气压为 0.30～0.325 千克/平方厘米。

二、比赛球网

球网设置于中线上空。在正式比赛时，男子排球比赛的网高为 2.43 米，女子排球比赛的网高为 2.24 米。球网长为 10 米，宽为 1 米，两侧由左右两根柱子固定，中间由上、下两根钢丝牵拉平行于地面。球网两侧各有一条标志带，标志带与其垂直下方场区地面的边线对齐，两条标志带的外侧各有一根标志杆。

三、比赛区域

排球比赛区域包括比赛场区和无障碍区。比赛场区为 18 米长、9 米宽的长方形区域。比赛场区地面上的界线主要有中线、边线、端线、进攻限制线（包括其延长线）、发球区短线。这些界线将比赛场区分成了前场区（进攻限制区）、后场区（非进攻限制区）、发球区等几个主要区域。

四、比赛状态

（一）上场阵容

每队必须有 6 名队员上场比赛，不足 6 人的情况为阵容不完整。阵容不完整可以进行正常替换补足。不能正常替换补足的队伍，给予阵容不完整的判罚。

（二）场上队员的位置

1. 发球时队员的位置

发球击球时，前后关系的同列队员，左右关系的同排队员，必须处于正确位置，否则被给予判罚。

2. 换发球时队员的位置

队员按顺时针方向轮转一个位置，否则被给予判罚。

（三）界内球和界外球

1. 界内球

落在比赛场区地面（包括场区界线）上的球。

2. 界外球

（1）球触及地面的位置完全在比赛场区地面以外。

（2）球触及场外物体或者人员。

（3）球触及球网标志带以外部分的球网部分、标志杆、网绳及网柱。

（4）球的整体或者部分从过网区以外过网。

（四）比赛结果的认定

（1）胜一球。若发球方得一分，则继续发球；若接发球方得一分，则获得发球权。

（2）胜一局。若为非决胜局，则先得 25 分，并且同时超出对方 2 分者获胜；若比分为 24∶24，则继续比赛，直到某队领先 2 分，该队获胜。若为决胜局，则先得 15 分者获胜；若比分为 14∶14，直到某队超出 2 分，该队获胜。

（3）胜一场。比赛采用 5 局 3 胜制。

（4）弃权的处理。弃权方以比局为 0∶3 负，每局比分为 0∶25。

（5）阵容不完整的处理。对于已经结束的比局，其比分有效。不完整方输掉该局或者该场比赛，对方为满分。

第七章 足球运动

第一节 足球运动的概述

一、足球运动的起源与发展

　　足球是一项以脚为主，控制和支配球，两支球队按照一定规则在同一块长方形球场上互相进攻、防守对抗的体育运动项目。因足球运动对抗性强、战术多变、参与人数多等特点，故被称为"世界第一大运动"。足球最早起源于我国古代的一项名叫蹴鞠的游戏，这项球类游戏之后经阿拉伯人由中国传入欧洲。在1985年，国际足联第七任主席若昂·阿维兰热曾在中国致辞时说道："足球运动起源于这里，并且有2000多年的历史，这是无可争议的。"2001年，国际足联第八任主席约瑟夫·布拉特在亚洲足联举办的教练员训练班上所做的《国际足球发展史报告》中，再一次强调："足球发源于中国"。

　　1863年10月26日，英国人在伦敦成立了世界上第一个足球运动组织——英国足球协会，并统一了足球规则，人们称这一天为现代足球的诞生日。1890年，英格兰首次举办了正式的女子足球比赛，该场比赛吸引了上万名观众观看。到19世纪末，新西兰、阿根廷等地区相继成立了足球协会。1904年5月21日，由法国、比利时、西班牙、荷兰、丹麦、瑞典和瑞士的足协代表在巴黎成立了国际足球协会联合会（简称国际足联，法文缩写为FIFA），该联合会的职责是协调各国足球运动的开展，组织世界各国的足球竞赛活动。在1896年第一届奥运会上，足球被列为比赛项目之一，丹麦队成为奥运会足球比赛的第一个冠军。从1900年的第二届奥运会开始，足球被列为奥运会正式比赛项目，但不允许职业运动员参加。1930年起，每四年举办一次世界足球锦标赛（世界杯足球赛）。从此，现代足球运动日益发展。

　　我国现代足球的发展历史可以追溯到20世纪初。在20世纪30年代，我国足球开始有了一定的规模和组织，成立了中国足球协会。但是，由于历史原因和社会环境的限制，我国足球的发展一直比较缓慢。直到改革开放以后，我国足球才开始逐渐崛起。20世纪90年代，我国足球开始有了一些成绩，如1992年进入亚洲杯四强、1996年进入奥运会男足八强等。我国经常参加足球运动的人数达到一定规模，球迷人数过亿。校园足球初步普及，联赛体系逐渐形成，每年比赛超过10万场。社会足球初具氛围，各级足协、企事业单位和社会各界积极开展足球活动，每年举办2万余场业余足球比赛。职业足球稳步发展，职业俱乐部达到48个，已初步建立起中超、中甲、中乙为主体的职业联赛框架。

二、足球的特点与作用

（一）足球的特点

1. 对抗性

　　在足球运动中，双方队员为了得到足球需要近距离展开对抗，并且得到球后还要通过不停奔跑来避免对地方球员的阻挠，因此足球运动的对抗性非常强。

2. 合作性

足球运动是一个集体项目，在对抗过程中，非常考验双方各自队员的默契和合作性。场上队员的进攻、防守都需要相互合作、配合才能完成。

3. 多变性

足球运动在进行的过程中，会因为战术的变化莫测和球员的发挥水平高低导致胜负发生变化，是一项非常难以预测结果的运动项目。

（二）足球的作用

1. 增强体质、促进健康

足球运动能全方位加强和改善身体的各项素质。经常参加足球运动，可以提升力量、速度、灵活性、体力、柔韧性等身体素质，并能使人的高级神经主题活动获得改进，特别能提高人体的心血管系统、呼吸道等内脏器官的作用，进而促进人体的身心健康。

2. 培养良好的心理品质及思想品德

经常进行足球锻炼，不但对本身优良性情的产生能造成很大的影响，而且能够塑造人的信念、自制力、使命感及坚强不屈、机智果断、敢于战胜困难、团结协作、密切配合、集体荣誉感、守规矩等思想品德。

3. 培养良好的观察能力、反应能力

足球运动可以提高球员的思考、判断、观察及反应能力，这也使得每个球员在察觉到球场上的变化时都能够快速做出反应。

4. 有利于精神文明建设、振奋民族精神

足球运动已成为很多足球爱好者生活的一部分。人们在看足球、踢足球的过程中释放压力，并从足球讨论中获得思想观念的沟通交流，不仅丰富了业余的体育文化活动，还提升了生活品质。通过观看重要国际性足球赛事，能激起人们团结一致、奋发进取的精神状态和爱国主义精神。

第二节　足球运动的基本技术

一、传球技术

足球的基本技术主要分为"传""停""带""射"。首先需要的是传球能力，足球是一个11个人的团队项目，参与人数多、比赛场地大，所以需要更多的传球跑动来获取得分机会，所以传球是在比赛场上出现最多的基本技术。

（一）脚内侧传球技术

脚内侧传球是传球技术中运用最多的传球技术，因为脚内侧触球面积较大，出球的速度和准确性较高。在传球前，支撑脚（以左脚举例）应当在球的左后方一些，大概离球20～30厘米为宜，准备传球前，支撑脚（左脚）膝关节微屈，两臂摆动，维持身体平衡。右腿膝盖同样微屈向后摆动，然后以髋关节为轴由后向前摆动。在前摆中，脚内侧迅速向外旋转90°，脚掌与地面平行，以大腿带动小腿快速踢球。注意，踢球时，小腿肌肉和脚腕肌肉要绷紧。

（二）脚外侧传球技术

相比较脚内侧传球技术，脚外侧传球技术的优点是隐蔽性比较高，往往在高速带球中或者是被包夹过程中使用较多。首先，触球部位是小趾末端外脚背区域。击球时需要脚踝绷紧，脚尖上扬，膝关节固定，小腿快速发力。当用外脚背传球时，击球点一定要非常准确，不然很容易踢疵或者踢到地上，同时支撑脚需要与球保持适当的距离，方便发力。

（三）长传球技术

标准 11 人制足球场地的长度为 100～110 米之间，场地非常大，这时要把球传给很远的队员就需要用到长传球技术。首先需要斜线助跑，助跑方向与出球方向约成 45°，最后一步稍大，以支撑脚底着地，脚尖指向出球方向，距离内侧后方约为 20～25 厘米，膝关节微屈。在支撑同时，踢球腿已完成后摆，并开始以髋关节为轴，大腿带动小腿由后向前摆动，当大腿摆至与支撑腿接近同一平面时，小腿做爆发方式摆动，此时脚尖外转，脚背绷直，以脚背内侧部位触击球的后下部。踢球后踢球腿及身体继续随球向前。

二、停球技术

停球是足球运动中的第二项主要基本技术。停球主要分为里外脚背停球，以及空中高球的大腿、胸停球。

（一）脚内侧停地滚球技术

在进行脚内侧停球时，首先双臂要自然打开，保持身体平衡，支撑腿弯曲，脚尖指向来球方向，带球接近身体时，停球脚内侧面向来球方向前摆腿迎接来球，使球与接球脚大约在身体前 20～30 厘米处接触，在球与脚内侧接触的瞬间，接球腿向后摆动，同时踝关节保持适度紧绷，卸下球的力量使其停在自己的控制范围之内。如果技术熟练也可以用脚内侧直接将球传至身体的左侧或者右侧，直接与下一项技术相连接。

（二）脚内侧停空中球技术

在进行脚内侧停空中球时，支撑腿的技术方式与上文脚内侧停地滚球技术相同，当球落入自己的控制范围内时，接球腿要根据球的高度适当抬起，如果球从上向下落，脚内侧向上接踢球的正下方，在球与脚内侧接触的瞬间，踝关节适度紧绷，向下卸下球的力量。然后让球自然下落在自己身前的控制范围内。如果球从前方或侧方过来，脚内侧迎向来球的方向，接踢球运动方向的正前方，在球与脚内侧接触的瞬间，踝关节适度紧绷，向下卸下球的力量。然后让球自然下落在自己身前的控制范围内。

（三）脚外侧停球技术

脚外侧停正面来的地滚球的动作要领为：停球脚稍提起，膝关节和脚内转，以脚外侧正对来球，在支撑脚的前侧接触球的侧后方（偏支撑脚的一侧）。接触球时，要向停球脚外侧轻拨，把球停在侧前方或侧方。

脚背外侧停反弹球动作要领为：面对来球，支撑腿的膝关节微屈。停球脚在支撑脚前方稍提起，脚内翻，使停球腿的小腿与地面成一定角度，踝关节放松。当球刚反弹离开地面时，用脚外侧触球的侧上部，把球停在体侧。

三、带球技术

足球运动中第三大基本技术是带球技术，这往往是足球比赛中的点睛之笔，如 C 罗、梅西等足球超级巨星都拥有无可比拟的带球技术，给比赛添加了更刺激、更精彩的画面。即使团队具有传停球技术，但也不能少了个人所需要的持球突破技术，往往在比赛打不开局面的时候可能就需要球队的"巨星"依靠强大的个人能力来撕开对方的防线。

（一）脚背带球技术

首先要明确触球部位，是在小趾末端的外脚背区域。踢球时要踢球的中下部，脚踝绷紧，脚尖上扬，膝关节固定，小腿快速发力。在带球时，脚触球和小腿及脚踝的发力是柔和的，尤其脚与球接触瞬间的细微缓冲动作是控制好球的要领。

（二）脚内侧带球技术

带球前进时，支撑腿始终领先于球，位于球的侧前方，肩部指向运球方向。支撑腿膝关节微屈，重心放在支撑腿上。另一条腿提起屈膝，用脚内侧推球前进。

四、射门技术

足球运动中最后一种基本技术是射门技术，是足球比赛得分所需要的技术。若想要赢得比赛，就必须想办法把足球射进对方的球门里，足球运动中所有的技术都是为了最后一脚的射门，可想而知它的重要性。

（一）正脚背射门技术

威力最大、运用最多的就是正脚背射门，顶级的球员可以在 30～40 米的范围内进行正脚背射门得分。首先起跑点、球和目标应成一直线，膝向球轻松助跑，立足脚站在球侧近，自然向后提起小腿，眼望球顶部，锁紧脚踝挥动小腿抽向球中央点，踢球后身体顺势向前追，完成整个射门动作。

正脚背射门技术的动作要领为：脚尖向下，球速快慢取决于小腿挥动速度而非来自大腿的力量，射门前要预先选定踢球部位，射门后收紧大腿前部肌肉，避免受伤。

（二）脚内侧撞射技术

脚内侧撞射技术的稳定性比较高，但是缺点相对于正脚背射门的发力和球速都较慢，容易被守门员扑出。轻松跑向球，撞击球前平衡身体，膝向球，顺势提腿，当立足脚站在球侧时，轻扭身体膝转向外，锁紧脚撞击球中央将球射出。

脚内侧撞射技术的动作要领为：射门时脚尖保持向上，用球靴内侧商标位置撞击球，较易掌握球去向。平时可练习用脚内侧拍墙，练至仅有一下撞击声为佳，如有两下撞击声，表示未掌握脚内侧和球的接触面。

（三）脚外侧弯射技术

足球运动中使用最少的一项射门技术，其相对于正脚背射门缺乏力量，相对于脚内侧射门又缺少准确性，但是其优点是可以弥补逆足脚不会射门的球员，在不利位置可以完成射门。斜线碎步跑向球，当立足脚站在球侧近时，提腿扭摆身体锁紧脚踝，利用脚外侧抽击球偏外三分一处，射门后顺势收膝完成射门动作。

脚外侧弯射技术的动作要领为：脚尖向下，利用脚背偏外平面抽击球，较易形成球外弯趋势，射球力度越大弧度越大，若力度小则难以绕过对手。

五、抢截球技术

前面四种基本技术都是围绕足球运动进攻的基本技术，而抢球技术是足球运动中的防守技术，是将对方控制或者破坏传球，将球占为己有的技术，主要可以分为断球和抢球。

（一）正侧面抢球技术

抢球是足球比赛中的常用动作，是指运动员在规则允许范围内，使用身体的合理部位，把对方对球的控制权夺过来或破坏掉。抢球包含两个内容：一方面是在对方控制球时从他的脚下将球抢过来或破坏掉；另一方面是在对方控制球时，在其传接球过程将球抢断或破坏掉。

（二）铲球技术

相对于抢球，铲球的防守面积和强度都会高于前者，但是铲球技术具有一定危险性，在使用不当时容易给对方球员造成伤害，所以铲球技术一直是一把"双刃剑"。如用右（左）脚掌铲球，可在对方刚刚将球传出时，先蹬左（右）腿，跨右（左）腿，膝关节弯曲，以脚外侧从地面滑出，用脚掌将球踢出。然后小腿、大腿，臀部、上体依次着地，身体随铲球动作向前滚动。如用右（左）脚尖（脚背）铲球时，左（右）腿要用力蹬地，右（左）腿向前跨出，以脚外侧从地面滑出。在脚快要触球时，可用力弹小腿，将球踢出。然后铲球腿的小腿、大腿、臀部依次着地，上体向铲球腿方向滚翻，两手撑地起立。

第三节 足球运动的基本战术

一、足球比赛基本阵型

足球比赛中不同的教练和球队会有不同的战术打法和阵型，有进攻阵型也有防守阵型，主要运用较多的阵型为"433""442""352"等。

（一）433 阵型

433 阵型是后中前场的分布，即后场四名队员（两名边后卫、两名中后卫）、三名中场队员、三名前场进攻队员。一般运用这个阵型需要三个中场队员有比较强的控球能力和防守覆盖面积，三名前场进攻队员需要有非常强的个人能力，一般为两个速度型队员搭配一个得分能力较强的队员。

（二）442 阵型

442 阵型是比较偏向于防守的阵型，中后场队员较饱满，但是前场进攻人数较少，所以要求两名拥有比较强的跑动能力和体能的队员，需要在前场不停地为全队创造机会。

（三）352 阵型

352 阵型属于攻守比较突出的阵型，比较适合实力较为突出的球队，因为中场人数占优，在控球方面会有很好的提升，但是要求两名边后卫拥有非常好的跑动能力和体能，需要"能上能下"，如果队员没有这样的能力，那么运用这个阵型可能会适得其反。

二、进攻战术

（一）个人进攻战术

在足球比赛中，教练往往会布置某些能力较强的得分队员，多去进行一些个人战术的布置，如插身后、抢点、造犯规等。

（二）局部进攻战术

在进攻过程中，两名或者多名队员之间的传接配合是整体进攻战术的根基。配合的方式为：传切配合、交叉掩护、2 打 1 等。控球队员通过直塞球、身后球、斜传球等传球帮助传球队员和跑位队员成功突破对方防线。局部地区两名进攻队员在运球突破时交叉换位，以自己的身体掩护同伴越过对方防守队员，这种方法就是交叉掩护配合，是局部进攻战术的重要配合形式。局部地区两名进攻队员通过两次连续传球配合，快速越过一名防守队员，这就是2 打 1。

（三）整体进攻战术

整体进攻战术是为了完成进攻战术任务所采用的全局性进攻配合的方法。整体进攻战术参与的队员较多，是全队协同一致的行为，体现整支队伍的进攻能力和配合能力，根据进攻发展的区域可分为边路进攻和中路进攻。

（1）边路进攻。利用球场两侧区域发起进攻的方法叫作边路进攻。边路进攻是全队进攻战术的主要形式之一，其特点是有利于发挥进攻速度，打破对方防线，制造危险。

（2）中路进攻。中路进攻是利用球场中间区域组织的进攻，这种进攻虽然能直接射门，但是难度最大，因中路防守最为严密，进攻队员必须反应敏锐、突破意识强且善于策应。

三、防守战术

（一）个人防守战术

个人防守战术主要分为选位和盯人，选位是指由攻转守的防守队员根据自己的位置职责和当时的比赛情况，在整体意识的支配下，有目的地选择恰当的防守位置。需要根据对手情况来提供保护和有效补位。

（二）局部防守战术

局部防守战术主要分为补位、围抢、造越位等战术。补位是足球比赛中局部地区集体配合进行防守的一种方法。当防守过程中一名防守队员被对手突破时，另一名队员应立即进行封堵。围抢是指比赛中在局部位置，防守一方利用人数优势进行围堵对方持球队员，迫使对方队员失误或者转换球权。造越位是利用规则而设计的一种防守战术，同时也是一把"双刃剑"。

（三）整体防守战术

整体防守战术主要分为区域盯人防守、人盯人防守或者混合盯人防守。教练员为本方队员设置防守区域，从整体设计到局部设计，队员会根据场上的情况而进行变化。

第四节　足球运动的比赛规则

一、比赛场地

（1）长度：最短为 90 米，最长为 120 米。正式比赛场地的长度：最短为 100 米，最长为 110 米。

（2）宽度：最短为 45 米，最长为 90 米。正式比赛场地的宽度：最短为 64 米，最长为 75 米。

二、比赛用球

所有比赛用球必须遵守以下标准：球形；由合适的材料制成；周长为 68～70 厘米；重量为 410～450 克，气压处于 0.6～1.1 个海平面（标准）大气压力。

三、队员

一场比赛有两个队伍，每队最多可上场 11 名队员，其中 1 名队员必须为守门员。如果任何一队上场人数少于 7 人，则比赛不能继续进行。

四、必要装备

场上队员的必要装备包括：统一的有袖上衣、短裤、足球袜、护腿板、鞋子，守门员可以穿长裤。

五、比赛时间

一场比赛分为两个半场，每个半场的时间均为 45 分钟。中场休息时间不得超过 15 分钟。

六、进球得分

当球的整体从球门柱之间及横梁下方越过球门线，且进球队未犯规或违规，即为进球得分。

七、界外球

掷球队员在掷球瞬间，不能有脚离开地面，双手必须将球从脑后经头顶掷出。

八、越位

注意，处于越位位置并不意味着构成越位犯规。当越位球员在防守方倒数第二名球员后接到球，则判定该球员越位犯规，判断的标准为头、躯干或者脚在传球的一瞬间不能超过对方倒数第二名防守队员的位置。

九、任意球

如果裁判员认为，一名场上队员草率地、鲁莽地或过分地使用力量对对方队员实施如下犯规，则判罚直接或间接任意球。

（1）冲撞。

（2）踢或企图踢。

（3）推搡。

（4）打或企图打。

（5）绊或企图绊。

第八章　乒乓球运动

乒乓球

第一节　乒乓球运动的概述

一、乒乓球运动的起源与发展

乒乓球运动的起源众说纷纭，有羽毛球起源说，有网球起源说，还有其他起源说，如日本宫廷曾流行一种羽毛毽子游戏，俄罗斯有一种叫作飞球的运动，还有人认为南美洲当地一种称为"马卡瓦"的橡胶球游戏，是乒乓球运动的前身。从现有的历史资料记载来看，在国际乒乓球联合会（以下简称国际乒联）的博物馆保存的一本极为珍贵的木刻书中有打网球的活动场景图，明示了古代网球游戏所有的器材与场地，乒乓球受网球运动启发而生，网球可谓是乒乓球运动的"鼻祖"。从玩耍到游戏，由游戏至竞技，作为最初的游戏，乒乓球运动从没有统一的规则制度。发展到1926年举行了第一届乒乓球世界锦标赛，再到如今，乒乓球成为我国的"国球"，并成为我国文化的一个符号，已经走过了百年的发展历程。

二、乒乓球运动的特点与作用

乒乓球运动的特点是球小、速度快、变化多、趣味性强、设备及场地简易，不受年龄、性别和身体条件的限制，具有广泛的适用性和较高的锻炼价值。长期参加乒乓球运动不仅可以发展人体的灵敏度和协调性，增强上下肢活动能力，提高动作速度，改善人体各器官、系统机能，增强体质，而且有助于培养机智果断、沉着冷静、勇于竞争、敢于胜利等优良品质。

第二节　乒乓球运动的基本技术

一、握拍法

以下内容都以右手持拍为例。

（一）直拍握法

（1）拇指与食指呈现为虎钳形，拍柄放置虎口的凹槽处，拇指和食指自然扣住拍面，背面中指、无名指及小指并拢，形成半月形手。

（2）传统的直拍握拍拇指握得较浅，食指较深，以中指左侧边为受力点，这样便于提高推挡和正手握拍转换的速度。

（3）直拍横打的握拍方式是拇指由浅变深，食指由深变浅，背面的受力是指由中指变为中指与无名指，拇指与食指的变化是因为需要让拍面立起，增大击球面积，受力手的变化是为了让拍更加固定。

（二）横拍握法

（1）横拍握法也可称为"八字式"握法，手掌自然张开，拍柄放置掌心中间，虎口贴住拍面底部的侧沿边，对准虎口凹槽处的中线，食指自然伸直贴住球拍的背面，其他手指自然握住拍柄。

（2）握法可分为浅握和深握两种，浅握球拍可以充分利用手腕，台内球处理的灵活多变；深握球拍，握拍较紧，拍形比较固定，击球力量能更好地集中到手腕上传递至拍面，相对发力比较集中。

（3）在这两种握拍的基础上还可以调整正反手的偏向性，球拍侧沿边朝拇指方向靠利于正手击球，球拍朝食指方向利于反手击球。

二、基本技术

（一）基本站位

每位运动员的基本站位根据自身打法的特点都不尽相同，站位有距离球台端线的远近之分，还有双脚的前后之分，大多数以持拍手同侧脚在后为主，双脚略宽于肩。也有少数使用平行站位或是持拍手脚在前的站位，这类站位的打法基本为削球或以使用反手技术为主。注意，以下内容都以右手持拍为例。

（二）准备姿势

准备姿势是击球前的预备动作，两脚左右开立，略宽于肩膀，两脚的前后距离根据使用技术决定，正手击球的准备姿势是左脚前于右脚半个脚掌，反手击球则反之。相持时，双脚的前后距离基本保持平行，根据自身技术特点可微调整；膝盖微屈，提起脚后跟，重心置于前脚掌，便于快速启动。

（三）基本步法

1. 单步

单步的使用方法：一般在来球离身体较近时，以一只脚为轴，另一只脚向前、向左、向右、向后移动，身体重心落至移动脚，进行挥拍击球。

2. 并步

并步是左右移动时主要使用的步伐，从左向右移动时，左脚作为启动脚，用力蹬向右脚，而与此同时，右脚向同侧方向迈出一步，身体重心落至右脚，重心起伏要小且平稳。

3. 跨步

当来球速度快、范围较大时使用跨步，一脚为支撑脚，另一只脚向移动方向跨一步，支撑脚随后跟上半步或一小步以保持重心平稳。

4. 交叉步

当接离身体较远的来球时使用交叉步，例如，当右边大角度来球时，右脚作为支撑脚，脚掌转向移动方向，同时将重心下压，做前蹬启动，左脚根据来球位置从右脚前绕过，向来球方向跨出一大步，腰和髋关节随势将右脚带向来球方向，在球落地前的瞬间击球，一般在侧身攻球后扑正手大角空当时使用较多。

5. 小碎步

小碎步是指移动较高频率的小垫步，用于步伐的调节，在步伐移动到位时还无法保证最佳击球点的情况下，通过小碎步来调整，以确保在最佳击球点出手。

（四）正手技术

1. 正手攻球

正手攻球的拍面与地面成 75～90°，站位在近台中偏右且左脚稍前，身体斜对球桌，持拍手自然放松置于腹前。当球从球桌上弹起，持拍手向后引拍，由右侧向左前上方挥动，击球点固定身体的右前方，给挥拍留出空间，身体带动手臂引拍、挥拍，前臂挥拍至眼前。

2．正手快带

使用正手快带需要将球拍微压，靠借力发力，多用于应对弧圈球，在球的上升阶段，要屏住腰腹核心力量，身体带动前臂加速，制造旋转，抵消来球的旋转，并向左前方做动作。

3．正手上旋拉球

正手上旋拉球以正手攻球为基础，拉球需要理解摩擦与撞击的结合，摩擦多则稳定性强，撞击多则力量大，根据来球的高低、旋转来引拍，脚掌为发力的起始点，带动腿、腰、手。扩大动作幅度，腰胯向后转动，引拍时球拍微压，拍面与地面形成 55～75°，整个动作的用力方向是从后向前。充分发挥腿、髋、腰、臂和腕的力量，尤其应重视身体重心和前臂的作用。击球的中上部，击球时间为下降早期（最高点），撞击发力多于摩擦。

4．正手下旋拉球

首先判断来球的旋转强度，决定自身击球时摩擦球的力度，以摩擦制造能过网的弧线后，击球向前发力，击球的中下部位置，在接触球的瞬间，前臂加速收缩，将力量传导至手腕和手指。球拍立起来一些，左脚在前，右脚在后，来球时，重心压向右脚脚掌，转动膝关节，用腰带手将球拍引至身体右下方，在球的下降初期，加速向左前上方收缩前臂，重心转至左脚。

（五）反手技术

1．反手攻球

站位近球桌，右脚稍前，持拍手自然弯曲置于腹前偏左，重心偏于左脚，顺来球线路向后引拍。当球从球桌上弹起，持拍手由左后向右前加速挥拍，以前臂发力为主，以肘关节为支点，前臂带动手腕，向前向右挥拍，手腕基本固定。

2．反手快撕

反手快撕的击球的部位主要是集中在球的中上部，有时甚至可以接近顶部。反手快撕对于手腕的运用非常关键，引拍时手腕可以向内微扣，然后通过步伐补位、身体带动、前臂传导，在接触球的瞬间手腕发力向前，摩擦后击打，使力量、速度、旋转三方结合。特别注意，前臂带动手腕，击球瞬间手腕固定，前臂带动手腕，手腕的运动幅度非常小。

3．反手拧拉

根据来球调整步伐，左脚辅助发力蹬地，右脚上步并将重心调整至右脚，在击球前身体大体与球桌端线平行。上半身收腹前倾，降低重心从而使得手臂在击球时保持一定的稳定性，在引拍时肘要尽量往前抬起，其位置应略低于肩而高于手腕，在手腕内敛时一定要充分确保球拍与球桌为近似水平状态，手掌与前臂的角度大约为 90°。此时球拍头部应指向自己腹部位置。用肘关节作为支点，通过前臂与手腕在击球的瞬间向前加速发力，击球的上部。

4．反手上旋拉球

拉球技术的特点是离球桌越远，需要的击球弧线越长，故离球桌越远，动作幅度越大。反手上旋拉球的击球时机是在球的下降期，击球的中上部，身体的重心在双脚中间稍偏右脚。引拍时右脚向内转动，重心支撑在右脚上，带动腰胯的转动，充分地结合好身体力量的使用，同时要注意腰胯是核心，一定要屏住腰腹的肌肉。还以手上的肘关节为轴点，增加大臂的使用，大臂的作用是力量的传导，发力还是前臂带动手腕的加速，但要注意不能甩前臂和手腕，最后需要控制发力，也就是制动。

5. 反手下旋拉球

横打拉下旋球的球拍要比上旋球快撕和拉球的球拍与地面角度更大，与攻球差不多，拉球的重心脚与上旋拉球的重心脚一样都在右脚上，拉球时用腰向内（左）旋转带动手臂向下引拍，引拍时手腕需要向内引动，挥拍时转腰向前，大臂带动前臂，前臂和手腕发力摩擦球的中下部，充分摩擦后把球向前顶，在击球的瞬间注意手腕要起到制动的作用。下旋拉球的击球时机是下降点初期，这个点更有利于摩擦，对于初学者来说更能相对容易地体会摩擦拉球的感觉，打出一个好的反手下旋拉球需要整体重心的发力配合。

（六）发球技术

1. 发奔球

发奔球是最基础的发球方法，两脚左右开立并宽于肩，左脚在前，双手抬起放置于身体右外侧，与腹齐平，持拍手高于托球手，球拍下压，左手掌心托球向上抛起时，身体带动右手前臂、手腕引拍，由右后向左前挥拍击球，击打至本方球桌桌面，且要尽量靠近端线。

2. 正手发多球

多球训练是乒乓球练习中重要的手段之一。发多球者非持拍手拿球放置身体右前方，持拍手放置球的正后方，利用髋关节向后旋转，带动持拍手引拍略微打开前臂，在引拍的瞬间，持球手打开手指，使球自然下坠，在球桌上反弹后下降点初期挥拍，髋关节从后向前旋转，带动前臂，挥拍击球。

第三节 乒乓球运动的基本战术

一、发球抢攻战术

发球抢攻战术是我国直板快攻打法的"杀手锏"，是力争主动、先发制人的主要战术。各种类型打法的运动员都普遍采用发球抢攻来抢占每个回合的上风。发球抢攻战术运用的效果主要取决于发球的质量和第三拍的进攻能力。发球抢攻战术因打法的类型不同而有所差异，但常用的发球抢攻战术有以下五种。

（1）发转球与不转球后全台正手抢攻。

（2）发左右侧上旋短球后两面快带。

（3）发左右侧下旋球后主动回摆短球抢攻第五拍。

（4）发左右侧下旋球后两面抢攻。

（5）发急长球的上（下）旋球后侧身抢攻。

二、接发球战术

接发球战术与发球抢攻战术同样重要，在实战意义上讲，接发球水平的高低可以反映选手的实战能力。接球方只是暂时处在被控制状态，如果能破坏发球方的抢攻意图或是为发球方制造进攻难度，降低发球方抢攻的质量，就会变被动为主动，控制与反控制是辩证统一的。常用的接发球战术如下。

（1）接发球台内拧拉。

（2）盯半出台拉。

（3）摆短球。

（4）快速搓底线长球。

（5）晃撇、晃挑。

三、搓攻战术

搓攻战术是进攻型打法的辅助战术之一，主要利用搓球中的旋转变化与落点变化为抢攻创造机会。搓攻战术也是削球型打法争取主动的主要战术之一。常用的搓攻战术如下。

（1）慢搓与快搓的结合。

（2）转与不转的结合。

（3）长与短的结合。

（4）落点与线路的结合。

四、对攻战术

对攻战术是进攻型打法在相持阶段常用的一项重要战术。主要运用正反手攻球（推挡）、弧圈球等技术，充分发挥快速多变的特点来调动对方。常用的对攻战术如下。

（1）反手相持中主动变线。

（2）反手相持中加力后侧身。

（3）调左压右、调右压左。

（4）压中路，转两边。

（5）击球节奏的快慢结合。

第四节　乒乓球运动的比赛规则

一、球桌和球网装置

（1）球桌的上层表面为比赛桌面。比赛桌面应为水平放置的长方形，长为 2.74 米，宽为 1.525 米，离地面 76 厘米。比赛桌面不包括与球桌桌面的垂直侧面。

（2）球网装置包括球网、悬网绳、网柱及夹钳部分。球网装置上的技术器材应被视为该球网装置的一部分。球网应悬挂在一根绳子上，绳子两端系在高 15.25 厘米的垂直网柱上，网柱外缘与边线外缘的距离为 15.25 厘米。

二、球和球拍

（1）球应为圆球体，直径为 40 毫米，球重为 2.7 克。球由赛璐珞或类似的塑料制成，呈白色或橙色，且无光泽。

（2）球拍底板中天然木材的厚度至少应占其总厚度的 85%；底板内部的黏合层可以用碳纤维、玻璃纤维或压缩纸等纤维材料加固，每层黏合层的厚度都不能超过底板总厚度的 7.5% 或 0.35 毫米，两者取其小。

（3）覆盖物应覆盖整个拍面，但不超过其边缘（不能大于或小于底板 2 毫米）。无论球拍两面是否有覆盖物均应无光泽，一面为黑色，另一面为鲜艳色，必须与黑色及比赛用球有明显区别。球拍覆盖物不得经过任何物理的、化学的或其他处理。因褪色导致拍面的整体性或颜色的一致性有轻微的差异及加上辅助的或保护性的配件，若这些因素未明显改变拍面的性能，则仍可使用该球拍。

（4）覆盖球拍的任何普通颗粒胶或海绵胶应是国际乒联现行许可的，且国际乒联标志、国际乒联编号（如有）、供应商名称和商标名应在最靠近拍柄处清楚可见。

（5）在比赛开始时及比赛过程中，若需要更换球拍时，则必须向对方和裁判员展示他将要使用的球拍，并允许他们检查。

三、定义

（1）"回合"：球处于比赛状态的一段时间。

（2）球处于比赛状态：从发球时球被有意抛出前，静止在不执拍手掌上的最后一瞬间开始，直到该回合被判重发球或得分。

（3）一分：判一方得分的回合。

（4）重发球：不予判分的回合。

（5）击球：用握在手中的球拍或执拍手手腕以下部分触球。

（6）越过或绕过球网装置：除从球网和球桌之间通过，以及从球网和网架之间通过的情况外，球均应视作已越过或绕过球网装置。

四、发球

（1）发球开始时，球自然地置于不持拍手的手掌上，手掌张开，保持球静止。

（2）发球员须将球几乎垂直地向上抛起，不得使球旋转，并使球在离开不执拍手的手掌之后上升不低于16厘米，球在上升和下降至击球前不应触及任何物品。

（3）当球从抛起的最高点下降时，发球员方可击球，使球首先触及本方台区，然后越过或绕过球网装置，再触及接发球员的台区。在双打中，球应先后触及发球员和接发球员的发球区或中线上。

（4）从发球开始到球被击出，球要始终在球桌的水平面以上和发球员的端线以外；而且从接发球方看，球不能被发球员或其双打同伴的身体或他们所穿戴（带）的任何物品挡住。

（5）球一旦被抛起，发球员的不执拍手及其手臂应立即从球和球网之间的空间移开，球和球网之间的空间由球和球网及其向上的无限延伸来界定，并且发球员的不执拍手臂，包括不执拍手，在球向上抛起后不在球和球网形成的空间中。

五、得一分

除被判重发球的回合，下列情况可得一分。

（1）对方未能正确发球。

（2）对方未能正确还击。

（3）在发球或还击后，对方在击球前，球触及了除球网装置外的任何东西。

（4）对方击球后，该球没有触及本方台区而越过本方台区或端线。

（5）对方阻挡。

（6）对方故意连续两次击球。

（7）对方用不符合规定的球拍击球。

（8）对方或其穿戴的任何物品使球桌移动。

（9）对方或其穿戴的任何物品触及球网装置。

（10）对方不执拍手触及比赛台面。

（11）双打时，对方击球顺序错误。

（12）在执行轮换发球法时，接发球员进行连续 13 次合法还击。

六、重发球

（1）如果接发球员或其同伴未准备好，球已发出，而且接发球员或其同伴没有试图击球，这时需要重发球。

（2）由于发生了无法控制的干扰，而出现未能合法发球、还击等不遵守规则的情况，这时需要重发球。

七、胜负判定

（1）一局比赛：在一局比赛中，先得 11 分的一方为胜方，当比分为 10∶10 时，先多得 2 分的一方为胜方。

（2）一场比赛：一场比赛由奇数局组成，一场比赛应连续进行，除非是经过许可的间歇。

第九章　羽毛球运动

第一节　羽毛球运动的概述

羽毛球

一、羽毛球运动的起源与发展

19 世纪 60 年代，一批退役的英国军官把印度孟买的"普那"（Poona，一种类似羽毛球运动的游戏，球是用圆形硬纸板插上羽毛制成的，板是木质的）带回英国。早期羽毛球运动所用的球类似我国民间的毽子，其活动形式是用木拍击打毽子球，被人们称为"毽子板"运动。1873 年，在英国格拉斯哥附近一位名叫鲍费特的公爵在伯明顿（Badminton）庄园举办了一次游园活动，由于下起了大雨，便改在室内进行游戏，场地呈"葫芦形"，中间狭窄处挂着网。由于这项游戏的趣味性强，参与者个个尽兴而归，于是这项游戏活动便逐渐风行起来，并以"伯明顿"命名。1893 年，英国 14 个羽毛球俱乐部组成羽毛球协会。

1920 年，羽毛球运动传入我国。1949 年以后，以侯加昌、汤仙虎、陈玉娘等为代表的归侨青年学生，确定了"快、狠、准、活"的技术风格，宣告了我国羽毛球技术发展时代的开始。20 世纪 70 年代，我国羽毛球队已跻身世界强队。1992 年，羽毛球在巴塞罗那奥运会被列为正式比赛项目，共设有男子单打、女子单打、男子双打、女子双打、混合双打五项比赛。目前，羽毛球各层级的比赛有很多，像汤姆斯杯、尤伯杯及世界羽毛球锦标赛；全国羽毛球锦标赛、俱乐部赛等。自 20 世纪 90 年代开始，我国羽毛球竞赛根据大众羽毛球运动的规律，推出了"荣誉赛""积分联赛""轮空抽签定位赛"等新的竞赛方法和赛制，促进了群众羽毛球运动的发展。

二、羽毛球运动的特点与作用

羽毛球是一项全身运动项目。无论是进行有规则的羽毛球比赛还是作为一般性的健身活动，都要在场地上不停地进行脚步移动、跳跃、转体，合理运用各种击球技术和步法将球在场上往返对击，有助于增大上肢、下肢和腰部肌肉的力量，加快血液循环，增强心血管系统和呼吸系统的功能。长期进行羽毛球活动，可使心跳强而有力，肺活量加大，耐久力提高。羽毛球运动可以全面增强体质。前后场的快速移动击球、中后场的大力扣杀球、被动时的扑救球、双打的换位击球等，都需要有较好的力量、速度、耐力、灵敏、柔韧及快速的反应能力。

第二节　羽毛球运动的基本技术

一、握拍技术

（一）正手握拍

首先让球拍面与地面垂直，拍柄末端平齐手腕，虎口方向对齐球拍侧面，拇指和食指并成环状夹住拍柄，小指、无名指和中指自然握住拍柄。食指和中指要略微分开一些距离，掌心不要紧贴拍柄，稍留一些距离。

（二）反手握拍

以正手握拍为基础，球拍柄稍向外转，拇指关节紧贴在球拍柄内侧的宽面上，同时要把柄端靠近小指根部，手心留有空隙。

二、挥拍技术

羽毛球挥拍动作包括内旋挥拍、外旋挥拍和摆臂挥拍。下面介绍最基本的内旋挥拍技术。

（1）准备动作。侧身双脚成丁字，距离与肩同宽，自然站直，左臂稍高于右臂，右手手肘与腋下呈 90° 左右弯曲。重心放在两脚中间，不能放在左脚之上。

（2）引拍动作。左手指向来球，重心落在右脚上，膝盖微屈，重心微降，右手臂自然后摆，手腕尽量伸直，胸部舒展。击球前，肩部胸部一定要放松并拉开，大臂充分后伸，最大限度地增加引拍距离和速度。身体放松，眼睛目视身体右前方。

（3）击球动作。右脚蹬地，利用蹬转传递的力量加挥拍的过程，到击球时速度最大，同时需要发力并握紧球拍。在做动作时，肘不能掉，要直并向上挥拍，在挥拍的过程中，手腕转方向到挥至最高点处手心对前面。在击球时，肘不能弯曲，击球点要在身体的正上方略微靠前的位置。

（4）随前动作。在发力挥拍的过程中，在把球拍挥至最高点击球后，要逐渐放松下来，并且将拍头向前方画出一个大圆弧，挥下去之后向身体左侧随拍并立手腕。在完成整个动作后，上右脚向前，重心向前跟进，踩稳。

三、发球技术

（一）正手发球

正手发球前，左脚在前，脚尖朝向球网，右脚在后，脚尖朝向右前方。双脚间距约与肩同宽，重心在双脚之间，自然放松站立，身体稍侧向球网。右手正手持拍，自然举在身体右侧，左手轻握球头部分，自然举在胸前，双眼注视对方场地。身体稍向右转，形成左肩向球网，重心转移至右脚，右臂向右上方自然摆起，完成引拍动作。重心随着引拍动作的完成，由侧面转向正面，左脚前移，右脚后跟提起，上体微微前倾，右前臂从斜下方挥动球拍的同时，左手放球。此时，持拍手腕部尽量伸展，右前臂完成向侧下方挥动后顺势往上方挥动。当球自然落至膝盖处手臂向下自然垂直，紧握球拍，快速向前上方鞭打，用力击球。完成击球后，手臂继续内旋，顺势向左肩上方挥动。

（二）反手发球

反手发球前，两脚前后站立，左脚在前，右脚在后，上体稍前倾，重心在前脚。右手反手将球拍摆在左腰侧前，肘部微屈稍抬高，拍框朝下，拍面稍后仰，握拍手自然放松，左手将球放于腹前腰下处。反手发球主要靠挥动前臂和伸腕闪动发力，其特点是动作小、出球快，对方不易判断，一般只是通过反手来发网前球和平球。反手发球多用于双打比赛中。

四、步法

羽毛球的步法主要有并步、交叉步、蹬跨步和垫步。要根据在场上的位置与球的距离和目的来决定使用哪种步法。例如，当站在发球线附近时，准备上网处理正手网前球，如果对方的球质量不错，可以使用并步上网，也可以使用交叉步上网。

（一）并步

当右脚向前（或向后）移动一步时，左脚即刻向右脚跟并一步，紧接着右脚再向前（向后）移动一步，称为并步。该步法的特点是快速，但移动距离较短，所以并步一般使用在距离较短，但需要快速的情况下，如接杀球，后场突击和网前。

（二）交叉步

左右脚交替向前、向侧或向后移动为交叉步。经另一只脚前面超越的为前交叉步，经另一只脚后面超越的为后交叉步。交叉步一般在后退打后场球时用得较多。特点是步幅大、省力，所以一般在较长距离的移动中使用，如从后场到网前的移动，从中场到后场的移动等等。

（三）蹬跨步

在移动的最后一步，左脚用力向后蹬的同时，右脚向来球的方向跨出一大步，称为蹬跨步。这种步法多用于上网击球，在后场底线两角移动抽球时也常用该步法。

（四）垫步

当右（左）脚向前（后）迈出一步后，后脚跟进，紧接着以同一只脚向同一方向再进一步，称为垫步。垫步一般用于调整步距。

五、高远球技术

后场高远球是指将对方击至本方后场端线附近的球回击得又高又远，落至对方端线附近的一种球。它包括后场正手、头顶和反手三种击法。

（一）正手击高远球

击球前，首先要判断来球的方向和落点，侧身后退使球在自己右肩稍前上方的位置，左肩对网，左脚在前，重心在右脚上，左臂屈肘并自然高举。右手持拍，手臂自然弯曲，将球拍举在右肩上方，两眼注视来球。击球时，大臂后引，随之关节上提使之明显高于肩部，将球拍后引至头后，自然伸腕（拳心朝上），然后在后脚蹬地、转体和腰腹的协调用力下，以肩为轴，大臂带动小臂快速向前上方甩动手腕，在手臂伸直的最高点击球。击球后，持拍手臂顺惯性往前下方挥动并收拍至体前。与此同时，左脚后撤，右脚向前迈出，身体重心由后脚移到前脚。

（二）反手击高远球

首先准确判断对方来球的方向和落点，迅速将身体转向左后方，步法到位后，右脚前交叉跨到左侧底线，背对网，身体重心在右脚上，使球在身体的右肩上方。击球前，迅速由正手握拍换为反手握拍，并持拍于胸前，拍面朝上。击球时，以大臂带动小臂，通过手腕的闪动，自上而下的甩臂将球击出。在最后用力时，要注意拇指的侧压力与甩腕的配合，同时要利用两腿的蹬地、转体等协调全身用力。击球后，顺势转体面向球网，迅速返回中心位置，准备还击。

六、挑球技术

（一）正手挑球

正手握拍举在胸前。右脚向前跨出一大步，左脚在后，侧身向前，重心在右脚上。同时右臂向后摆，自然伸腕，使球拍后引。然后以手肘关节为轴，屈臂内旋，伸拍向前并以前臂带动手腕由下向上挥动，并握紧球拍，用食指及手腕的力量，将球向前上方击出。

（二）反手挑球

反手握拍举在胸前。右脚向左前方跨出一大步，重心放在右脚上。同时右肩向前，屈肘引拍至左肩旁，然后以肘关节为轴，前臂带动手腕由下向上挥动，握拍经体前由下往上，用拇指第一指节压住拍柄的宽面，用力将球击出。

第三节 羽毛球运动的基本战术

一、拉吊突击

拉吊突击，顾名思义，是指拉开对方的位置，寻找机会，下压突击的一种得分手段。拉吊突击是用高球、吊球来拉开对手，当对手不能及时回到场地中间或失去重心时，抓住对手的弱点和空当进行有效突击。

二、下压抢网

对方发高球后，马上争取下压，下压的目的不是马上争取得分，而是通过下压后，争取网前的主动，争取下一拍的主动进攻。下压抢网以杀吊进攻为主，迫使对方在被动的情况下，把球回到网前，然后快速上网，用搓、推、勾、扑等技术手段，赢取主动。

三、压后场

压后场就是通过压对方的两个底线，造成对方网前出现漏洞，进行控制网前，获取主动。

压后场是指重复使用平高球，压住对手的两个底线，使得在对手回球不到位或回球质量不好时，把球打到对手的空当，进而得分。

四、压反手

压反手是比较实用的战术。通过调动对方的位置来得分。例如，先调动对方上网，暴露对方后场空挡后，通过打对方的头顶区，迫使对方出反手，导致回球不到位，争取下一拍的主动进攻。发网前平球时，挑球到对方反手后场，再杀对方正手，进而得分。

五、发球抢攻

当在比赛中处于逆势，或者大比分落后时，这时可以用发球抢攻来打乱对方的战术和进攻节奏。发球抢攻是指通过发网前、发追身，或者发平球等方式，打乱对方的战术节奏，创造第三拍的主动进攻机会。

（1）发网前平球，杀对方正手空当得分。

（2）发平球，杀对方反手空当得分。

（3）发平球，用滑板吊对方网前得分。

六、杀中路

通过拉开对方的四个点，趁对方防备不足时，打对方中路，打追身球。先拉开对方寻找时机，在对手回到中路时，突然杀追身球而得分。

（1）接发球时，用高远球打对方正手位，再用高远球压住对方反手，对手回到中路时，出其不意杀中路追身球，得分。

（2）接发球时，用高远球压对方正手位，搓短球到对方正手网前，杀追身球得分。

第四节　羽毛球运动的比赛规则

一、比赛的项目

羽毛球比赛项目分为男子单打、女子单打、男子双打、女子双打、混合双打、男子团体赛、女子团体赛。

二、比赛的计分方法及规则

（1）每场比赛采取三局两胜制。

（2）比赛开始前，双方选手通过投掷硬币方式确定由哪一方来选择是先发球还是后发球。

（3）率先得到 21 分的一方赢得当局比赛。

（4）如果双方比分为 20：20，获胜一方须超过对手 2 分才算取胜。

（5）如果双方比分为 29：29，则率先得到第 30 分的一方取胜。

三、比赛中的发球

（一）单打

（1）当发球方的分数为 0 或双数时，双方均应在各自的右发球区发球或接发球；当发球方的分数为单数时，双方均应在各自的左发球区发球或接发球。

（2）如"再赛"，发球员应根据该局的总得分来站位。

（3）发出球后，由发球员和接发球员交替对击直至违例或死球。

（4）接发球员违例或因球触及接发球员场区内的地面而成死球，发球员就得一分。随后，发球员再从另一发球区发球。

（5）发球员违例或因球触及发球员场区内的地面而成死球，发球员即失去发球权，对方得一分并获得发球权。

（二）双打

（1）一局比赛开始和每次获得发球权的一方，都应从右发球区发球。

（2）只有接发球员才能接发球；如果他的队友去接发球或被球触及，则发球方得一分。

（3）自发球被回击后，由发球方的任何一人击球，然后由接发球方的任何一人击球，如此往返直至死球。

（4）自发球被回击后，可以从网的各自一方任何位置击球。

（5）接发球方违例或因球触及接发球方场区内的地面而成死球，发球方得一分，原发球员继续发球。

（6）发球方违例或因球触及发球方场区内的地面而成死球，原发球员失去发球权，对方得一分，并获得发球权。

（7）每局开始首先发球的队员，在该局本方得分为 0 或双数时，都必须在右发球区发球或接发球；当得分为单数时，则应在左发球区发球或接发球。

（8）每局开始首先接发球的队员，在该局本方得分为 0 或双数时，都必须在右发球区接发球或发球；当得分为单数时，则应在左发球区接发球或发球。

上述两条相反形式的站位也适用于他们的队友。

（9）如有再赛，则根据该局本方总得分来站位。

（10）发球必须从两个发球区交替发出。

（11）任何一局的首先发球员失去发球权后，由该局首先接发球员发球，然后由首先接发球员的队友发球，接着由对手之一发球，再由另一对手发球，如此传递发球权。

（12）不得有发球顺序错误和接发球顺序错误，或在同一局比赛中连续两次接发球。

（13）一局胜方中的任意一名队员都可在下一局先发球，负方中的任意一名队员都可先接发球。

（14）发球员或接发球员的队友站位不限，但不得阻挡对方发球员或接发球员的视线。

四、其他规则

（一）交换场地

（1）以下情况队员应交换场地：第一局结束，第三局开始，第三局中或只进行一局的比赛至一方达到 11 分时。

（2）队员未按以上规则交换场地，一经发现应立即交换，已得分数有效。

（二）合法发球

（1）发球时，任何一方都不允许非法延误发球。

（2）发球员和接发球员都必须站在斜对角线发球区内发球和接发球，脚不能触及发球区的界限；两脚必须都有一部分与地面接触，不得移动，直至将球发出。

（3）发球员的球拍必须先击中球托，与此同时整个球必须低于发球员的腰部。

（4）击球瞬间球杆应指向下方，从而使整个球拍明显低于发球员的整个握拍手部。

（5）发球开始后，发球员的球拍必须连续向前挥动，直至将球发出。

（6）发出的球必须向上飞行过网，如果不受拦截，应落入接发球员的发球区。

（三）羽毛球的违例

（1）发球不合规。

（2）发球员发球时未击中球。

（3）发球时，球过网后挂在网上或停在网顶。

（4）比赛时：① 球落在球场边线外；② 球从网孔或从网下穿过；③ 球不过网；④ 球碰到屋顶、天花板或四周墙壁；⑤ 球碰到队员的身体或衣服；⑥ 球碰到场地外其他人或物体；⑦ 球拍或球的最初接触点不在击球者网的这一方（击球者击球后，球拍可以随球过网）。

（5）比赛进行中：① 队员球拍、身体或衣服触及网或网的支持物；② 队员的球拍或身体以任何程度侵入对方场区；③ 妨碍对手，如阻挡对方仅靠球网的合法击球。

（6）比赛时，队员有故意分散对方注意力的任何举动，如喊叫、故作姿态等。

（7）比赛时：① 击球时，球夹在或停滞在球拍上紧接着又被拖带；② 同一队员两次挥拍连续击中球两次；③ 同一方两名队员连续各击中球一次；④ 球碰球拍后继续向后场飞行。

（8）队员违反比赛连续性的规定。

（9）队员行为不端。

（四）重发球

（1）遇到不能预见或意外的情况。

（2）除发球外，球过网后挂在网上或停在网顶。

（3）发球时，发球员和接发球员同时违例。

（4）发球员在接发球员未做好准备时发球。

（5）比赛进行中，球托与球的其他部分完全分离。

（6）司线员未看清，裁判员也不能做出决定时。

（7）重发球时，若最后一次发球无效，则原发球员重新发球。

（五）死球

（1）球撞网并挂在网上，或停在网顶上。

（2）球撞网或网柱后开始在击球这一方落向地面。

（3）球触及地面。

（4）违例或重发球。

（六）发球区错误

（1）发球顺序错误。

（2）从错误的发球区发球。

（3）在错误的发球区准备接发球，且对方球已发出。

第十章 网球运动

第一节 网球运动的概述

网球

一、网球运动的起源与发展

网球运动起源于法国，诞生在英国，开始普及和形成高潮在美国，现在盛行于全世界。网球最早起源于 12 世纪法国北部传教士在教堂回廊里用手掌击球的一种游戏。到了 14 世纪中叶，法国的一位诗人把这种球类游戏介绍到法国宫廷中，作为皇室贵族男女的消遣。当时玩这种游戏的场地是宫廷内的大厅，没有网也没有球拍，球是用布卷成圆形后用绳子绑成的。场地中间拉起一条绳子并以此为界，将两手当成球拍，把球从绳子上丢来丢去。这种游戏的法语为 Tenez，英语为 "Take it! Play"，意为 "抓住！丢过去"，"网球"（Tennis）一语即来源于此。

1881 年，世界上出现了第一个全国性的网球协会，即美国全国草地网球协会。于当年 8 月 31 日至 9 月 3 日，在罗得岛纽波特港举行了第一届美国草地网球男子单打和男子双打锦标赛，采用了温布尔登的比赛规则，参加比赛的有 26 人。1891 年，法国首次举行男子单打和男子双打锦标赛，参加者限于法国公民，女子单打始于 1897 年。1904 年，澳大利亚草地网球协会成立，并于 1905 年开始主办澳大利亚锦标赛，设有男子单打、男子双打两个项目。1922 年又增加了女子单打、女子双打和混合双打三项。

法国网球锦标赛、英国温布尔登网球锦标赛、美国网球锦标赛和澳大利亚网球锦标赛合在一起是世界上最有声望的 "大满贯" 网球锦标赛。直到 1984 年的洛杉矶奥运会上，网球才被列为表演项目。到 1988 年的汉城奥运会上，网球重新被列为正式比赛项目。

进入 21 世纪后，我国女子网球运动员取得了了不起的成绩，李婷、孙甜甜、李娜等人的出现激起了我国网球的热潮，推动了我国网球的发展，把网球推上了一个新的高度。

扩展资料：女子网球的起源

现代网球运动开展的初期，女性常被排斥在外，其理由是网球运动不适合女性，认为女性参加网球运动，有伤风化。因此早期的网球比赛只设有男子单打和男子双打两项，不设女子网球项目。但是一些女选手不仅敢于冲破社会舆论和家庭的阻挠，而且她们的网球技术水平有的还超过了男选手，并且在一些非正规的单打比赛中常常出现一边是男选手、另一边是女选手的情况。这才迫使一些网球俱乐部不得不破除这一禁令，允许女性参加这项运动。

二、网球运动的特点与作用

（一）网球运动的特点

网球运动是一项深受人们喜爱、富有乐趣的体育活动，具有很高的锻炼价值。它既是一种自我娱乐和促进健康的手段，又是一个观赏性很强的体育竞赛项目。

网球比赛中一个球来回的时间约为 1～3 秒，每一分球所用的时间一般为 6～10 秒，分与分和局与局之间间歇时间为 20 秒，交换场地的间歇时间为 90 秒，1 小时比赛的实际运动时间为 10～20 分钟。一场三盘两胜制的比赛通常耗时为 1～3 小时。因此，网球运动是在较长的比赛时间里，由强度较大的间歇式、短时间、爆发性用力动作组成的比赛项目，它要求运动员具有极强的无氧爆发力及对攻时的次极限强度的间歇用力的能力，是一项动作精细、战术复杂多变、对抗激烈，对体能和心智要求较高的技能类隔网对抗性运动。此项运动几乎需要所有的身体素质，包括力量、速度、耐力、柔韧性、灵活性和协调性及坚韧的意志力和比赛过程中高度的专注力。

（二）网球运动的作用

1. 增强体质，促进健康

网球运动是一项男女老少皆宜的运动，运动量可大可小，可以自行调节。练习网球，可以使人们动作敏捷，判断准确，反应迅速，提高速度、力量、柔韧、灵敏等身体素质，对改善人体运动系统、循环系统、呼吸系统、神经系统及抵抗各种疾病、适应外界的能力都有重要的作用，从而有效地增强人们的体质。

2. 培养良好的意志

在网球运动中，特别是在比赛中，通过进攻与防守，控制与反控制，既斗智，又斗勇，锤炼了个人的意志品质和心理素质，有利于培养拼搏进取的作风和胜不骄、败不馁的品德，有利于提高战胜各种困难的勇气。

3. 团结协作，增进友谊

练习网球需要一个对手或球友。通过网球运动可以交流球艺，增进友谊。特别是参加双打比赛，可以培养相互信赖、团结协作、密切配合的合作意识。它还是一项社交活动，可以促进彼此的沟通。

4. 愉悦身心，陶冶情操

网球比赛具有较强的观赏性。在网球比赛中，场上热烈的气氛，激烈的争夺，以及运动员所表现的顽强斗志，潇洒的作风，精湛的技艺都令人赏心悦目，久久难以忘怀，从中得到一种精神享受。

第二节 网球运动的基本技术

一、握拍介绍及分析

目前主流的握拍方式有五种，分别为大陆式握拍、东方式握拍、半西方式握拍、西方式握拍和双手反手握拍。将拍柄分为 8 个面，1 为上平面，2 为右上斜面，3 为右垂直面，4 为右下斜面，5 为下平面，6 为左下平面，7 为左垂直面，8 为左上斜面。以食指、食指指关节和掌根作为握拍的 3 个参考点，来描述握拍时手在球拍 8 个面的位置或角度。下面对五种握拍方式进行详细介绍。

（一）大陆式握拍

大陆式握拍是一种可以用来做任何击球的握拍方式。但这种用法从长袖衣裤网球时代后就不再是通用标准了。大陆式握拍主要用于发球、网前球、过顶球、削切球及防御性击球。大陆式握拍是掌根和食指掌关节都在 2 号面（右上斜面），食指伸出分离。

（1）优势：用大陆式握拍处理发球、过顶球是标准方式。这使前臂和手腕能够自然地向击球点挥动。这样的结果可以使减小压力的手臂发挥出更大的爆发力和更灵活的击球。这种握拍方式所提供的稍微开放的拍面能够击出下旋球和更好地控制球，故该方式是处理网前球的最好方式。当需要在网前需要快速处理球时，大陆式正反手连发也很重要。正如前文所提到的，握拍方式影响拍面角度。越是关闭的拍面，越容易打出距离身体越高越远的球。在使用大陆式握拍时，拍面与地面接近直角，这使击球区较低，也更加靠近身体，所以这种握拍方式对防御球、低球，或是坏球都有很大帮助。

（2）劣势：可以利用大陆式握拍法打平击球，削球，但是难以打出上旋球。这意味着在大力击球并使其不出界，要求瞄准球网上方，而不能有任何失误。而且在没有保证安全转动的前提下，意味着在合适的击球区域外的回球会相当困难。所以大陆式握拍的不稳定性是一个普遍的问题。

（二）东方式握拍

东方式握拍是掌根和食指掌关节置于 3 号面（右垂直面），食指伸出且分离。更有技术性的窍门是先用大陆式握拍，然后将手顺时针转动（用左手握拍时逆时针转动），使得食指根搭在 3 号面上。

（1）优势：一般通过东方式握拍来学习正手。该方法灵活，能够轻易击出上旋球或更有威力的平击球或穿越球。该方式能很快速地转换成其他握拍方式。东方式握拍是上网型选手的明智选择。

（2）劣势：比大陆式握拍的击球区域要高且远离身体，但仍然不是回高球的好选择。东方式握拍正手可以有很强的威力和穿透性。但是由于该方式更适于平击球，因此稳定性仍不高，难以应付连续相持球。

（三）半西方式握拍

半西方式握拍是食指掌关节和掌根放在 4 号面（右下斜面），食指伸出且分离。先用东方式握拍，再将手顺时针转动（用手握拍时逆时针转动），直到食指根放在 4 号面上，这时的握拍就是半西方式握拍。这种握拍方式在强力底线型职业选手中盛行，而很多职业教练也会鼓励他们的学生使用这种握拍方式。

（1）优势：利用半西方式握拍比东方式握拍能击出更有力量的上旋球，使击球更为保险和受控，特别是在放高球和小斜线球时。也可以用这种方式打出制胜的平击球或者穿越球。可以用这种方式自由地打出上旋球。它的击球区域会比东方式握拍离身体更高更远一些，所以用该方式打半高球会有更好的进攻性。

（2）劣势：利用这种方式很难打低球。这种方式的击球区较低，故该方式很难用来回击低球。而且，这是一种典型的打网前球时需要改变为大陆式握拍的握拍方式。这就是为什么底线型选手不适应在网前的原因。

（四）西方式握拍

西方式握拍是食指掌关节和掌根在 5 号面（下平面），食指伸出且分离。先用半西方式握拍，再将手顺时针转动（用左手握拍时逆时针转动），直到食指根放在 5 号面上，这时的握拍方式就是西方式握拍。从拍柄方向看过去，食指根放在拍柄的底边上。这使得手掌几乎完全位于拍柄下方。这种方式是喜欢打上旋球选手的最爱。

（1）优势：这是一种极端的握拍方式，击球时接触球的时间最长。手腕的位置迫使球拍完全地抽击球的后部，打出极强劲的上旋球。这种方式击出的球可以高高地越过球网而仍然落在球场中。这样的球通常落地后弹跳得又高又快，使得对手不得不在离底线很远的地方回球。这种握拍方式的击球区域会比之前介绍的任何一种离身体更远和更高。

（2）劣势：低球是这种握拍方式的克星。通常快速场地上球弹跳得较低，这就是这种握拍方式的职业选手通常在快速场地没有什么成绩的原因。而且，当使用这种方式时需要有极快的拍头速度和强劲的腕力才能产生一定速度和转动的击球。否则，回球会出浅，并且会被对手抓住机会进攻。对部分人来说，这种握拍也很难打平击球，因此将球打远也成了一个问题。与半西方式握拍类似，上网和截击需要转换握拍方式是主要的问题。

（五）双手反手握拍

双手反手握拍毫无疑问是最流行的握拍方式之一，但关于双手反手握拍仍有一些争议。广为接受的方式是支配手用大陆式握拍，然后非支配手在支配手上方用半西方式握拍。

（1）优势：这是单手反手握拍无力的球员的最好选择。能够击出比单手反手握拍更稳定的球，双手基于肩部的旋转和更高效的挥拍能够提供更大的威力。用这种方式能很好地处理低球，而且额外的一只手可以更好地处理齐肩高的球。

（2）劣势：因为双手都抓住拍柄，会影响球移动速度。因此很难应付大角度回球，特别是在救球时很难转动上身击球。同样，利用双手反手握拍能击出上旋球。击出一记好的削球依赖于一个稳定的上肩。而对于双手反手握拍球员来说，需要打开髋部转动肩膀去击球，而不适应削球。而放开非支配手单手削球或截击，对很多双手反手握拍球员来说也是比较困难的。

二、正手击球

（1）握拍。向初学者介绍东方式正手握拍（握手式），用不持拍的手握住拍颈，将另一只手的手掌放在拍面上，将手掌慢慢地向拍柄处滑动，直到拍柄处，然后握住拍柄。有些初学者在开始练习时便采用半西方式握拍法，这也是可取的。

（2）准备姿势。球拍放在身体的正前方，左手握住拍颈；膝关节略弯曲，两脚分开与肩同宽，并且身体重心在两脚间变换；身体重心在前脚掌；全身放松，并盯住来球。

（3）准备过程。转肩并向后拉拍，转肩和转胯，使其侧对球网，左肩朝前，脚也调整成侧站位；转肩并开始向后引拍，拍头向后并低于来球的高度；拍柄底部正对着来球；膝关节弯曲，保持由低向高处移动的动作。

（4）击球过程。正手挥拍，在开始向前挥拍时，左脚应向要击球的方向迈步；击球点在身体前腰部高度；拍面在击球时应与地面垂直，并由下向上挥动。

（5）随挥动作。在击球后继续挥动球拍时，球拍应继续随球挥动（由低向高）；肘关节的完成动作在肩的高度，手臂的完成动作可以在身体前方伸直，也可以使肘关节弯曲或手臂抱向另一侧肩部；右足鞋底对向后挡网并保持好平衡。

三、反手击球

（1）握拍。可采用右手为主的反拍变化握拍、右手用大陆式握拍法、左手用半西方式正拍握拍法。

（2）准备姿势。与单手的准备姿势相同。只是双手可在拍柄上重叠。

（3）准备过程。转肩并向后拉拍，转肩和胯，当肩转动时，变换握拍方式；身体重心转移到左脚上，双手重叠；球拍拉向后方并低于来球高度，拍柄底托正对来球；屈膝为身体重心向前上方移动做准备。

（4）击球阶段。向前挥拍并击球，在向前挥拍前，向来球方向迈步；击球时右臂伸直，击球点在右胯前面，拍面垂直于地面；球拍挥出轨迹是朝目标方向并由下向上。

（5）随挥动作。在击球后球拍应沿目标方向继续挥出，动作完成时双手高于肩；左足鞋底正对后挡网，手臂可在身体前面伸直或屈肘并且手抱肩。

四、发球

在网球比赛中，由于发球是一场比赛的开始，因此通常非常重视发球技术。保证发球质量的重要因素包括动作连贯、动作简单、良好的平衡和准确的抛球、合理且正确的握拍方式（拍面垂直于地面，手腕动作舒适）。

（1）握拍。作为初学者，发球时可用东方式正手握拍。有一定水平的初学者发球时可采用大陆式握拍。

（2）准备动作/站位。双脚开立与肩同宽，在端线后侧身站立，右脚与底线基本上平行，左脚正对右网柱；手腕和手臂放松握拍于身体前，左手在拍颈处托住拍；两脚尖的对角线应对着目标。

（3）向后引拍和抛球。两手臂同时向下和向上运动，球从伸展的左手中向上垂直抛出，在身体前面和左脚上部；握拍手掌在向后拉拍时朝下；身体重心平稳地向前脚移动，抛球的高度应能满足击球手臂的充分伸展，并使击球感到舒适。

（4）有力的环绕动作。抛球后，身体开始向前转动，球拍在身后做环绕动作，并最后向前挥动击球。

（5）击球点。运动员必须尽力伸展身体，在最高点击球；击球点应在身体右前方，基本与右肩充分伸直相一致；击球时手臂和球拍充分伸展，身体转动和身体重心向前转移，以达到右足鞋底正对后挡网；理想的要求是从球拍的顶部到左脚后跟成一条直线。

（6）将球拍挥动成弧形，并在身体左侧结束；身体重心完全落在前脚上，右脚跟指向后挡网。

注意：当发球熟练后，可在击球后，右脚进到场地里。但作为初学者来说，在击球时，右脚应在底线后。这样可以保持平衡并可提高控制和抛球的稳定性。

五、截击

在截击过程中，需要在球落地前对球进行截击，通常在球网和中场之间进行截击。截击拦网的准备动作与正反手击底线球的准备动作相同。只是球拍略高、略向前一点。

（一）正手截击

（1）握拍。初学者可用东方式正手握拍，随着水平的提高可用大陆式握拍。

（2）准备过程。肩部稍作转动，球拍与肩平行，放在球后；后拉拍要稳固。

（3）击球点/随挥。在向前挥拍前或同时，用左脚朝球飞行的方向迈步；保持手腕稳固并在身体前方击球；球拍应稍开放，但击高球除外；随挥动作也应稳定，并且随挥动作要快，以便快速回到下一个球的位置。

（二）反手截击

（1）握拍。初学者可用东方式反手握拍，随着水平的提高可用大陆式握拍。

（2）准备过程。肩部稍作转动，球拍与肩平行，放在球后；后拉拍要稳固。

（3）击球点/随挥。在向前挥拍前或同时，右脚朝球飞行方向迈出；保持手腕稳固，并在身体前方击球；球拍应稍开放，但击高球除外；随挥动作也应稳固，并且随挥动作要快，以便快速回到下一个球的位置。

六、高压球

利用头顶高压球来反击落地前或落地后的挑高球。它与发球动作相似，但后摆准备动作要比发球小。高压球要比发球难打，因为判断挑高球要比判断自己抛球难得多。但两者基本的击球方法非常相似。当练习高压球时，需要注意以下几点。

（1）侧身非常重要。

（2）球拍准备要早。

（3）用小步幅调整到球下。

（4）抬头并盯着球，直到打完高压球。

（5）用发球握拍法（初学者用东方式正手握拍）击球。

（6）击球时身体向上伸展。

（7）打完高压球后，要立即复原到准备动作。

第三节 网球运动的基本战术

一、单打比赛中的基本战术

1. 一贯性与冒险性

在比赛中，击球的目的是使对方无法回击。达到这种目的的方法有两种：一贯性，即坚持稳定，保持不失误；冒险性，即设法进攻迫使对方失误。

2. 把球击深

将球击到发球线后有很多好处：迫使对手向后移动；迫使对手回球落地后起跳较高；与浅球相比，回击深球不易使对手打出角度；使对手远离底线，可降低对手回球的精准度；回击深球常可使对手回球较浅，这样可以使自己有更多的进攻角度。

3. 抓住对方弱点

运动员可能会表现出不同的弱点，这些弱点通过仔细观察都可以被发现。这些弱点包括：底线击球正手或反手经常出现一边比另一边差；初学者往往难以处理高而深的球；通常在移动中比静止时击球要困难。

4. 提高击球的安全性

在早期训练阶段，击球时要保持过网稍高和击出的球落在场地内1米左右的位置。

5. 击球路线与回位

在对打过程中，运动员应设法在对手回球前回到场地中间附近的位置上，或回到对手回击角度的中间。

二、在五种比赛情况下使用的单打战术

（一）发球时

1. 一般原则

（1）利用发球，从一开始就控制局势。

（2）对自己的发球有信心。

（3）变换发球位置和目标，使对方捉摸不定。

2. 第一次发球

（1）通常将球击向对手弱的一侧。

（2）选择性发追身球。

（3）不要用力过猛，通常用 70%～80%的力量即可。

（4）要稳定，力求第一次发球有 70%的成功率。

（5）如是大力发球，则准备上网截击。

（6）如用中等力量发球（不靠发球得分），但有角度，球路明确或跑至反手一侧，用自己的"绝招"（正手击球）侧身击球。

（7）如第一次发球质量差（防守型发球），待在后场，等待对手回球，回球可能击向最弱的一侧。

3. 第二次发球

（1）要稳，第二次发球要有 100%的成功率。

（2）利用第二次发球进攻。

（3）选择性发追身球。

（4）不要发短球，宁可发深球失误，也不可发短球。

（5）变换角度和速度。

（6）若发球质量好，则向前移动或上网截击，或跑向反手一侧，侧身正手击球。

（7）若第二次发球很弱（防守型发球），则留在后场，等待对手回球，回球可能击向最弱的一侧。

4. 球路、旋转等

（1）变换发球，使对手捉摸不定。

（2）若是关键分，则发追身球。

（3）若是关键分，则用发球的角度对付双手握拍左右击球的对手。

（4）根据场地类型采用旋转发球。

（5）在右区时，发外角侧旋球；在左区时，发中路侧旋球。

（6）当发平击球时，可发左右区的内角。

（7）当发上旋球时，可发对方右区的内角，或发对方左区的外角。

5. 发球上网截击

（1）若比赛场地是沙地，则可采用一种不寻常的打法令对手感到意外。

（2）若是快速型场地，则在多数情况下，利用第一次发球进攻得分。

（3）当对手接发球时，快速向前移动截击或快速跨步。

（4）沿可能的回球线路移动上网。

（5）发球时，应坚持发内角，或发追身球，且越深越好。

（6）变换发球落点。

（7）在关键分时，尤其是第二次发球时，发球后上网截击是出奇制胜的一招。

6. 发球后击落地球

（1）发球后用正手进攻。

（2）发球后移至左侧和中央位置（右手握拍型选手）。

（二）接发球时

1. 一般原则

（1）让对手击球，处理好接发球。

（2）力求将球击入场地的一个特定位置（如对手的弱点）。

（3）变换接发球方式。

（4）改变接发球的速度和旋转。

（5）根据发球方的站位变换接发球的位置。

（6）在应对大力发球时，采用挡球式接发球。球落地后要提前击球，迎上去挥拍击球，而不是撞击。用一个正确的转髋和转肩动作向后拍，动作要小。

（7）接力量小的发球或接弹跳较高发球时，用快速击球或削球后上网进攻。

（8）接有角度的发球时，要提前准备，朝球的方向斜线移动。打斜线球，留在后场。

（9）接发球时，力求打深，而不打网前球。

（10）接发球进攻时采用上旋球和平击球，接发球防守时采用削球和挡球。

（11）力求判断和"看穿"发球方的意图（注意抛球动作）。

2. 接第一次发球

（1）接第一次发球时要稳，力求不让第一次发球"轻易"得分。

（2）如对手留在后场，接发球时用挡击打深的直线球，或有角度的球，或用挑高球送至对方反手。根据接发球的类型，上网截留在后场。

3. 接第二次发球

（1）每当出现得分机会时，应有攻击第二次发球的意识。

（2）当接第二次发球时，当球上升至肩高时击球，以保持场上的主动。

（3）用正手侧身攻或跑动中打直线球。

（4）选择性打轻吊球。

（5）当接对手第二次发球时，向前移动或向反手一侧移动侧身正手进攻。

（6）如对手上网或留在后场，用一个近网上旋线球或深的直线球攻击同球。根据接发球的质量，上网截击或留在后场。

4. 如对手发球质量好，截击质量也好

（1）回击低的追身球封住角度。留在后场，使用两次穿越球技。

（2）接发球时用深的直线球或小斜线球将球挡至对方脚下并留在后场。

（3）如对手发球后截击，要设法朝对手果断回击，要让对方感到畏惧。

5. 如对手发球质量好，截击质量不好

力求让对方截击，留在后场打间接穿越球，挑高球或上网截击。

（三）当双方队员都在底线时

1. 一般原则

（1）通过连续的施压迫使对手出现失误；保持高节奏；可能时从 3/4 场地击球。

（2）少让对手得"便宜"分；要稳，不要出现自杀性失误。

（3）要利用整个场地；在底线后面挡球时不要打得太远；要将底线打深。

（4）使用斜线对拉战术以争取时间；朝球的方向斜线移动；采用组合击球战术（如在打深的直线球后接打对角斜线球）。

（5）当处于被动时，放高球，打深，多打控制球，少发力。

（6）用平击球和上旋球进攻；对攻时变换节奏；用高而深的快速球变换速度，然后打角度刁钻的快速球。

2. 击落地球时

（1）正手：在 3/4 场地内用正手进攻和回击所有可能的回球。

（2）反手：打斜线是为了底线进攻，打直线是为了随球上网得分。

（3）当感到紧张时，不要打轻吊球。

3. 处于进攻时

（1）尽量力求调动对方，抢分。

（2）打轻吊球，令对手措手不及，以便随球上网得分。

4. 相持时

（1）打高而深的球和斜线球，调动对方。

（2）不可打穿越球。

（3）如对手主动打自己的反手，则朝反手方向跨步，并用正手攻击。

5. 处于防守时

（1）通过打调整球瓦解对手的优势。

（2）打高球、深球、角度刁钻的球。

（3）通过跑动救任何可能救起的球。

（4）朝球的方向斜线移动，并对准球。

6. 对手让出许多角度时

（1）打中路。

（2）不给对方让出角度。

（3）如对手打小斜线，则用直线球抢分。

（4）尤其是当对手的站位处于底线后的一侧时，有时可以冒险打一次小斜线。

7. 对手击出一个质量好的球时

（1）可向对手弱的一侧击球，但向对手强的一侧击球也可能得分。

（2）全身加力击球使对手暴露弱的一侧。

8. 对手移动能力较弱时

（1）力求用组合击球、低球、挑高球等打乱对手的步法。

（2）当对手在跑动中或从远离的位置击出直线球时，可打一次小斜线。

9. 对手是一个优秀底线型选手时

（1）吸引对手上网。

（2）使用发球上网截击技术。

（3）要有耐心。

（4）用角度刁钻的近网削球，将对手吸引过来。

（5）不要过多地放小球。

10. 对手是技术全面型选手时

（1）在击落低球时要稳。

（2）不要出现自杀性失误。

11. 对手使用极端型握拍法时

（1）要尽量降低球击出的高度（如削角度刁钻的近网球）。

（2）迫使对手改变握拍方式。

12. 对手是上网型选手时

（1）打深球和角度刁钻的球。

（2）将对手压在后场。

（四）随球上网或在网前时

一般原则如下。

（1）用随球上网法威胁对手，使之处于被动。

（2）从中场使用大力的精准击球或在球上升时击球，控制局面，威胁对方。

（3）击球后朝对手弱的一侧随球上网。

（4）击向对手反手的深球、低的或高的弧圈球、反弹高的上旋球都非常有效。

（5）打直线随球上网较为保险，打斜线随球上网可调动对手跑动多。

（6）截击前要先跨步。

（7）不要过多地使用轻吊球或空中短击，使用它们是为了将对手调至网前。

（8）力求击出的网前球不超过 3 次。

（9）斜线移动，保持平衡。

（10）要警惕，力求"看穿"对手的意图。

（11）中场截击球要深而低，网前区截击球应有角度且短而有力。

（12）随时防备对手挑高球。

（五）穿越球（破网）时

一般原则如下。

（1）所有的穿越球应是低球。

（2）斜线穿越球应是短的角度刁钻的球。

（3）直线穿越球应发力、打深。

（4）挑高球可拉开空当，以便接着打穿越球。

三、双打战术

双打需要配合，从实际情况出发，针对对方的情况制定相应的双打战术方案是必要的，但在比赛过程中，制定战术要靠两人密切协作，默契配合。由于双打战术的机动性和变化性比单打复杂得多，因此无论是在高水平的双上网的对攻战和中低水平的攻防中，都能做到瞬间的默契配合是很不容易的，而这一点正是双打战术最突出特点，是双打战术成功取胜的关键。为什么有些优秀的单打选手的双打成绩平平？除了单双打属于两种不同的战术体系外，有些单打选手在双打中缺乏密切的协作是失利的主要原因，而默契配合是建立在两人相互了解和信任的基础上，是在长期配合中磨炼出来的。好的双打配对应紧密合作、互创条件、扬长避短、相辅相成，在场上有呼有应、相互鼓励，即使由于实力不如对方而失利，两人合作也是愉快、融洽的。以下是双打的注意事项。

（1）不要用全力击球；稳定的击球是取得双打胜利的关键。

（2）注意第一次发球的成功率

（3）尽量设法冲到网前。

（4）尽量不要让对手占据网前优势。

（5）把球打向场地中间。

（6）接发球回击斜线或挑过对方网前选手的头。

（7）用挑高球来回击对方放的小球。

（8）除挑高球外，要保持球过网后尽量低于网。

（9）两人要像一个整体一样打球。

（10）在网前两人要时不时抢网，让对方不停地猜测。

（11）两人要多交流沟通。

第四节　网球运动的比赛规则

一、比赛规则

网球比赛分为单打和双打两种形式。球员用网球拍将球击过网，落入对方的场地上。每位球员的目的都是尽力将球打到对方的场地上。就这样一来一回，直到有一方将球打出界或没接到球为止。在正式比赛前，需要确定由哪一方先发球。整个比赛中，双方球员轮流发球。发球员在发球前应先站在端线后，中点和边线的假定延长线之间的区域中。发出的球应从网上越过，落在对角的对方发球区内。每局的第一分球记为15，第二分球为30，接下来为40。每局比赛中，至少要比对手多2分球才能结束该局比赛。在双打新规则中，只比对手多1分就可以赢得比赛。

（一）发球规则

1. 发球前

发球员在发球前应先站在端线后，即中点和边线的假定延长线之间的区域中，用手将球向空中任何方向抛起，在球接触地面前，用球拍击球。当球拍与球接触时，即完成发球。

2. 发球时

发球员在整个发球动作中，不得通过行走或跑动改变原来的位置，两脚只能站在规定位置，不得触及其他区域。

3. 打球中

（1）每局开始，先从右区端线后发球，得或失1分后，应换到左区发球。

（2）发出的球应从网上越过，落到对角的对方发球区前的方格内，或其周围的线上。

4. 发球失误

发球失误包括：未击中球；发出的球在落地前触及固定物（球网、中心带和网边白布除外）；违反发球站位规定；球下网或落到对角发球区外。发球员第一次发球失误后，应在原发位置上进行第二次发球。

5. 发球无效

过去的规则是擦网即发球作废，重新发球，但2013年国际网球联合会修改了该项规定，擦网不再影响发球是否成功，以球擦网后的落点判断，即擦网后，球落在规定发球区域内，视为无效发球，可重发；落在发球区域外，视为发球失误。若对方接球员未做好接球准备，视为发球无效。

6. 交换发球

第一局比赛结束，接球员成为发球员，发球员成为接球员。之后的每局结束，均依次交换接发球，直至比赛结束。

（二）双打规则介绍

1. 双打发球顺序

每盘第一局开始时，由发球方决定由哪位球员首先发球，同样地，对方在第 2 局开始时，决定由哪位球员首先发球。第 3 局由第 1 局发球方的另一位球员发球。第 4 局由第 2 局发球的另一位球员发球。以下各局均按此顺序发球。

2. 双打接球顺序

假定该局由 A 队开球，B 队要确定好负责接左区和接右区的接球员（B 左和 B 右），正如每次得分或失分时，A 队都会更换发球区一样，每次得分或失分时，B 队负责接发球的球员也会在 B 队的左区和右区切换，直到该局结束为止。再次强调，该局 A 队的发球员始终是同一个人，只有到下两局收回发球权时，发球员才会成为 A 队的另外一位球员。

3. 双打还击

接发球后，双方应轮流由其中任意一位球员还击。如球员在其同队队员击球后，再以球拍触球，则判对方得分。

二、计分方法

（一）胜 1 分

当遇到下列情况时，判对方胜 1 分。

（1）发球员连续两次发球失误或脚误时。

（2）接球员在发来的球没有落地前用球拍击球，或球触及自己的身体及所穿戴的衣物时。

（3）在球第二次落地前未能还击过网时。

（4）还击球触及对方场区界线以外的地面、固定物或其他物件时。

（5）还击空中球失败时。

（6）在比赛中，球员故意用球拍拖带或接住球，或故意用球拍触球超过一次时。

（7）"活球"期间，球员的身体、球拍（不论是否握在手中）或穿戴的其他衣物触及球网、网柱、单打支柱、绳或钢丝绳、中心带、网边白布或对方场区以内的场地地面。

（8）还击尚未过网的空中球（过网击球）时。

（9）除握在手中（不论单手或双手）的球拍外，球员的身体或穿戴的衣物触球时。

（10）抛拍击球时。

（11）比赛进行中，球员故意改变其球拍形状时。

（12）球员发球或回球时，球出界。注意，出界的判罚为球的第一个落点是否过第二条白线。

（二）胜 1 局

（1）每胜 1 球得 1 分，先胜 4 分者胜 1 局。

（2）双方各得 3 分时为平分，平分后，净胜 2 分为胜 1 局。

在我国，网球比赛曾用阿拉伯数字 0、1、3、4 代表各分球的得失，而所有的国际网球赛都是用英语单词 Love，以及数字 15、30、40 分别表示 0、1、3、4，这令人颇为费解。

（三）胜 1 盘

（1）一方先胜 6 局为胜 1 盘。

（2）当双方各胜 5 局时，一方净胜两局为胜 1 盘。

决胜局计分制：在每盘的局数为 6 平时，有以下两种计分制。

① 长盘制：一方净胜两局为胜 1 盘。

② 短盘制（抢 7）：除决胜盘外，除非赛前另有规定，一般应按以下规则执行。

先得 7 分者为胜该局及该盘（若分数为 6 平，则一方须净胜 2 分）。

首先发球员发第 1 分球，对方发第 2、3 分球，然后轮流发 2 分球，直到比赛结束。

第 1 分球在右区发，第 2 分球在左区发，第 3 分球在右区发。

在每 6 分球和决胜局结束时都要交换场地。

（四）赛制

若实行淘汰赛，则在一场比赛中，男子单打比赛除大满贯赛事采用五盘三胜制外，其他赛事均使用三盘两胜制。女子比赛全部采用三盘两胜制。

三、通则

（一）交换场地

（1）双方应在每盘的第 1、3、5 等单数局结束后，以及每盘结束双方局数之和为单数时，交换场地。

（2）在抢 7 分比赛中，双方分数相加每次为 6 分时都要更换一次场地。

（二）活球

在网球比赛中，一个球从被发出去那一刻起即进入比赛状态（活球）。除非出现发球失误或发球无效，该球一直为活球，直至得分。

（1）决定比分的并不是球员没能接起的一个界内球，或是出现一个明显出界的球。一个出界但仍在空中飞行的球仍然是活球，除非它确实击中了地面、后场示意牌或固定物（除了球网、网柱、单打支柱、网绳、中心带或网边白布）或球员。该原则同样适用于一个落在界内一次后又弹起的球。卡在网中的球为死球。

（2）当球击中球网，而对方球员认为球打过来了而去击球并打到了球网时，如果对方球员碰到球网，则球为活球，那么对方失分。

（三）失分

当球为活球时，发生下列任何一种情况，均判为失分。

（1）发球方连续两次发球失误时。

（2）接发球方的球员在发球第一次落地前进行接球时。

（3）身体接触发球或还击球时。

（4）本方还击球第一落点在对方界内外的地面或其他固定物（球网除外）时。

（5）本方还击球触网后落入对方界内外的地面及固定物时。

（6）对方还击球在第二次触及地面（包括界外）及球网外的设备前未能将球还击过网时。

（7）本方还击时球拍触球后未能将球还击过网。

（8）球未过网前连续两次击球时。

（9）过网击球时，以触球点在球网另一侧上空为标准判断是否失分。

（10）对方还击球落入本方地面后又过网返回触及对方区域（包括对方界外的地面及固定物），在该种情况下，球在过网返回后尚在对方上空时，只要本方球员不与球网接触依然可以做出回击行为，根据回击行为判断是否失分。

（11）双打时接球方未按照规则进行接球。

（12）球员及其他穿戴物触网或触及对方界内时。

（四）压线球

落在线上的球为压线球，压线球为界内球。

（五）休息时间

（1）分与分之间，捡到球后直至发球，最长间隔为 25 秒。

（2）单数局结束交换场地时可休息 90 秒。

（3）每盘结束后可休息 120 秒。

注意，每盘的第一局结束后，交换场地时不能休息；在抢 7 分比赛中，当双方分数相加为 6 分时，要更换场地，该过程中不能休息。

四、场地规则

（一）球场

网球球场应为长 78 英尺（约 23.77 米）、宽 27 英尺（约 8.23 米）的矩形。球场被一条挂在中间的最大直径为 1/3 英寸（约 0.8 厘米）粗的绳索或钢丝绳上的球网分开。

（二）球网

球网粗绳索或钢丝绳最大直径为 1/3 英寸（约 0.8 厘米），网的两端应附着或挂在两个网柱顶端，网柱应为边长不超过 6 英寸（约 15 厘米）的正方形方柱或直径为 6 英寸（约 15 厘米）的圆柱。网柱不能超过网绳顶端 1 英寸（约 2.5 厘米）。每侧网柱的中点应距场地 3 英尺（约 0.914 米），网柱的高度应使网绳或钢丝绳顶端距地面的垂直距离为 3 英尺 6 英寸（约 1.07米）。

在单双打两用场地上，悬挂双打球网进行单打比赛时，球网应该由两根高度为 3 英尺 6 英寸（约 1.07 米）的"单打支杆"支撑，该支杆截面应是边长小于 3 英寸（约 7.5 厘米）的正方形方柱或直径小于 3 英寸（约 7.5 厘米）的圆柱。每侧单打支杆的中点应距单打边线 3 英尺（约 0.914 米）。

球网需要充分展开，以便能够有效填补两根支柱之间的空间，并有效打开所有网孔，网孔大小以能防止球从球网中间穿过为宜。球网中点的高度应为 3 英尺（约 0.914 米），并且用不超过 2 英寸（约 5 厘米）宽的完全是白色的网带向下绷紧固定。球网上端的网绳或钢丝绳要用一条白色的网带包裹住，每面的宽度应介于 2 英寸（约 5 厘米）到 2.5 英寸（约 6.35 厘米）之间。在球网、网带及单打支杆上都不能有广告。

（三）球场线

球场两端的界线为底线，两边的界线为边线。在距离球网两侧 21 英尺（约 6.4 米）的地方各画一条与球网平行的线，为发球线。

球网与每边的发球线和边线组成的场地再被发球中线分为两个相等的区域，为发球区。发球中线是一条连接两条发球线中点并与边线平行的线，线宽须为 2 英寸（约 5 厘米）。每条底线都被一条长 4 英寸（约 10 厘米）、宽 2 英寸（约 5 厘米）的发球中线的假定延长线分为相等的两部分，由一条短线分隔，该短线为中点，它与所处的底线呈直角相连，自底线向场内画。除底线的最大宽度不超过 4 英寸（约 10 厘米）外，所有其他线的宽度均应在 1 英寸（约 2.5 厘米）到 2 英寸（约 5 厘米）之间。所有的测量都应以线的外沿为准。

（四）永久固定物

网球场地上的永久固定物不仅包括球网、网柱、单打支杆、网绳、钢丝绳、中心带及网带，还包括以下永久固定物，如球场四侧的挡板、看台、环绕球场固定或可移动的椅子、观众，以及所有场地周围和上方的配套设施，还有处于各自预定位置的裁判员、司网裁判、脚误裁判、司线员和球童。（国际网球联合会说明：为使本规则充分执行，"裁判员"的含义为，坐在球场裁判席的裁判，以及所有在比赛中协助裁判执法的工作人员。）

如果广告位于球场后侧司线员的椅子后面，则广告中不能有白色或黄色。浅色只有在不干扰球员视线的情况下才允许使用。

第十一章 武术运动

第一节 武术运动的概述

武术运动是一项以技击为主要内容，以套路、格斗、功法为运动形式，同时注重内外兼修的中华传统体育项目。武术的内容包括套路运动和实战对抗运动，其内容丰富多彩，形式多种多样，风格独特。它具有强身健体、防身自卫、锻炼意志、陶冶性情、娱乐观赏、交流技艺、增进友谊的功能。武术运动也是一项具有广泛社会价值和民族文化特色的体育项目。

一、武术运动的起源与发展

武术运动的起源可追溯到古代人类的生产劳动。在原始社会生产力极为低下的情况下，人类社会主要以狩猎等原始的生产活动为生，并从中学会了徒手或使用木棒、石头等器具击打野兽的方法。这些击打的方法多是基于本能的、自发的、随意的身体动作，人们还不能有意识地把击打技能作为一种专门的练习项目，但这些击打技能却为武术的形成提供了一定的先决条件。在原始人类的生存竞争中，为争夺食物、领地或首领的地位，这些人与人的争斗，有力地促进了原始武术的形成。到了原始社会末期，各族部落之间有组织的战斗，更加速了原始武术的形成。人与人的战斗使得大量生产工具逐渐演变为互相残杀的武器，使用武器的技艺及战争所需的格斗技术也逐步从生产技术中分离出来，并沿着自身的规律向武术方向发展。因此武术的雏形随着时代的发展而逐渐改变。

历史上各个时期的武术都与当时的国情有着重要的关系。为了推动武术及民族体育的发展，于1953年在天津举行了全国民族形式体育表演及竞赛大会，武术成为这次大会的主要项目。1954年，部分高校的体育院系开始把武术列入正式课程。1957年，我国第一次把武术列为国家体育竞赛项目，之后，每年都举行全国性的武术比赛和表演。1958年，中国武术协会在北京成立，武术被正式定为表演项目，并在北京举办了由12个单位参加的武术表演大会，开始试行打分的评比方法。

全国性群众武术组织——中国武术协会也是中华全国体育总会领导下的单项运动协会之一。一般由中国武术协会发起组织武术体育竞技。此外，还设有国际武术联合会来推广武术，把武术当作竞技体育的一种，并组织国际"标准套路"比赛，国际武术联合会有142个成员协会。

二、武术运动的特点与作用

（一）武术运动的特点

1. 寓技击于体育之中

武术作为体育运动，技术上仍不失攻防技击的特性，而是将技击寓于格斗运动与套路运动之中。格斗运动集中体现了武术攻防的特点，在技术上与实用技击基本上是一致的，但是从体育的观念出发，它受到竞赛规则的制约，以不伤害对方为原则。如散打对武术中有些传统的实用技击方法做了限制，而且严格规定了击打部位和护具，短兵中使用的器具也做了相应的变化，而推手则是在特殊的技术规定下进行的竞技对抗。套路运动是我国武术的一个特有表现形式，不少动作在技术规格、运动幅度等方面与技击的原形动作有所变化，但是动作方法仍然保留了技击的特性。因连接贯串及演练技巧上的需要，穿插了一些不一定具有攻防技击意义的动作，然而就整套技术而言，主要的动作仍然是以踢、打、摔、拿、击、刺等为主，这些动作是套路的技术核心。

2. 内外合一，形神兼备的民族风格

既究形体规范，又求精神传意、内外合一的整体观，是我国武术的一大特色。所谓内，指心、神、意等心志活动和气息的运行；所谓外，即手眼身步等形体活动。内与外、形与神是相互联系统一的整体，它主要通过武术功法和技法来体现。"内练精气神，外练筋骨皮"是各家各派练功的准则，如太极拳主张身心合修，要求"以心行气，以气运身"，形意拳讲究"内三合，外三合"，少林拳也要求精、力、气、骨、神内外兼修。此外武术套路在技术上往往要求把内在精气神与外部形体动作紧密相合，做到"心动形随""形断意连""势断气连"。以"手眼身法步，精神气力功"八法的变化来锻炼心身。这一特点反映了我国武术作为一种文化形式在长期的历史演进中受我国古代哲学、医学、美学等影响很大，形成了独具民族风格的练功方法和运动形式。

3. 广泛的适应性

武术的练习形式和内容丰富多样，有竞技对抗性的散手、推手、短兵，有适合演练的各种拳术、器械和对练，还有与其相适应的各种练功方法。不同的拳种和器械有不同的动作结构、技术要求、运动风格和运动量，分别适应人们不同年龄、性别、体质的需求，人们可以根据自己的身体条件和兴趣爱好进行选择性练习。同时，武术对场地、器材的要求较低，俗称"拳打卧牛之地"，练习者可以根据场地的大小变化练习内容和方式，即使一时没有器械，也可以徒手练拳、练功。一般来说，武术受时间、季节限制也很小，较之不少体育运动项目，具有更为广泛的适应性。

（二）武术运动的作用

1. 提高素质，健体防身

系统地进行武术训练，对速度、力量、灵巧、耐力、柔韧等身体素质都有较高要求，人体各部位"一动无有不动"，几乎都参加运动，使身心都得到全面锻炼。实践证明，武术对外能利关节，强筋骨，壮体魄；对内能理脏腑，通经脉，调精神。武术运动讲究调息行气和意念活动，对调节内环境的平衡，调养气血，改善人体机能都十分有益。

2. 锻炼意志，培养品德

练武术对意志品质考验是多面的。练习基本功会不断克服疼痛关，"冬练三九，夏练三伏"，可培养坚持不懈的意志品质。套路练习要克服枯燥关，有助于培养刻苦耐劳、砥砺精进、永不自满的品质，并且有助于锻炼勇敢无畏、坚韧不屈的战斗意志。经过长期锻炼，可以培养勤奋、刻苦、果敢、顽强、虚心好学、勇于进取的良好习性和意志品德。

3. 交流技艺，增进友谊

武术运动蕴涵丰富，技理相通，入门之后会有"艺无止境"之感。群众性的武术活动，成为人们切磋技艺、交流思想、增进友谊的良好手段。随着武术在世界广泛传播，可促进与国外武术爱好者的交流。许多国家武术爱好者不仅喜爱武术套路，还喜爱武术散手，武术爱好者通过练武了解中国文化，探求东方文明。通过体育竞技、文化交流等途径，武术在与世界各国人民友好交往中发挥着越来越大的作用。

第二节　武术运动的基本功和基本动作

一、基本功

武术基本功是指从事武术运动所必备的体能、技能和心理品质，它包括一系列综合修炼人体内外各部分功能的方法和手段。这些方法和手段突出了武术运动的专项要求，注重在发展身体力量、柔韧、速度、耐力、灵敏等素质的同时，又注重对人体内脏功能及心智活动的提高，具有明显的内外兼修的作用。武术基本功主要包括臂功、腰功、腿功和桩功。

（一）臂功

臂功主要用于增强肩关节韧带的柔韧性，加大肩关节的活动范围，发展臂部力量，增强上肢的转绕能力和灵活性，为学习和掌握各种手法提供必要的条件。练习方法主要有压、转、撑、绕等。

（二）腰功

腰功主要用于发展腰部的柔韧性、灵活性和力量等素质，有助于加大腰部的活动范围。在手、眼、身法、步四个要素中，腰是较集中体现身法技巧的关键，同时腰又是贯通上下肢体的枢纽，所以，腰功的训练非常重要，有句谚语："练拳不活腰，终究艺不高。"练习腰功的方法主要有俯腰、甩腰、晃腰、拧腰、翻腰、涮腰和下腰七种。

（三）腿功

腿功主要用于发展腿部的柔韧性、灵活性和力量等素质。练习腿功的方法有压腿、扳腿、劈腿、踢腿和控腿等。

（四）桩功

桩功是武术基本功中最独特的锻炼形式，是一种以静站的方式锻炼气息、修养意念和增强力量的方法。桩功的桩式颇多，但从性质上可分为两种：一种是静中求动的桩功，在平静中求得气血和畅。练习时要心静人定，摒弃杂念，像"浑元桩"就属于这一种；另一种是动中求静的桩功，在动中求得气息的平静，借以除去浮躁之气，存以神清之气，使劲、气、神相合，像"马步桩"就属于这一种。但无论练习哪一种桩功，都必须做到姿势正确，意念平静，气息平和，气沉丹田。初练时站桩的时间不要过长，以 1～2 分钟为宜，而后再逐步延长时间。

二、基本动作

武术基本动作是指各种类型的、简单的、不可缺少的典型动作，它是学习复杂动作和发展难、新动作的基础。武术基本动作内容主要包括手形、手法、步法、腿法和跳跃动作。

（一）手形

手形主要有拳、掌、勾。

（1）拳：四指并拢卷握，拇指紧扣于食指和中指第二指节上。要求拳握紧、拳面平、直腕。

（2）掌：四指并拢伸直，拇指弯曲紧扣于虎口处。

（3）勾：五指第一指节捏拢在一起，屈腕。

（二）手法

手法是运用拳、掌、勾等手形，结合上肢冲、架、推、劈等运动方法所表现出的技法。手法的基本动作有冲拳、劈拳、推掌、亮掌、顶肘等。

（1）冲拳：开步站立，两脚之间的距离与肩同宽，两拳拳心向上抱于腰间，肘尖向后，挺胸、收腹、立腰、沉肩。转腰顺肩，将右拳从腰间向前猛力冲出，右拳与肩平，臂要伸直，力达拳面。当肘关节过腰后，前臂要内旋加速，同时左肘向后牵拉。眼向前平视，练习时左右交替进行。

（2）劈拳：两脚并步站立；两手握拳抱于腰间。左拳先由腰间向右经脸前向上摆起，然后左拳由上向左侧快速下劈，力达拳轮，臂伸直，拳眼向上（为抡劈拳），眼视左拳，接着屈臂收拳于腰间，再还原。拳自上向左（右）侧劈，为侧劈。拳自上向前劈，为前劈。抡拳劈击对方头、臂等部位，属进攻性拳法。

（3）推掌：两脚并步站立；两手握拳抱于腰间。右拳变掌，前臂内旋，并以掌根为力点向前猛力推击。推击时要转腰、顺肩，臂要伸直，高与肩平。同时左肘向后牵拉。练习时，可左右手交替进行。

（三）步法

步法练习主要用于增强腿部的速度和力量，以提高两腿移动转换的灵活性和稳固性。主要的步法有弓步、马步、虚步、仆步、歇步。

（1）弓步：并步站立，两拳抱于腰间，眼平视前方。左脚向前一大步（约为本人脚长的四五倍）。脚尖微内扣，左腿屈膝半蹲（大腿接近水平），膝与脚尖垂直。右腿挺膝伸直，脚尖内扣（斜向前方），全脚着地。上体正对前方，眼向前平视，两手抱拳于腰间。弓右腿为右弓步；弓左腿为左弓步。

（2）马步：并步站立，两拳抱于腰间，眼平视前方。两脚平行开立（约为本人脚长的三倍），脚尖正对前方，屈膝半蹲，膝部不超过脚尖，大腿接近水平，全脚着地，身体重心落于两脚之间，两手抱拳于腰间。

（3）虚步：并步站立，两拳抱于腰间，眼平视前方。两脚前后开立，右脚外展45°，屈膝半蹲，左脚脚跟离地，脚面绷平，脚尖稍内扣，虚点地面，膝微屈，重心落于后腿上。两手叉腰，眼向前平视。左脚在前为左虚步；右脚在前为右虚步。

（4）仆步：并步站立，两拳抱于腰间，眼平视前方。两脚左右开立，右腿屈膝全蹲，大腿和小腿靠紧，臀部接近小腿，右脚全脚着地，脚尖和膝关节外展；左腿挺直平仆，脚尖内扣，全脚着地。两手抱拳于腰间，眼向左方平视。仆左腿为左仆步；仆右腿为右仆步。

（5）歇步：并步站立，两拳抱于腰间，眼平视前方。两腿交叉靠拢全蹲，左脚全脚着地，脚尖外展，右脚前脚掌着地，膝部贴近左腿外侧，臀部坐于右腿接近脚跟处。两手抱拳于腰间，眼向左前方平视。左脚在前为左歇步；右脚在前为右歇步。

（四）腿法

腿法主要有直摆性和屈伸性两种腿法。直摆性腿法主要有正踢、斜踢、侧踢、外摆、里合、后撩（参照基本功的踢腿）；屈伸性腿法主要有弹腿、蹬腿、侧踹腿。下面主要讲解屈伸性腿法。

（1）弹腿：两腿并立，两手叉腰。右腿屈膝提起，大腿与腰平，右脚绷直。当提膝接近水平时，要迅速猛力挺膝，向前平踢（弹击），力达脚背。大腿与小腿成一条直线，且高与腰平，左腿伸直或微屈支撑，两眼平视。

（2）蹬腿：两腿并立，两手叉腰。与弹腿同，不同的是脚尖勾起，力点达于脚跟。

（3）侧踹腿：两脚并立，两手叉腰。两腿左右交叉，右腿在前，稍屈膝。随即右腿伸直支撑，左腿屈膝提起，左脚内扣，脚掌用力向左侧上方踹出，且高与肩平，上体向右侧倒，眼视左侧方。练习时，可左右腿交替进行。

第三节　武术运动的套路

下面以二十四式简化太极拳和咏春拳为例，介绍武术运动的套路。

武术（太极拳）

一、二十四式简化太极拳

（一）基本介绍

太极拳属于国家级非物质文化遗产，二十四式简化太极拳也称为简化太极拳，是国家体委（现为国家体育总局）于 1956 年组织太极拳专家吸取杨氏太极拳精华编串而成的。尽管它只有 24 个动作，但相比传统的太极拳套路来讲，其内容更显精练，动作更显规范，并且也能充分体现太极拳的运动特点。

（二）动作名称和要领

第一式：起势

左脚开立：左脚向左分开，两脚平行同肩宽。两臂前举：两臂缓慢向前举，自然伸直，两手心向下。屈腿按掌：两腿慢慢屈膝半蹲，同时两掌轻轻下按至腹前。起脚时先提脚跟，前脚掌先着地，轻起轻落。上举两臂时，不可耸肩，不要出现"折腕"。屈膝时收腰敛臀，上体保持正直，两掌下按时沉肩垂肘。

第二式：左右野马分鬃

（1）左野马分鬃：① 抱球收脚：上体稍右转，右臂屈抱于右胸前，左臂屈抱于腹前；成右抱球；左脚收至右脚内侧成丁步。② 弓步分手：上体左转，左脚向左前方迈出一步，成左弓步；同时两脚掌前后分开，左手心斜向上，右手按至右胯旁，两臂微屈。

（2）右野马分鬃：① 抱球收脚：重心稍向后移，左脚尖翘起外撤；上体稍左转，左手翻转在左胸前屈抱，右手翻转前摆，在腹前屈抱，成左抱球；重心移至左腿，右脚收至左脚内侧成丁步。② 弓步分手：与左野马分鬃相反。

第三式：白鹤亮翅

（1）跟步抱球：上体稍左转，右脚向前跟步，落于左脚后；同时两手在胸前屈臂抱球。

（2）虚步分手：上体后坐并向右转体，左脚稍向前移动，成左虚步；同时右手分至右额前，掌心向内，左手按至左腿旁，上体转正，眼平视前方。

第四式：左右搂膝拗步

（1）左搂膝拗步：① 收脚托掌：上体左转，右手经体前下落，至左腹前，上体右转，左手经体前向右抬起与肩同高，右手向右侧翻转掌心朝上，双手上下交替，左脚收至右脚内侧成丁步；眼视右手。② 弓步搂推：上体左转，左脚向左前方迈出一步成左弓步；左手经膝前上方搂过，停于左腿外侧，掌心向下，指尖向前，右手经肩上向前推出，右臂自然伸直。

（2）右搂膝拗步：① 收脚托掌：重心稍后移，左脚尖翘起外转，上体左转，右脚收至左脚内侧成丁步；右手经头前画弧摆至左前肩，掌心向下，左手向左上方画弧上举，与头同高，掌心向上；眼视左手。② 弓步搂推：与左搂膝拗步相同，但左右相反。

第五式：手挥琵琶

（1）跟步展臂：右脚向前收拢半步落于左脚后；右臂稍向前伸展。

（2）虚步合手：上体稍向左回转，左脚稍前移，脚跟着地，成左虚步；两臂屈肘合抱，右手与左肘相对，掌心向左。

第六式：左右倒卷肱

（1）右倒卷肱：① 退步卷肱：上体稍右转，两手翻转向上，右手随转体向后上方画弧上举至肩上耳侧，左手停于体前；上体稍左转；左脚提起向后退一步，脚前掌轻轻落地；眼视左手。② 虚步推掌：上体继续左转，重心后移，成右虚步；右手推至体前，左手向后，向下画弧，收至左腰侧，手心向上，目视右手。

（2）左倒卷肱：① 退步卷肱：与（1）中退步卷肱相同，但左右相反。② 虚步推掌：与（1）中虚步推掌相同，但左右相反。

第七式：左揽雀尾

（1）抱球收脚：上体右转，右手向侧后上方画弧，左手在体前下落，两手成右抱球状；左脚收成丁步。

（2）弓步拥臂：上体左转，左脚向左前方迈成左弓步；两手前后分开，左臂半屈向体前拥架，右手向下画弧按于左胯旁，五指向前，目视左手。

（3）转体摆臂：上体稍向左转，左手向左前方伸出，同时右臂外旋，向上、向前伸至左臂内侧，掌心向上。

（4）转体后捋：上体右转，身体后坐，两手同时向下经腹前向右后方画弧后捋，右手举于身体侧后方，掌心向外，左臂平屈于胸前，掌心向内，目视右手。

（5）弓步前挤：重心前移成左弓步；右手推送左前臂向体前挤出，两臂撑圆。

（6）后坐引手：上体后坐，左脚脚尖翘起，左手翻转向下，右手经左腕上方向前伸出，掌心转向下，两手左右分开与肩同宽，两臂屈收后引，收至腹前，手心斜向下。

（7）弓步前按：重心前移成左弓步；两手沿弧线推至体前。

第八式：右揽雀尾

（1）转体分手：重心后移，上体右转，左脚尖内扣，右手画弧右摆，两手平举于身体两侧，头随右手移转。

（2）抱球收脚：左腿屈膝，重心左移，右脚收成丁步，两手成左抱球状。

（3）弓步拥臂：与第七式中的弓步拥臂相同，但左右相反。

（4）转体摆臂：与第七式中的转体摆臂相同，但左右相反。

（5）转体后捋：与第七式中的转体后捋相同，但左右相反。

（6）后坐引手：与第七式中的后坐引手相同，但左右相反。

（7）弓步前按：与第七式中的弓步前按相同，但左右相反。

第九式：单鞭

（1）转体运臂：上体左转，左腿屈膝，右脚尖内扣；左手向左画弧，掌心向外，右手向左下方画弧至左肘前，掌心转向上，视线随左手运转。

（2）勾手收脚：上体右转，右腿屈膝，左脚收成丁步；右手向上、向右画弧，至身体右方变成勾手，腕高与肩平，左手向下、向右画弧至右肘关节前，掌心转向上，目视勾手。

（3）弓步推掌：上体左转，左脚向左前方迈出成左弓步；左手经面前翻掌向前推出。

第十式：云手

（1）转体松勾：上体右转，左脚尖内扣；左手向下、向右画弧至右肩前，掌心向内，右勾手松开变掌。

（2）左云收步：上体左转，重心左移，右脚向左脚收拢，两腿屈膝半蹲，两脚平行向前成小开立步；左手经头前向左画弧运转，掌心渐渐向外翻转，右手向下、向左画弧运转，掌心渐渐转向内，视线随左手运转。

（3）右云开步：上体右转，重心右转，左脚向左横开一步，脚尖向前；右手经头前向右画弧运转，掌心逐渐由内转向外，左手向下、向右画弧，停于右肩前，掌心渐渐翻转向内，视线随右手运转。

第十一式：单鞭

（1）转体勾手：上体右转，重心右移，左脚跟提起；右手向上、向右画弧，至右前方掌心翻转变勾手；左手向下、向右画弧至右肩前，掌心转向内，目视勾手。

（2）弓步推掌：与第九式中的弓步推掌相同。

第十二式：高探马

（1）跟步翻手：后脚向前收拢半步；右手勾手松开，两手翻转向上，肘关节微屈。

（2）虚步推掌：上体稍右转，重心后移，左脚稍向前移成左虚步；上体左转，右手经头侧向前推出；左臂屈收至腹前，掌心向上。

第十三式：右蹬脚

（1）穿手上步：上体稍左转，左脚提收向左前方迈出，脚跟着地；右手稍向后收，左手经右手背上方向前穿出，两手交叉，左掌心斜向上，右掌心斜向下。

（2）分手弓步：重心前移成左弓步，上体稍右转，两手向两侧画弧分开，掌心皆向外，目视右手。

（3）抱手收脚：右脚成丁步；两手向腹前画弧相交合抱，举至胸前，右手在外，两掌心皆转向内。

（4）分手蹬脚：两掌心向外撑开，两臂展于身体两侧，肘关节微屈，腕与肩平；左腿支撑，右腿屈膝上提，脚跟用力慢慢向前上方蹬出，脚尖上勾，膝关节伸直，右腿与右臂上下相对，方向为右前方约30°，目视右手。

第十四式：双峰贯耳

（1）屈膝并手：右小腿屈膝回收，左手向体前画弧，与右手并行落于右膝上方，掌心皆翻转向上。

（2）弓步贯拳：右脚下落向右前方上步成右弓步；两手握拳经两腰侧向上、向前画弧摆至头前，两臂半屈成钳形，两拳相对，同头宽，拳眼斜向下。

第十五式：转身左蹬脚

转体分手重心后移，左腿屈坐，上体左转，右脚尖内扣；重心右移，右腿屈膝后坐，左脚收至右脚内侧成丁步，两手向下画弧，举至胸前，左手在外，两手心皆向内；分手蹬脚：与第十三式中的分手蹬脚相同，但左右相反。

第十六式：左下势独立

（1）收脚勾手：左腿屈收于右小腿内侧，上体右转，右臂稍内合，右手变勾手，左手画弧至右肩前，掌心向右，目视勾手。

（2）仆步穿掌：上体左转，右腿屈膝，左腿向右前方伸出成左仆步；左手经右肋沿左腿内倒向左穿出，掌心向前，指尖向左，目视左手。

（3）弓步起身：重心移向左腿成左弓步，左手前穿并向上挑起，右勾手内旋，置于身后。

（4）独立挑掌：上体左转，重心前移，右腿屈膝提起成左独立步；左手下落按于左胯旁，勾手下落变掌，向体前挑起，掌心向左，高与眼平，右臂半屈成弧。

第十七式：右下势独立

（1）落脚勾手：右脚落于左脚右前方，脚前掌着地，上体左转，左脚以脚掌为轴随之扭转；左手变勾手向上提举于身体左侧，高与肩平，右手画弧摆至左肩前，掌心向左；目视勾手。

（2）仆步穿掌：与第十六式中的仆步穿掌相同，但左右相反。

（3）弓步起身：与第十六式中的弓步起身相同，但左右相反。

第十八式：左右穿梭

（1）右穿梭：① 落脚抱球：左脚向左前方落步，脚尖外撇，上体左转；两手呈左抱球状；② 弓步架推：上体右转，右脚向右前方上步成右弓步，右手向前上方画弧，翻转上举，架于右额前上方，左手向后下方画弧，经肋前推至体前，高与鼻平，目视左手。

（2）左穿梭：① 抱球收脚：重心稍后移，右脚尖外撇，左脚收成丁步，上体右转，两手在右肋前上下相抱；② 弓步架推：与右穿梭的弓步架推相同，但左右相反。

第十九式：海底针

（1）跟步提手：右脚向前收拢半步，随之重心后移，右腿屈坐，上体右转，右手下落屈臂提肘至耳侧，掌心向左，指尖向前，左手向右画弧下落至腹前，掌心向下，指尖斜向右。

（2）虚步插掌：上体左转向前俯身，左脚稍前移成左虚步，右手向前下方斜插，左手经膝前画弧掠过，按至左大腿侧，目视右手。

第二十式：闪通臂

（1）提手收脚：上体右转，恢复正直；右手提至胸前，左手屈臂收举，指尖贴近右腕内侧，左脚收至右脚内侧。

（2）弓步推掌：左脚向前上步成左弓步，左手推至体前，右手撑于头侧上方，两手分展，目视左手。

第二十一式：转身搬拦捶

（1）重心后移，右腿屈膝后坐，上体右转，左脚尖内扣，重心再转移至左腿上。同时右手向右、向下变为拳，经腹前画弧至左肋前，拳心向下，左掌上举于头前方，掌心斜向上，目视前方。

（2）重心在左腿，向右转体，右拳经胸前向前翻转撇出，高与胸平，肘部微屈。左手经右前臂外侧下落，按于左胯旁。同时右脚收至左脚踝关节内侧再向前迈出，脚尖外撇，目视右拳。

（3）身体重心移至右腿，左脚向前迈出一步。左手上起经左侧向体前平行画弧拦出，同时右拳翻转收到右腰旁，拳心向上，目视左手。

（4）上体左转，重心前移，左腿屈膝成左弓步，右腿蹬直。同时右拳从腰间向前打出，拳眼向上，高与胸平，左手附于右前臂内侧，掌心向右。目视右拳及前方。

第二十二式：如封似闭

（1）穿手翻掌：左手翻转向上，从右前臂下向前穿出，同时右拳变掌，翻转向上，两手交叉举于体前。

（2）后坐收掌：重心后移，两臂屈收后引，两手分开收至胸前，与胸同宽，掌心斜相对，目视前方。

（3）弓步按掌：重心前移成左弓步；两掌经胸前弧线向前推出，高与肩平，宽与肩同。

第二十三式：十字手

（1）转体扣脚：上体右转，重心右移，右腿屈坐，左脚尖内扣，右手向右摆至头前，两掌心皆向外，目视右手。

（2）弓腿分手：上体继续右转，右脚尖外撇侧弓，右手继续画弧至身体右侧，两臂侧平举，手心皆向外，目视右手。

（3）交叉搭手：上体左转，重心左移，左腿屈膝侧弓，右脚尖内扣，两手画弧下落，交叉上举成斜十字形，右手在外，手心皆向内。

（4）收脚合抱：上体转正，右脚提起收拢半步，两腿慢慢直立，两手交叉合抱于胸前。

第二十四式：收势

（1）翻掌分手：两臂内旋，两手翻转向下分开，两臂慢慢下落停于身体两侧，目视前方。

（2）并脚还原：左脚轻轻收回，恢复成预备姿势。

二、咏春拳

（一）基本介绍

武术（咏春拳）

咏春拳，是中国拳术中的南拳之一，是一种十分科学化和实用化的拳术。历史可以追溯到几百年前，咏春拳早年流传于广东、福建各地，近代咏春拳在广东省内的各个地区，已演变形成咏春拳支系，诸如佛山咏春拳、鹤山古老咏春拳以及由叶问带到香港流传的叶问咏春拳等等。叶问从佛山移居香港，教导出很多杰出的学生："咏春讲手王"黄淳梁、"功夫巨星"李小龙、"国际推广大使"梁挺等。世界各地的咏春拳馆绝大部分都是由叶问的门下和弟子所主持的。咏春拳现已成为外国人研习最多的中国拳术之一。咏春拳的发展目前被公认为"起于严咏春，衍于梁赞，盛于叶问"。咏春拳内容主要包括徒手套路小念头、寻桥和标指，以及木人桩法，难度和攻击力逐渐增强。器械套路有六点半棍法和八斩刀。实战对练有各种黐手练习。攻防实战中多采用闪身、贴身、紧迫和紧打，其特点是动作敏捷、快速，连消带打，攻守同时。咏春拳有着与其他武术相同的共性，也有着与其他武术不同的风格和特点：具有鲜明的中国传统文化特色；具有攻防再现性和表现性；具有多样统一的运动形式；具有整体统一的运动观念。咏春拳与其他武术拳种一样，训练强调内外俱练。经常练习咏春拳具有"壮内强外"的效果。锻炼咏春拳，既能提高攻、防、格、杀必备的体能，又能学得攻防技术，提高攻防技能，掌握防身制敌的本领，还能培养不怕困难、勇敢顽强的体育精神。咏春拳历来重视"武德"，以"尚武崇德"作为咏春拳教育的基本原则，培养学生养成尚武崇德的优秀品质。

（二）小念头套路

1. 预备式

双脚靠合立正，两手垂于两腿侧，眼向前望，舌顶上腭。

2. 立正抱拳

两手从两腿侧提起至胸侧，两手握拳，拳心向上，拳背向下，两臂稍微用力向后拉。

3. 正身二字拑羊马

两膝微屈，两脚掌向左右分开（以 45° 先分开两脚尖，后分开两脚跟，脚掌贴着地面，不可离地），挺胸收腹，收起臀部，臀部不可向后突出。

4. 下交叉耕手

双拳变掌向前交叉下插，左手在上，右手在下，掌背向上，掌心向下。

5. 上交叉摊手

上臂不动，屈肘将两前臂提起，并保持交叉之势，左手在内，右手在外，掌背向外，掌心向内。

6. 收拳

双掌握拳，一起收回至胸侧，两臂稍微用力向后拉，拳心向上，拳背向下。

7. 左日字冲拳

将左拳移至胸部中线，拳眼向上，拳头与胸口保持一个拳头位距离，向前直线冲出，至手臂伸尽时，左拳摊开向前穿，掌心向天，左掌以手腕为轴心，做一内圈手后握拳，将左拳收回胸侧。

8. 右日字冲拳

将右拳移至胸部中线，拳眼向上，拳头与胸口保持一个拳头的距离，向前直线冲出，至手臂伸尽时，右拳摊开向前穿，掌心向天，右掌以手腕为轴心，做一内圈手后握拳，将右拳收回胸侧。

9. 左摊手

左拳变掌，掌心向天，放松手腕，贴住胸侧，以肘底力慢慢依中线向前伸出，当伸至肘部与胸口距离一个拳头时稍停，左掌以腕为轴做一内圈手成护手（指尖向天，掌心向右），将左护手以肘底力慢慢回收于胸前（护手与胸口须保持一个拳头的距离）。

10. 左三伏手

放松左护手手腕成伏手，手背向外，掌指向右，以肘底力慢慢依中线向前推出，至肘部与胸口距离一个拳头时稍停，左伏手以腕为轴做一内圈手成护手，将左护手以肘底力慢慢回收于胸前。上述动作重复做三次。

11. 左横掌

将胸前左护手横推向右与肩齐，再收回胸前。

12. 左正掌

左掌依中线向前推出。

13. 标指、圈手、收拳

左掌手指向前直标成标指手，掌心向天，再以手腕为轴做一内圈手后握拳，将左拳收回左胸侧。

重复动作 9～13。不同的是，这次用右手练习。

14. 正身左按掌

左拳变掌沿身侧下按，掌心向地。

15. 正身右按掌

右拳变掌沿身侧下按，掌心向地。

16. 正身后双按掌

将双手提起至腰后，掌背贴腰，双掌往后撑，掌心斜向地。

17. 正身前双按掌

将双手提起至身前腹部，掌心斜向地，双掌往前斜向下撑，掌心斜向地。

18. 正身双拦手

双掌向内回收（使上臂和前臂成 90°），左手在上，右手在下，掌心向地，左掌在右肘上，右掌置于左肘下。

19. 左右拂手

双掌向左右同时打开，掌心向地。分开后两臂与身体成直线，双掌随即向内回收成双拦手，右掌置于左肘上，左掌停于右肘下，掌心向地。

20. 正身双扰手

双掌由上往下切，掌心互对，双手置于胸部中线位置。

21. 正身双窒手

双掌向内翻，掌背向天，翻掌时用肘底力将双手微向后收，手肘与胸部须保持一个拳头距离。

22. 正身双标指

双掌向前标出直插喉部，掌心向地。

23. 正身双按掌

双掌向下按，与腹部齐，掌心斜向地。

24. 正身双顶手

屈腕以手腕背向上顶，高及喉部，掌指向地。

25. 收拳

双掌变拳随即收回胸侧。

26. 左横掌

左拳变掌横推向右与肩齐，掌心向右。

27. 左镰手

左掌屈腕，掌指向地，手背向外，以弧形经胸前向左方扫去，停于左胸侧，掌指向左，掌心向右。

28. 左铲颈手

左掌向前方直线撑出，高及喉部，掌指向左，掌心斜向前。

29. 标指、圈手、收拳

左掌手指向前直标成标指手，掌心向天，高及喉部，再以手腕为轴心做一内圈手后握拳，将左拳收回左胸侧。

重复动作 26～29。不同的是，这次用右手练习。

30. 左摊手

左拳变掌，掌心向地，放松手腕，贴住胸侧，以肘底力慢慢依中线向前伸出，伸至肘部与胸口距离一个拳头时，将左掌向外翻成摊手，掌心向天。

31. 左耕手

左掌以斜线往左下方下格成左耕手，掌背向外，再将左掌由内而外向上转成摊手，掌心向天及取中线。

32. 左圈打

左摊手手掌向内圈至掌指向左，掌心斜向外，左掌继续向前撑打，高及喉部。

33. 标指、圈手、收拳

左掌手指向前直标成标指手，掌心向天，再以手腕为轴心做一内圈手后握拳，将左拳收回左胸侧。

重复动作 30～33。不同的是，这次用右手练习。

34. 左膀手

左拳变掌，放松手腕，左肘向前上提以弧形抛出，掌心向外，抛出后，上臂与前臂成 60°，左手腕在中线位。

35. 左摊手

左肘向内回卷成摊手，掌心向天，放松手腕及取中线。

36. 左底掌

左掌向外屈腕，掌心向外，掌指向地，再将左臂向前往上托出，高及喉部。

37. 标指、圈手、收拳

左掌手指向前直标成标指手，掌心向天，再以手腕为轴心做一内圈手后握拳，将左拳收回左胸侧。

重复动作 34～37。不同的是，这次用右手练习。

38. 左脱手

左掌往中线下方下格成耕手，手背向外，下格时左掌以斜线向中线下方标出，同时将右拳变为掌，掌心向天，轻贴于左肘上，再将右掌反转成掌背向天沿左前臂往下削，当右掌下削至左手腕时，左掌随即反转成掌心向外，然后将左臂往后收，再将左掌轻贴于右肘上，掌心向天。

39. 右脱手

将左掌反转成掌背向天沿右前臂往下削，当左掌下削至右手腕时，右掌随即反转成掌心向外，然后将右臂往后收，再将右掌轻贴于左肘上，掌心向天。

40. 左脱手

将右掌反转成掌背向天沿左前臂往下削，当右掌下削至左手腕时，左掌随即反转成掌心向外，然后将左臂往后收，再将左掌轻贴于右肘上，掌心向天。上述动作是一连串动作，中间不要停顿。

41. 左日字冲拳

将左掌变拳依中线向前直线冲出，尾指向下，右掌同时变拳回收于胸前中线，靠左肘部，尾指向下。

42. 右日字冲拳

右拳沿左前臂桥面向前直线冲出，尾指向下，左拳也同时回收于胸前中线，靠右肘部，尾指向下。

43. 左日字冲拳

左拳沿右前臂桥面向前直线冲出，尾指向下，右拳也同时回收于右胸侧。上述动作是一连串动作，中间不要停顿。

44. 立正收式

将左拳收回胸侧，双脚靠合立正收式。

（三）黐手

黐手是咏春拳独有的训练方法，包括单黐手训练和双黐手训练。黐手训练的基本动作包括：摊、绑、伏。这三个简单的基本动作就好比我们小时候玩石头、剪刀、布一样，三种动作意义不同，但相生相克。要想正确地学习黐手，必须有一位内行的师傅来指引，他会逐步地引导你感受黐手中劲力的正确流动。黐手是流动劲力的训练，以自己的手黐住对方的手，跟随对方手的动作，忘掉自己，让动作顺其自然地产生。通过协调地转动手臂，练习者便可逐渐感受到那股流动的能量。随着长期系统的练习，会慢慢发现内在劲力越来越像水一般流动，而其中的断点也越来越少。黐手不过是一种定型的训练方法，它本身并不是一种搏击方法，而是一种培养手臂灵敏的触觉、均衡感、方向感的方法。无论是单黐手，还是双黐手，初期基本都是摊绑伏手互相克制。只有通过长期练习才能形成条件反射。

1. 单黐手

一方用摊手占内门中线位，并保持逼迫向前的力度；另外一方为阻止其逼迫向前，就要用伏手在外门守住内门，并利用肘底力将中线封死。摊手一方想要进攻，就变为撑掌直攻面门。伏手的一方为避免斗力，就顺着掌的来势用窒手拖后，或用手腕转护手枕低拉后，把撑掌的目标往下带。撑掌的手臂去尽又被带离目标，上身就会空出唯一有可能受到攻击的位置，在对方发动攻击之前马上转为绑手冚位束桥，提前把空位封死。而在外门的伏手把对方的撑掌带离目标后，在撑掌去尽准备收回时，伏手就会感觉对方上门有空位，第一时间利用肘底保持控制收回的手的同时，顺着回收的方向出拳攻击。内门手撑掌被带离目标后，会发现自己上方门户大开，此时在没有受攻击时立刻将打出的掌转为绑手，把空位冚上，在对方伸展出击之前束对方的桥，让对方无法伸展。周而复始，从而形成利用知觉感应去互相克制、互相攻击的本能反应。

2. 双黐手

双黐手是双手同时并用，比单黐手要复杂些，双黐手的唯一难点在于要学会分心，两只手同时做不同的动作，同时还要分别应对对方两只手的不同动作。刚开始时会顾头不顾尾。但如果有一个有经验的师父指导，黐手时一步一步地带领你的手，很快就会掌握。一个有经验的师父等你熟练之后就会制造机会攻击你，让你习惯依靠知觉，不需思考便能自动冚位及翻手反制。或者有意做一些错误或斗力的动作，让你能够第一时间感应到并实时反击。

第四节　武术运动的实战对抗

下面以散打为例，介绍武术运动的实战对抗。

武术（散打）

一、基本介绍

散打是中国武术的对抗性民族传统体育运动项目，其源头可以追溯到原始武术时期。在长期生产斗争和军事斗争的社会实践中，慢慢积累起来的人与禽兽、人与人格斗的原始技法就是武术散打的源头。历史上有过不少关于相搏、手搏、交手、白打、打擂台、散手的记载，这是散打在不同历史发展时期的名称。1928 年和 1933 年，南京中央国术馆先后在南京公共体育馆举办了两届国术国考，其中散打被列为重点项目。1929 年，在杭州举行的全国性国术游艺大会，以及 1933 年在南京举行的全国运动会都设有武术比赛项目。1953 年，在天津举行的全国民族形式体育表演及竞赛大会上，武术散打曾被列为竞赛项目，从 1979 年年初国家体委开始启动对武术技击的研究，直到 1989 年武术散打正式成为全国的比赛项目。1991 年，在北京举行了首届世界武术散打锦标赛。1998 年，在泰国举行的第 13 届亚洲运动会上，武术散打被首次列为正式的比赛项目。2007 年，国际武术联合会又增加了武术散打世界杯的比赛。这些常规国际武术散打竞赛制度的建立，成为武术散打运动在世界上如火如荼发展的不竭动力。武术散打在不同的历史发展中，其技术、比赛规则各有不同，散打内容包括踢、打、摔（腿法、拳法、摔法）。"远用腿、近用拳、贴身靠摔拿"，就是对不同种类技法在什么样的情况下发挥作用的高度概括，每种技法之间是相生相克的，即拳法可破拳法，腿法可破腿法，摔法可破摔法。三个方面作为一个技法的整体综合使用，互相之间也是相生相克的。腿法可以克拳法，因为腿法作用距离长、力量大。踢、打、摔本身是一个互为循环、互为作用、互为制约的技术整体。在这个整体中，互相作用而衍生出来的无限的技巧，正是中国武术散打技法博大精深的精华所在。

散打有健身、修身、防身功能。它以武术"抱拳礼"的思想教育为先导，历来注重武德的培养，要求进入到尊师重情、兄弟友爱、守信立义、见义勇为、谦虚礼让、克己正身等高品位的人格境界。更为重要的是，在武术散打的训练和竞技中，能够亲身体验中华民族优秀传统武术文化的精神。艰苦的训练伴随着失败和伤痛，为了取得胜利必须付出艰苦，自然就能够培养吃苦耐劳、坚毅顽强、果敢拼搏的精神，通过与不同强手的对抗，能够克服懦弱、胆怯的心理，树立敢打敢拼、打之必胜的信念和胜不骄、败不馁、永不放弃的意志品质。

二、基本技术

（一）实战准备姿势

实战准备姿势是所有动作或实战开始前的基本站立姿势，分左脚在前和右脚在前两种。具体要求为：两脚前后开立，距离与肩宽接近，脚跟微微抬起，两膝微屈，重心在两腿中间，躯干微侧向对方，稍含胸拔背。一手握拳在前，肘关节弯曲略大于 90°，另一手握拳在后，小于 90°，后手拳略高于肩部。头部要求头正颈直，下颌内收，牙齿咬住，眼睛注视对方头部，余光环视对方全身。

（二）步法

步法动作并不难，难就难在使用不同的拳法、腿法时，需要不同的步法协调配合。步法结合技法的练习与运用，是提高散打运动水平的一个重要环节。

1. 上步

前脚不动，后脚超越前脚，向前迈步；使后脚变成前脚，前脚变成后脚。

2. 撤步

撤步与上步正好相反，后脚不动，前脚向后撤步；使后脚变成前脚，前脚变成后脚。

3. 前进步

前脚向前上步的同时，后腿随之跟进。进步以后不发出技法动作时，前脚上步多少，后脚就跟进多少，始终保持身体重心的稳定。进步后连接技法动作时，后脚根据不同的技法动作和不同的距离，需要跟进多少就跟进多少。

4. 后退步

后脚向后退步的同时，前脚随之后撤。后脚退步多少，前脚就后撤多少，始终保持身体重心的稳定。

5. 闪步

闪步是指向左侧或右侧平行移步。向左侧移动时左脚先动，右脚跟进；向右侧移动时右脚先动，左脚跟进。闪步可配合身体动作进行躲闪。

6. 换步

换步是指在原地前脚变成后脚，后脚变成前脚。换步的主要作用是将左脚在前的实战姿势变成右脚在前的实战姿势，或者是将右脚在前的实战姿势变成左脚在前的实战姿势。

7. 垫步

垫步主要用于蹬腿和踹腿，为了延长动作的攻击距离，支撑腿随着蹬腿和踹腿的惯性向前带动并跟进，起到"放长击远"的作用。

8. 疾滑步

疾滑步主要用于前鞭腿和前踹腿，在快速移动中进行主动进攻，距离可长可短。要求后脚快速向前脚滑动的同时，前脚完成踢腿的动作。

（三）拳法

拳法是武术散打技法中以中距离攻击对方为主的方法，主要用于攻击对方的头部，偶尔也攻击对方腹部。

1. 冲拳

（1）左冲拳：左实战姿势站立，右手不动，左手握拳，拳背向上，拳心向下，拳向正前方冲出，手臂伸直，高与耳平，拳背与手臂平行。冲拳发力时，闭嘴合牙，肩关节微微耸起并靠近左脸，髋关节微微向右拧，以保持身体重心的稳定。眼向前平视。

（2）右冲拳：动作与左冲拳相同，不同的是右手冲拳，只是髋关节拧动的方向相反；右拳打出的同时，左拳要收回左侧身体保护头部肋部。

2. 抄拳

（1）左抄拳：左实战姿势站立，左手臂外旋，拳心向上翻的同时手臂向下回收后，快速向前上方攻击。根据攻击的目标而确定抄拳发出的高度。对于前臂与上臂形成的角度，攻击距离近角度小，攻击距离远角度大。

（2）右抄拳：左实战姿势站立，右手臂外旋，拳心向上翻时，手臂向下略微回收后，快速向前上方攻击。

3. 贯拳

（1）左贯拳：左实战预备姿势站立，左手臂内旋的同时向前上方击。拳心向下，拳面向右，高与头平。对于前臂与上臂形成的角度，攻击目标距离近角度小，攻击距离远角度大。

（2）右贯拳：右实战预备姿势站立，右手臂内旋的同时向前上方攻击。拳心向下，拳面向左，高与头平。对于前臂与上臂形成的角度，攻击目标距离近角度小，攻击距离远角度大。

（四）腿法

腿法是武术散打技法中以中远距离攻击对方为主的方法，主要用于攻击对方的大腿部、躯干部，偶尔也攻击对方头部。

1. 鞭腿

鞭腿使用的范围比较广泛，既可以用于主动进攻，又可以用于防守反击。鞭腿攻击的目标可以分为上、中、下三个部分。高鞭腿主要攻击对方的头部，中鞭腿主要攻击对方的躯干，低鞭腿主要攻击对方的下肢。

（1）前鞭腿：左实战姿势站立，身体右转90°，前腿髋关节前送，大腿向前带动小腿，脚尖绷直，用脚背攻击对方。

（2）后鞭腿：左实战姿势站立，身体左转90°，后腿髋关节前送，大腿向前带动小腿，脚尖绷直，用脚背攻击对方。

2. 踹腿

踹腿属于反击性腿法，主要用于迎击对方出现的小动作或大动作。使用前腿时，用前踹腿攻击；使用后腿时，多用转身踹腿攻击。因为使用后腿向前踹腿，不但身体重心不容易稳定而且动作运行路线长、抵达目标慢，实战中用得很少。

（1）左右前踹腿：左实战姿势站立，左踹腿技术要求：身体右转 90°，左腿屈膝抬起，大腿尽量回收靠近腹部。大腿向前推动小腿，脚尖勾起与地面平行，脚心用力向正前方攻击。身体尽量直立，髋关节、大腿、小腿成一条直线。右踹腿技术要求：身体左转近 180°，右腿屈膝抬起，后面技术同左踹腿。

（2）转身后踹腿：左实战姿势站立，头领先向右转体 360°，身体右侧面向对方，头向右看注视对方，右腿经左腿前向上攻击对方的躯干或头部，脚尖勾起与地面平行，脚心用力，身体尽量直立，髋关节、大腿、小腿成一条直线。

3. 蹬腿

正蹬腿属于迎击性腿法。当对方向前上步进入到攻击距离的瞬间，或者对方使用拳法进攻自己的瞬间，用正蹬腿迎击对方的头部或胸部。转身后蹬腿属于反击性腿法。当对方闭势站立，用冲拳或前鞭腿进攻自己的瞬间，即刻用转身后蹬腿反击对方的躯干或头部。

（1）正蹬腿：左实战姿势站立，左腿（或右）屈膝抬起，大腿高抬尽量靠近胸部，脚尖上勾，大腿推动小腿，用脚底板迎击对方的头部或胸部。当脚底板接触对方时，髋关节迅速前送，脚尖绷直，身体微向后倾。

（2）转身后蹬腿：左实战姿势站立，头领先向右转体 360°背对对方，头向右看注视对方，右腿经左腿前向后、向上攻击对方的躯干或头部，腿伸直，脚尖朝下。

（五）摔法

摔法是武术散打技法中近距离攻击对方的方法。摔法与其他技法比较，不但动作方法多，而且同样一种方法使用的技巧变化也很多。

1. 挂腿

双方闭势站立，当一方进攻后，双方距离靠近，另一方进行提膝防守时，对方的前腿落在防守方的腿前，防守方马上使用前手及提膝的腿同时向相反方向用力，使对方身体失去平衡而倒地。

2. 夹颈过背摔

双方闭势站立，对方用右手冲拳时，左手抓住对方右手臂回拉，右脚上步背向对方的同时，右手夹住对方颈部，两腿下蹲弯曲使对方身体贴紧背部，头向左看，两腿伸直用臀部将对方身体上顶腾空，同时两手下压将对方摔倒。

3. 接腿压颈摔

双方闭势站立，对方用右鞭腿、蹬腿、踹腿攻击自己的躯干或头部时，左手抓住对方的右小腿，右脚向前上步接近对方的同时，右手按住对方的颈部，身体向右旋转，右手用力下按对方颈部使其倒地。对方用左鞭腿、蹬腿、踹腿进攻时，接腿压颈摔的动作同右腿，只不过是左右手和左右腿的动作方向相反。

4. 接腿涮腿摔

双方闭势站立，对方用右鞭腿、跆腿、踹腿攻击自己的躯干或头部时，两手在对方腿法的终点处抓住对方的踝关节，两手向自己身体的右下方回拉，拉至快接近地面时快速加力改变方向涮扯，致使对方倒地。对方用左鞭腿、蹬腿、踹腿进攻时，接腿涮腿摔的动作同右腿，只是左右手和左右腿的动作方向相反。

（六）防守技法

1. 后退法

后退法是对方发出拳法、腿法动作进攻时，利用撤步、后退步移动至对方动作止点的距离范围之外，避免对方击中自己所采取的措施。采用后退防守法需要注意两个问题：一是退步要及时、敏捷；二是后退的距离不能太远，离对方动作的止点之外越近越好。这样，对方在动作回收的过程中，可以方便自己发出反击动作。

2. 格挡法

格挡法是用手臂挡住对方的进攻动作，避免对方击中自己所采取的措施。格挡法主要用于防守对方的拳法，上肢屈肘肌肉收紧，保持一定的紧张度，格挡对方攻击动作的同时护住自己的头部。格挡法主要有向内格挡、向外格挡、向下格挡。

三、基本战术

（一）佯攻战术

佯攻战术是指采用假动作，有意给对方造成错觉，使对方上当后再进行真实进攻。在武术散打比赛中，佯攻战术是常用的战术形式之一。采用专门的假动作进行虚晃，指上打下、指下打上等声东击西方法，转移、分散对方的注意力，诱导对方产生某种动作反应。佯攻战术既能为自己的主动进攻创造条件，又能为防守反击创造出最佳的有利条件。

（二）多点战术

多点战术是指采用多种技法，进攻对方的多个部位，立体交叉不断变化进行全方位的攻击。在武术散打比赛中，多点战术和佯攻战术是最为常用的战术形式。采用各种拳法、腿法的直线或弧线动作，对对方的头部、躯干、下肢、正面、侧面进行变化性的全方位攻击，可以最大限度地用动作调动支配对方的注意力，使用多点战术要求头脑灵活、技术全面、动作敏捷，并且有较好的动作转换协调能力。

（三）直攻战术

直攻战术是指直接使用技法进攻对方。直攻战术的运用必须要有适宜的条件，当对方的反应速度、动作速度、位移速度没有自己快时，可以用直攻战术。当对方的反击能力弱，自己发出的进攻动作对方只有招架之功而没有还手之力时，可以用直攻战术。当对方的动作姿势状态出现明显的破绽时，可以用直攻战术。当对方的体力不支，发出动作的力量没有任何威胁时，可以用直攻战术。

（四）强攻战术

强攻战术是指强行突破对方的防守动作，连续不断地进攻对方。强攻并不是胡打乱拼、盲目蛮干，而是通过强攻这一战术手段扬己之长，实现打击对方的目的。强攻战术一般在出现以下情况时才能使用，当自己的力量、速度、耐力素质比较好，而技术及其比赛经验不如对方时，可以采用强攻战术打乱对方的阵脚，逼迫对方和自己硬拼；当对方的近战能力较差、心理素质较差、摔法能力较差时，可以采用强攻战术；当对方的耐力素质较差时，可以采用强攻战术。

第五节　武术运动的比赛规则

一、武术套路比赛评分规则

武术评分由裁判员根据规则，对临场发挥的技术水平进行评分，以 10 分为满分，采用减分的评分方法。

根据竞赛规则，将评分概括为 4 个方面的内容：① 对动作规格的评分；② 对劲力、协调的评分；③ 对精神、节奏、内容、风格、结构、布局的评分；④ 对其他错误的扣分。

其中①、④两项是对技术动作中出现的错误、失误和违例进行具体性扣分，即每出现一次即扣一次分；②、③两项是在整套演练中表现的功力、技巧上的不足的扣分，采用综合比较的方法。

（一）对动作规格的评分

对动作规格的评分是对整套比赛中的每个技术动作完成质量的评定。

一套完整的技术通常由"形"和"法"组成。"形"主要指各种手形、步形，"法"则指各种手法、腿法、步法、身法、眼法及器械方法。

对于一个动作中出现的多种错误，最多扣分不超过 0.3 分；当手形中习惯性错误多次出现时，根据规则，可将分数一次性扣除。

对动作规格的扣分，要求裁判边看边记，根据具体情况，实事求是地扣分。为适应快速多变的临场比赛，可预先设计一些简单的符号，便于眼见手记，把握每个瞬间，准确而无疏漏。

（二）对劲力、协调的评分

劲力是指技术动作中的表现能力。如用力是否顺达，发力是否完整，刚柔是否得当，定势时也有对劲力的要求，如长举中要内含劲力，动作散软是劲力不佳的表现。

协调是指运动中身体各部位相互间的配合及身体各部位与器械方法的配合。如上下要相合，手眼要相随，身与步、身与手配合要巧妙自如等。通常运动中身法的体现是评判协调功力的一个重要标志。

对劲力、协调的评分与动作规格的具象实扣不同，不仅要看在每个动作中的表现，更要纵观全局，整体评判，确定属于哪一个技术档次，并与相同档次的运动员进行比较，做相应的扣分。

对劲力、协调的评分，应将这两个方面综合起来进行，不要分割开来。

（三）对精神、节奏、内容、风格、结构、布局的评分

该类评分主要是对比赛中整套技术的演练技巧和编排技巧的评判。

精神是指内在心智活动的表现。如要求精神饱满、意识集中，具有攻防意向，有气势。通常面部神态和目光是表现精神的一个重要"窗口"。

节奏是指整套动作的时间变化，对动与静、快与慢的处理技巧。通常长拳节奏鲜明多变，南拳明快铿锵，太极拳柔缓均匀，但都应有节奏，平淡、杂乱的节奏处理是不当的。

内容评分依据是整套技术内容是否充实、丰富和全面，还要看是否属于武术动作。

风格是指整套技术演练的风貌和格调。评判中，首先要看对武术基本风格如何体现；其次看是否符合该项目的基本技术风格；最后还要看整套风格是否和谐一致，是否具有个性特征。

结构是指整体动作的衔接与编排，如结构是否合理、紧凑，衔接是否顺畅、巧妙，起伏转折是否连贯变化等。

布局是指整套动作的空间变化。如场地的运用是否合理、均衡，布局是否充实而富有变化。局限、偏重、呆板的布局应酌情扣分。

以上六个方面，不同的拳种项目有不同的特点和规律，评判中应注意各自的要求。

该类内容的评分方法与劲力、协调的评分方法基本一致，采用纵观全局、综合判断、整体比较，按档次评分的方法。

（四）其他错误扣分

其他错误是指在比赛中出现的技术性失误或技术违例。如中途退场，器械变形、折断、掉地、出界，失去平衡，起、收势不符合规定，动作组别不合规定、助跑不符合规定，时间不足或超出规定时间等等。

该栏目的扣分在 10 分中不占分值，若出现上述情况，则按情节酌情扣分，裁判长和裁判员应熟记各项条款和扣分标准，准确判断，及时记录，合理扣分。

二、武术散打的比赛规则

（一）可用方法

可以使用武术的拳法、腿法和摔法。

（二）禁用方法

（1）用头、肘、膝攻击对方或迫使对方反关节的方法。

（2）用迫使对方头部先着地的摔法或有意砸压对方。

（3）用任何方法攻击倒地一方的头部。

（4）在青少年比赛中，可禁止运动员使用腿法击打对方头部或用拳法连续击打对方头部。

（三）得分部位

头部、躯干、大腿。

（四）禁击部位

后脑、颈部、裆部。

（五）得分标准

1. 得 2 分

（1）一方下台，对方得 2 分。

（2）一方倒地，站立者得 2 分。

（3）用腿法击中对方头部、躯干，得 2 分。

（4）用主动倒地的动作致使对方倒地，而自己顺势站立者，得 2 分。

（5）被强制读秒一次，对方得 2 分。

（6）受警告一次，对方得 2 分。

2. 得 1 分

（1）用拳法击中对方头部、躯干，得 1 分。

（2）用腿法击中对方大腿，得 1 分。

（3）先后倒地，后倒地者得 1 分。

（4）被指定进攻后 5 秒内仍不进攻时，对方得 1 分。

（5）主动倒地 3 秒后不站立，对方得 1 分。

（6）受劝告一次，对方得 1 分。

3. 不得分

（1）使用方法不清楚，效果不明显，不得分。

（2）双方下台或同时倒地，不得分。

（3）使用方法主动倒地，对方不得分。

（4）抱缠时击中对方，不得分。

（六）犯规与罚则

1. 技术犯规

（1）消极搂抱对方。

（2）消极逃跑。

（3）处于不利状况时举手要求暂停。

（4）有意拖延比赛时间。

（5）比赛中对裁判员有不礼貌的行为或不服从裁判。

（6）上场不戴或吐落护齿，有意松脱护具。

（7）不遵守规定的比赛礼节。

2. 侵人犯规

（1）在口令"开始"前或喊"停"后进攻对方。

（2）击中对方禁击部位。

（3）以禁用方法击中对方。

（4）故意致使对方的伤情加重。

3. 罚则

（1）每出现一次技术犯规，劝告一次。

（2）每出现一次侵人犯规，警告一次。

（3）侵人犯规达三次，取消该场比赛资格。

（4）故意伤人，取消比赛资格，所有成绩无效。

（5）使用违禁药物或局间休息时吸氧，取消比赛资格，所有成绩无效。

（七）胜负评定

1. 优势胜利评定

（1）比赛中，双方实力悬殊，台上裁判员征得裁判长同意，判技术强者为该场胜方。

（2）比赛中，被重击倒地不起达 10 秒（侵人犯规除外），或虽能站立但知觉失常，判对方为该场胜方。

（3）一场比赛中，被重击强制读秒达三次（侵人犯规除外），判对方为该场胜方。

（4）一局比赛中，双方得分相差达 12 分时，判得分多者为该场胜方。

2. 每局胜负评定

（1）每局比赛结束时，根据边裁判员的评判结果，判定每局胜负。

（2）一局比赛中，受重击被强制读秒两次（侵人犯规除外），对方为该局胜方。

（3）一局比赛中，两次下台，对方为该局胜方。

（4）一局比赛中，双方出现平局时，按下列顺序判定胜负：受警告少者为胜方；受劝告少者为胜方；当天体重轻者为胜方。

第十二章　操舞类运动

第一节　健美操运动

健美操

一、健美操运动的起源与发展

健美操是一项融体操、舞蹈、音乐于一体，以身体练习为基本手段、以有氧运动为基础，能达到增进健康、塑造形体和健身娱乐目的的体育运动。它以独特的魅力和价值，深受广大青年学生及群众的喜爱。

1968年，美国太空总署医学博士库帕（Cooper）在为太空人创编体能训练动作的过程中，加入了音乐伴奏和配套服装。这一创新使得原本的训练动作变得更具观赏性和趣味性，很快引起了人们的广泛关注。库帕博士的这一创新不仅对太空人的体能训练有着重要的意义，也为后来的健美操运动奠定了基础。

现代健美操运动起源于20世纪80年代初，其英文原名"Aerobice"，意为有氧运动。20世纪80年代初，随着遍及全球的健身热和娱乐体育的发展，健美操以强大的生命力风靡世界。美国是对世界健美操的发展有着重要影响的国家，其代表人物——好莱坞影星简·方达根据自己的健身体会和经验，撰写了《简·方达健美术》一书，该书自1981年首次在美国出版以来，一直畅销不衰，并被译成20多种语言在30多个国家销售，对健美操运动在世界范围内的流行与发展起了巨大的推动作用。首届国际竞技健美操比赛由国际健美操联合会（IAF）于1983年举办，有近百名运动员参加。1990年，国际健美操冠军联合会（ANAC）成立，总部设在美国。国际体操联合会（FIG）从1995年开始，每年举办世界健美操锦标赛，每届比赛均有30多个国家、百名以上运动员参加。随着规则的修订，从2000年起，世界健美操锦标赛每逢偶数年举办一次。此外，健美操相关国际组织各成员国也会单独或联合举办各种世界健美操巡回赛和大奖赛，以扩大健美操在世界范围内的影响。近年来，有关机构正在积极为健美操成为奥运会项目而努力。

目前，国际上影响力比较大的健美操比赛有世界健美操锦标赛、世界健美操冠军赛和健美操世界杯赛。

健美操运动于20世纪80年代传入我国。为了推动健美操在我国的开展，北京体育学院（现在的北京体育大学）率先成立了健美操研究组，创编了"青年韵律操"，并迅速传遍全国各大高校。接着上海体育学院成立了健美操教研室，开设了健美操课程。1986年，北京体育大学健美操教研室编写的我国第一部《健美操试行教材》出版，此后全国许多高等院校开始将健美操课程列入教学大纲，成为备受学生喜爱的体育教学内容，这在全国范围内培养了大批的健美操骨干，为我国健美操运动的可持续发展打下了坚实的基础。1987年，我国第一家健美操健身中心——利生健康城成立，把健美操运动向大众推广。1987年5月，我国首届正式的竞技健美操比赛——"长城杯"健美操友好邀请赛在北京举办。

1992 年，我国相继成立了中国大学生健美操艺术体操协会和中国健美操协会。中国健美操协会是中国奥委会承认的全国性运动协会，该协会的成立使我国健美操运动进入一个有组织、有计划发展的新时期。

1995 年，我国首次派队参加了由国际体操联合会在法国举行的第一届世界健美操锦标赛；1997 年，我国又分别组队参加了在日本举行的 LAF 健美操世界杯赛、在意大利举行的第四届世界健美操锦标赛和在美国举行的 ANAC 世界健美操冠军赛。1997 年和 1998 年，中国健美操协会先后派出 8 人参加国际体操联合会组织的健美操国际裁判员培训班和国际健美操教练员培训班。国际交往的不断增多，一方面提高了我国竞技健美操运动水平，另一方面使我国竞技健美操步入了新的阶段。

1995—2001 年，中国健美操协会先后制定了《健美操活动管理办法》《全国健美操指导员专业技术等级实施办法（试行）》《全国健美操大众锻炼标准实施办法》等。这些举措对推动我国健美操运动的普及有重大意义，推动了我国健美操运动的快速发展。

我国每年都会举办很多健美操比赛，如全国健美操锦标赛、全国健美操冠军赛、全国大学生健美操锦标赛和全国全民健身操舞大赛。

二、健美操运动的分类、特点与作用

（一）健美操运动的分类

健美操运动的种类繁多，分类方法也各不相同，按照不同的目的和任务，可将健美操分为健身健美操、竞技健美操和表演健美操三大类。

1. 健身健美操

健身健美操是在音乐伴奏下，通过不同风格、形式的有氧组合或成套动作练习达到健身娱乐目的的运动项目。健身健美操是一种有氧运动，通常也称有氧健身操，它以健身娱乐为主要目的，通过健身健美操的锻炼可增进健康、塑造形体、焕发精神、愉悦身心。健身健美操的练习时间一般比较长，动作简单，节奏感强，运动强度中等，适合以健身为目的的各类人群。

2. 竞技健美操

竞技健美操起源于传统的有氧运动，是一种在音乐伴奏下，能够连续展示丰富多样高规格的操化动作、过渡连接动作和难度动作的运动项目。竞技健美操是根据特定的规则，按照规定的项目和要求，组织运动员进行训练和比赛，以竞赛取胜为目的的高水平竞技运动。国际体操联合会举办的世界健美操锦标赛所设的正式比赛项目有竞技健美操项目与有氧项目。竞技健美操项目包括男子单人操（IM）、女子单人操（IW）、混合双人操（MP）、三人操（TR）和五人操（GR）。有氧项目包括有氧舞蹈（AD）和有氧踏板操（AS）。

国际上较大规模的竞技性比赛有国际体操联合会组织的世界健美操锦标赛；国际健美操冠军联合会组织的世界健美操冠军赛；国际健美操联合会组织的健美操世界杯赛等。我国正式的大型竞技健美操比赛有全国健美操锦标赛、全国健美操冠军赛。

3. 表演健美操

表演健美操是根据不同目的、任务、场合、要求、表演者等情况，以健美操动作为主要素材进行编排，并在各种节日庆典和宣传活动中表演的一种运动项目。它是体育艺术表演作品的主要内容之一，其目的是通过表演来展示健美操的魅力、价值和活力，使观众在观赏中陶冶情操、愉悦身心，同时也起到宣传和推广健美操的作用。表演健美操的成套动作时间一般为 3～6 分钟，内容可根据表演的任务、性质和需要进行相应的创编，其创编的自由度比较大，形式不受限制，风格多元化。表演动作选择可易可难，为了表演更具观赏性，应尽量减少重复和对称动作。表演人数可根据要求和场地大小进行相应调整，表演者可通过运用音乐、服装、轻器械和一些风格化的舞蹈动作达到烘托气氛、感染观众、增强表演效果的目的，是健美操艺术化、社会化应用的一种具体表现。表演健美操主要分为以下三种：健身表演类健美操、艺术表演类健美操、技巧表演类健美操。

（二）健美操运动的特点

1. 高度艺术性

健美操的艺术性主要体现在其"健、力、美"的项目特征上，"健、力、美"即"健康、力量、美丽"是人类一直以来追求的身体状况的最高境界，而在健美操运动中，无论是健身健美操、竞技健美操还是表演健美操，都处处表现出"健、力、美"的特征。健美操运动讲究造型美，动作美观大方，朝气蓬勃有力度，包含高度的艺术性因素，这使健美操不同于其他运动项目，也是人们喜爱健美操运动的原因之一。健美操运动动作协调、流畅、有弹性，不仅使练习者锻炼了身体、增强了体质，而且从中得到了美的享受，提高了艺术修养。健美操运动员在比赛中表现出的健美的身材、高超的技术、流畅的编排和充沛的体力等，往往给观众留下深刻的印象。

2. 强烈的节奏感和韵律感

健美操是在节奏鲜明、旋律感的音乐伴奏下进行的身体练习，所以整套健美操动作都具有明显的节奏感和韵律感。健美操音乐的特点是节奏强劲有力、旋律动感，具有烘托气氛、激发人们情绪的作用。音乐是健美操运动不可缺少的组成部分，健美操运动之所以深受人们喜爱，除动作的时尚感外，很重要的因素之一是动感的音乐节奏给健美操带来了活力。现代医学认为：音乐能使人分泌一些有益于健康的激素、酶、乙酰胆碱等活性物质，从而调节血流量和神经细胞活性，改善机体内在功能，提高身体健康水平。

除了艺术性和节奏感、韵律感，健美操还具有广泛的适应性。健美操内容丰富，练习形式多样，运动量可以灵活调控，对场地器材、环境、气候条件的要求不高，因此适宜于各个年龄层次、不同性别、不同体质、不同技术水平的人。各种人群都能从健美操运动中找到适合自己的练习内容和形式，从中得到乐趣。

（三）健美操运动的作用

1. 强身健体，增进健康

健美操运动是以有氧运动为基础的。有氧运动能够很好地提高人体心肺功能，经常参加健美操运动可以增强心血管功能，使心肌增厚、心腔容量增大、血管弹性增强、心搏有力、心脏泵血量增加，从而提高心脏的功能，提高全身供氧量；使呼吸肌变得有力，肺通气量显著增大，增强有氧代谢能力，对增强耐力有很大帮助。长期坚持健美操运动可以有效地避免心血管疾病和呼吸系统疾病等。经常参加健美操运动还可以使肌肉力量增强，使韧带、肌腱等结缔组织富有弹性，提高关节的灵活性；可以提高身体协调性，因为健美操运动的一系列动作都是由上肢、下肢及躯干共同协调完成的，要求动作优美、协调一致，因此对提高身体的协调性有特别明显的作用；可以增强消化系统的功能，使消化液的分泌增加，营养吸收速度加快；可以改善肾脏的血液供应，提高肾脏排出代谢废物的能力；可以加快皮肤血液循环，促进新陈代谢，加强皮肤对冷热的适应能力，从而达到强身健体，增强抵抗力的目的。

2. 塑造形体，提升气质

塑造形体主要包括两个方面，即塑造体态（姿态）和塑造体型。体态主要是指身体各部位所表现出来的外部形态，受后天影响较大；体型主要是指整个身体的形状，即全身各部位之间的比例及各肌群的大小，相比较而言，遗传因素起到决定作用。健美操运动对站姿、坐姿、走姿都有着严格要求，练习者在整个练习过程始终要保持良好的体态，而良好的体态是形成优良气质的重要因素。健美操运动持续时间较长，运动量大，且动作姿态优美，讲究力度、幅度，走跑跳跃动作贯穿始终，可以消除多余的脂肪，发展某些局部肌肉，塑造健美形体，培养端庄仪态和良好气质。

3. 舒缓压力，娱乐身心

随着社会的发展和人们物质生活水平的不断提高，人们在享受高科技所带来的舒适生活和各种便利的同时，也承担着来自各方面的精神压力。研究表明，长期的精神压力不仅会引起各种心理疾病，同时也会诱发许多身体疾病，如高血压、心脏病、癌症等。健美操运动对心理健康能起到积极的促进作用，人们在动感、欢快的旋律中进行健美操锻炼，可以陶冶情操，放松心情，排除心理上的紧张与烦恼，尽情享受健美操运动所带来的欢乐，从而缓解精神压力，使身心得到全面调节，获得更好的心态。人们在强身健体的同时得到了一种精神享受，满足了人们的心理需求。

4. 增强社交能力，提高艺术素养

目前，无论是在国内还是在国外，人们大多去健身房参加健美操锻炼，在健美操教练带领和指导下进行集体练习。而参与者来自社会各阶层，大家共同锻炼，一起交流锻炼心得，因此，健美操运动不仅扩大了人们的社会交际面，还增强了社交能力。健美操运动是在音乐伴奏下进行的，动作造型优美，经常观赏健美操比赛、表演及进行健美操锻炼还可以增强人的韵律感、节奏感，提高人的音乐素养，培养人认识美、鉴赏美、表现美甚至创造美的能力。

三、健美操运动的基本动作

健美操运动的基本动作主要由基本步法和上肢动作两部分组成。

（一）基本步法

基本步法是动作组合的最小单位。健美操的所有步法按冲击力分为三种：无冲击力动作、低冲击力动作和高冲击力动作。而根据动作完成形式的不同，又可将基本步法分为五类：交替类、迈步类、点地类、抬腿类、双腿类。

下面介绍一些在健美操运动中比较常见的基本步法，按照冲击力的分类对各个动作进行说明。

1. 无冲击力动作

（1）半蹲（Squat）：两腿有控制地屈和伸。技术要点：分腿半蹲时，两脚左右分开稍宽于肩（或与肩同宽），脚尖稍外开，屈膝时关节角度不得小于90°，膝关节对准脚尖方向，臀部向后45°方向下蹲，上体保持直立。

（2）箭步蹲（Lunge）：两腿前后分开，两脚平行站立；蹲下、起来。技术要点：半蹲时，后腿膝关节向下，大腿垂直于地面；重心始终在两脚之间。

2. 低冲击力动作

（1）踏步（March）：两脚原地依次抬起、落地。技术要点：在落地时，踝、膝关节依次有弹性地缓冲。

（2）走步（Walk）：迈步向前走四步或向后退四步。技术要点：向前走时，脚跟先落地，过渡到全脚掌；向后走时则相反；在落地时，膝、踝关节有弹性地缓冲。

（3）一字步（Easy Walk）：一脚向前一步，另一脚并于前脚，然后再依次还原。技术要点：向前迈步时，脚跟先着地，过渡到全脚掌；前后均要有并步过程；每一拍动作的膝关节都始终有弹性地缓冲。

（4）V字步（V Step）：一脚向前侧迈出，另一脚随之向另一侧迈一步，成两脚开立，屈膝，然后再依次退回原位。技术要点：两腿膝、踝关节始终保持弹动状态，分开后成分腿半蹲，重心在两脚之间。

（5）漫波步（Mambo）：一脚向前迈出，屈膝，重心随之前移，另一脚稍抬起，然后原地落下；或者向后撤一步，重心后移，另一脚稍抬起，然后原地落下。技术要点：两脚始终保持交替落地，身体重心随动作前后移动，但始终在两脚之间。

（6）并步（Step Touch）：一脚迈出，另一脚随之并拢屈膝点地；再向反方向迈步。技术要点：两膝放松并始终保持弹动。

（7）侧交叉步（Grapevine）：一脚向一侧迈一步，另一脚在其后交叉，随之再向一侧迈一步，另一脚并拢，屈膝点地。技术要点：第一步脚跟先落地，身体重心快速随着脚步移动，保持膝、踝关节的弹动。

（8）脚尖点地（Touch Tap）：一腿稍屈膝站立，另一腿伸出脚尖或脚跟点地。技术要点：支撑腿始终保持屈膝站立，并随动作有弹性地屈伸。

（9）迈步点地（Step Tap）：一脚向一侧迈一步，两腿经屈膝移动重心，另一脚用脚尖或脚跟点地。技术要点：两膝同时有弹性地屈伸，重心移动轨迹呈弧形；上体不要扭转。

（10）迈步吸腿（Step Knee）：一脚迈出一步，另一腿屈膝抬起，然后向反方向迈步。技术要点：经过屈膝半蹲，抬膝时支撑腿稍屈膝。

（11）迈步屈腿（Step Curl）：一脚迈出一步，另一腿后屈，然后向反方向迈步。技术要点：经过屈膝半蹲，支撑腿稍屈膝，后屈腿的脚跟靠近臀部。

（12）踢腿（Kick）：一腿稍屈膝站立，另一腿加速上摆，然后还原。技术要点：腿上摆时不需要很高，要有控制，保持上体正直。

3. 高冲击力动作

（1）弹踢腿跳（Lick）：一腿站立（跳起），另一腿先向后屈，然后向前下方弹踢，还原。技术要点：腿弹出时要有控制，保持上体正直。

（2）后屈腿（跳）（Leg Curl）：一腿站立（跳起），另一腿向后屈膝，放下腿还原。技术要点：支撑腿保持弹性，两膝并拢，脚后跟靠近臀部。

（3）开合跳（Jumping Jack）：由并腿跳起，分腿落地；然后，再由分腿跳起，并腿落地。技术要点：分腿屈膝蹲时，两脚自然外开，膝关节沿脚尖方向屈，膝关节夹角不小于90°，脚跟落地。

（4）并腿跳（Jump）：两腿并拢跳起。技术要点：落地缓冲要有控制。

（5）分腿跳（Squat Jump）：分腿站立屈膝半蹲，向上跳起，分腿落地屈膝缓冲。技术要点：屈膝半蹲时，膝关节夹角不小于90°，注意身体控制。

（二）上肢动作

在完成基本步法的基础上，加入不同的上脚动作会使动作变得丰富多彩，还可提高动作的强度和难度，也有助于提高身体的协调性和灵活性。下面介绍几种常用的手形和手臂动作。

1. 常用手形

（1）并掌——五指伸直并拢，拇指微屈。

（2）开掌——五指用力伸直张开。

（3）立掌——五指伸直并拢，手掌用力上翘。

（4）花掌——五指用力，小指内收，无名指、中指开掌，拇指和食指向外张开。

（5）拳形——握拳，拇指在外。

2. 手臂动作

（1）举——臂伸直向某方向抬起。

（2）屈臂——前臂与上臂角度不断减小。

（3）伸臂——前臂与上臂角度不断增大。

（4）屈臂摆动——屈肘在体侧自然摆动。

（5）上提——直臂或屈臂由下至上提起。如屈臂前提、直臂侧提。

（6）下拉——臂由上举或侧上举拉至身体两侧。

（7）胸前推——立掌，臂由肩部向前推。

（8）冲拳——屈臂握拳，由腰间猛力向前冲出。

（9）肩上推——立掌，屈臂由肩部向上推。

（10）摆动——以肩关节为轴，手臂在 180°以内运动。

（11）绕和绕环——以肩关节为轴，手臂在 180°～360°的运动为绕；大于 360°以上的圆周运动为绕环。

（12）交叉——两臂重叠成 X 形。

在进行上述上肢动作练习时，应注意肌肉发力的方式和方法，使动作富有弹性，避免上肢动作过于僵硬。

四、健美操运动的基本技术

健美操运动的基本技术主要有落地技术、弹动技术、半蹲技术和身体控制技术。所有这些技术的要求都是从保证安全的角度出发的，其中落地技术、弹动技术、半蹲技术实际上是紧密联系在一起的。正确掌握这些技术不仅可以使动作更美观，而且还可以预防运动损伤。

（一）落地技术

健美操的落地技术主要指的是落地缓冲技术。落地时，由脚跟着地过渡到前脚掌着地或由前脚掌着地过渡到脚跟着地，然后迅速屈膝屈髋缓冲。所有动作在瞬间依次完成，以减小地面对人体的冲击力。同时躯干和手臂保持良好的姿态，全身肌肉用力以保持动作的稳定。

每个落地动作都要有一个"全脚掌"着地的过程，以避免小腿肌肉始终处于紧张状态，负担过重会引起胫骨或腓骨骨膜炎和肌肉过度疲劳或拉伤。

（二）弹动技术

健美操的弹动技术是健美操最重要的基本技术之一，体现了健美操的最基本特征，是其区别于其他运动项目的重要因素之一。

弹动技术主要是依靠踝关节、膝关节、髋关节屈伸来完成的。其主要目的是减少运动对关节的冲击力，从而减少人体运动损伤。值得注意的是，在屈伸的过程中，加强腿部肌肉协调用力能力才能有效地防止损伤，才能做出流畅的弹动动作。

弹动技术的练习方法：首先，从踝关节的屈伸动作开始练习，通过提踵练习来提高踝关节的屈伸能力，即双脚并拢伸直，身体正直，反复立踵、落踵。然后，在充分掌握了踝关节的屈伸之后，再进行膝与髋关节的弹动练习，即双脚分开，屈膝半蹲，膝关节不要超出脚尖的位置，同时髋关节稍屈。当这两部分动作熟练掌握后，可以把两部分连起来，使之形成完整、流畅的弹动动作。

（三）半蹲技术

无论是落地技术还是弹动技术，都要求膝关节弯曲缓冲，都与半蹲技术有着紧密的联系。

半蹲技术要求上体保持正直，臀部向后 45°，身体重心在两腿之间，起落要有控制，膝关节弯曲的角度不得小于 90°，膝盖与脚尖同方向，并且膝盖的垂线不能超过脚尖。

（四）身体控制技术

1. 身体姿态的控制

健美操的身体姿态是根据练习的安全性和现代人的人体与行为美的标准而建立的，在非特殊条件下的运动过程中，正确的身体姿态是头稍稍抬起，向上顶，两眼平视，两肩下沉，挺胸，收腹，立腰，提气。

正确的身体姿态是最基本的动力定型，是建立准确的本体感觉的第一步，是表现健美操"美"的关键。

2. 操化动作的控制

操化动作的控制是指操化动作的肌肉发力与控制。在健美操的操化动作中，要求肢体迅速运动到准确的位置，并且肌肉用力将肢体瞬间控制在指定位置上。

操化动作的控制应使动作有力而不僵硬，松弛而不松懈。操化动作的控制是表现健美操"力"的关键。

五、健美操的创编

（一）健美操的创编原则

1. 根据组操的目的、任务、对象、特点进行编排

健美操能增进健康，娱乐身心，培养正确的姿态，塑造美的体形，陶冶美的情操。但具体到某一套操，其具体目的又会有所侧重，创编的要求也不尽相同。在创编任何一套健美操时，都必须考虑练习者的具体情况，要针对不同练习者的生理、心理特点，来确定总体构思、风格和动作内容。

2. 坚持全面发展身体

在创编健美操时，必须坚持全面发展身体的原则。为了达到增进健康的目的，编排的动作涉及身体各个部位、各个器官系统的机能，以及身体整体素质，使之能得到全面、协调的发展。另外，在创编健美操成套动作时，在动作设计上要讲究对称，即动作的结构、身体各部位的活动、练习方式等方面应是对称的，同时动作变化要丰富，这样有助于身体全面发展。

3. 合理安排动作顺序和运动量

在安排成套健美操的顺序和运动量时，主要应考虑练习者的具体情况，应符合人体

运动的合理的生理曲线要求，动作幅度由小到大，动作速度由慢到快，动作强度由弱到强，由局部到整体，使心率变化由低到高，呈波浪形逐步发展，并且在出现最高心率后，能恢复到平静状态。另外，在安排运动量时，还要考虑练习者的年龄、性别和实际承受能力。

4. 精心设计动作，使之有独特风格和特点

健美操的动作设计是创编整套动作的重要一步，在进行单个或组合动作设计时，除了参考平时积累的各种素材，还要精心设计每个动作，要考虑动作的幅度、速度、节奏、数量和形式，力求动作简单易学、造型美观、富有弹性、结构合理、讲求实效，整体动作要连贯，活而不乱，符合总体构思。

5. 选配音乐要考虑其风格、韵律及内在结构特点

音乐是健美操的灵魂。如果失去灵魂，健美操将失去其价值和意义。因此，在选配音乐时，要考虑音乐的各种特点，使动作和音乐巧妙结合。

6. 根据比赛规则要求进行编排

竞技健美操要根据比赛规则的要求进行编排。比赛规则对每套动作的时间、难度等均有严格的规定。

（二）健身健美操的创编

成套健身健美操由音乐、动作和编排三个要素组成。在成套健身健美操动作中，如果说音乐是灵魂，动作是躯体，那么编排就是经络，编排是套路成型的关键，是成套动作质量的保证，是衡量成套健身健美操价值的重要指标。

1. 音乐

健身健美操是在音乐伴奏下，富有节奏的运动项目。音乐是健身健美操的灵魂，它不仅起到烘托作用，同时也能表现健身健美操的特点，增强感染力。音乐的使用使健身健美操这项运动变得有声有色，音乐能让动作力度及练习者的激情和表现力得到很好的诠释。节奏欢快、韵律动感的音乐，能更好、更有效地激发练习者的锻炼欲望和热情，对锻炼氛围的营造起到不可或缺的作用。同时，主题明晰、乐感强烈的音乐，有助于练习者根据音乐的变化更好地掌握动作和记忆动作顺序。音乐的高低、长短、强弱、快慢等有节奏的变化，使健美操更有韵律。好的成套动作一定离不开节奏感强的音乐，并有与之相符的风格特点。

（1）音乐的选择与编辑。音乐的选择直接影响健美操的风格、结构、节奏和速度，音乐选配得当容易激发编操者的创作灵感和练习者的锻炼激情。

音乐的选择要体现健美操运动的特点：健美操是"健、力、美"的统一体，选配音乐时要体现美与力的结合。音乐旋律要动听，力求新颖、丰富多变、节奏鲜明。好的音乐不仅有助于构建成套动作的结构与节奏，同时还有利于动作主题的表达。

音乐风格和成套动作的表演风格一致：这样可提升成套动作创编质量，同时增强与突出成套动作的表演效果。还有利于练习者在诠释音乐时，更好地展示出音乐的节奏、速度及与节拍的一致程度，用肢体动作演绎出音乐的流畅、结构、强度和激情。

音乐速度的选用：健美操的音乐速度通常以 10 秒为单位作为设计动作速度的标准。健身健美操一般要求音乐时长在 2 分 30 秒到 3 分之间，速度建议在每 10 秒 22 拍到 26 拍，充分体现健身健美操的有氧性及健身性。相比之下，较快节奏的音乐更容易提高一套动作的活跃性和感染力。

成套音乐的编辑必须是高质量的：不论是原创音乐还是改编音乐，都要避免过度使用重音，使旋律成为背景；成套音乐的合成剪辑不能出现卡音，剪辑要流畅连贯，有清晰的开始和结束，巧妙地使用音效，使其犹如一个完整的音乐片段。选择音乐时应注意不同乐段的内容，旋律有高低起伏，避免音乐形式的单一。为配合成套动作的操化单元，建议使用完整 8拍的乐段，以提高操化的辨认度。

（2）音乐的运用。乐感是指表演者诠释对音乐的理解，展示音乐的节拍与速度，同时运用肢体语言展现音乐的流畅、结构、强度及激情的能力。成套动作的创编与所选音乐的理念要一致，成套动作的风格与所选音乐要完美契合，所有动作必须与所选音乐完美统一。在成套动作创编过程中，必须根据音乐特色和练习者个性特点进行设计，操化单元必须与音乐的主题高度契合。手臂动作需遵从创编风格，在完成操化单元的过程中，头部与躯干的动作也要符合创编风格。音乐风格必须与练习者表演所呈现出的个性特点和风格相一致，练习者必须通过身体语言来表现音乐。成套创编应与音乐的节奏、重拍和乐段一致，避免成套音乐只作为音乐背景使用。

2. 动作设计

（1）针对大学生生理、心理特点选择动作。在校大学生一般年龄为 18～24 岁，因此在编排动作时，应选择一些刚劲有力、健美大方、富有朝气、积极快速、幅度较大、舞蹈因素多、时代特点突出及有明显锻炼价值的动作。同时，造型动作要新颖、独特、多变、有趣、奔放。在设计动作时应考虑学生的实际水平，除包括基本动作外，还可设计一些使学生通过努力都能完成的动作，增加挑战性，但要做到有一定难度的同时又能接受。

（2）借鉴相关项目，内容设计要突出特色。动作编排应有机结合舞蹈、体操等一些相关项目艺术，创造性地编排出既刚又柔、协调流畅的动作。此外，在设计动作时考虑加入健美操中的一些风格操，如拉丁健美操、街舞等动作来渲染整套操，但是此内容和所占时间不宜过多，要起到画龙点睛的作用，设计做到有特色。

（3）结构设计。当想要创编一套操时，先要根据这套操所需要达到的目的，确定这套操的核心动作、风格动作，然后配合所选音乐进行反复分析，确定这套操的表现风格，包括安排多少难度动作、多少操化动作、多少造型动作，集体项目还应考虑队员间有多少配合动作等，勾勒出成套动作的整体结构和框架。如果有了比较清晰的想法，就可以具体操作了。

（4）连接设计。合理分配各类动作：选择设计好单个动作和成串的组合动作后，要将风格动作、难度动作、配合动作等按照一定的原则，合理地分配连接，切忌出现"头重脚轻"等安排不平衡的情况。把握好成套动作的节奏，节奏是表演艺术的基本要素，一套成功的健美操编排，主题动作和陪衬动作要节奏分明，动作要有大与小、快与慢、强与弱、刚与柔的搭配，有开始、有高潮、有结束，其中高潮应多在后半段形成，动作和队形的吸引力要逐渐上升，感染观众。

（5）路线、队形设计。首先，要合理充分地利用场地，注意利用队形变化，加强整套操的流畅性，不要在一个队形上做过多的动作，队形、方位的变化应巧妙并易于整齐一致，不应牵强附会，生拉硬扯，以免影响整套操的连贯性。在队形变化中注意把惊险、新颖、观赏性强的动作安排在场地中间，给观赏者留下清晰、深刻的印象。其次，在队形选择上应按照整套操的内容与风格选择适宜的队形，以便更好地展现主题。在初步完成整套操的编排后，配合音乐完成整套操的动作演练，观察整体表演效果，并加以修改，使整套操的动作与音乐的风格、情感完全吻合。注意随着训练的深入、练习者技术情况的日趋变化，应去掉那些难以完成的动作，根据练习者的特点修改或增加那些表演效果好、练习者擅长完成的动作，精雕细琢，使整套操日趋完善。

六、健美操比赛规则

健美操采用的比赛规则主要有国家体育总局颁布的《全国全民健身操舞大赛评分指南》和国际体操联合会颁布的《竞技健美操 2022—2024 周期评分规则》。健身健美操类比赛规则一般参照《全国全民健身操舞大赛评分指南》，竞技健美操类比赛规则一般参照《竞技健美操 2022—2024 周期评分规则》。以下介绍的是健身健美操评分规则。

（一）总则

1. 竞赛性

各类健身健美操比赛。

2. 比赛内容

符合规则及规程要求的自编成套的动作。

3. 成套动作时间

自编成套的动作时间为 2 分 30 秒到 3 分钟（不含提示音和前奏音乐）。

4. 比赛音乐

音乐速度每 10 秒 22 拍到 26 拍；成套动作允许有 2×8 拍的音乐前奏；参赛队必须自备比赛音乐，比赛音乐可以使用一首或多音乐混合的音乐，也可加入特效，音乐录制在 CD、U 盘或使用数字音乐格式（如 MP3）。注意，每张 CD 或 U 盘只能录制一首成套动作音乐。

5. 参赛人数与更换运动员

每队参赛人数根据比赛规程而定。如有特殊情况需要换运动员时，需持有效证明，经组委会同意后方可更换。

6. 比赛场地

比赛场地的尺寸为 10 米×10 米或 12 米×12 米，其材质为木地板或地毯；标志带为 5 厘米宽的白色标志带，标志带是场地的一部分。

7. 服装

运动员须穿适合运动的健美操服和运动鞋，着装整洁、美观、大方，不使用悬垂饰物，如皮带、飘带和花边等；女运动员的头发须梳系于头后，头发不得遮住脸部；允许化淡妆，禁止戴首饰。

8. 比赛程序与计分方法

比赛分为预赛和决赛，凡参赛队均参加预赛，预赛前八名者进入决赛，不足八名时，递减一名录取。比赛中得分高者名次列前，若遇得分相等，则完成分高者名次列前，若再相等则名次并列，无下一名次。

9. 裁判员的组成

高级裁判为 3 人，裁判长为 1 人，艺术裁判为 3 到 5 人，完成裁判为 3 到 5 人，视线裁判为 2 人，计时裁判为 1 人，辅助裁判若干人（注，基层比赛可以不设高级裁判，只设裁判长）。

（二）成套动作的评分

比赛采用 10 分制，裁判员评分精确到 0.1 分，运动员最后得分精确到 0.001 分。最后得分为

成套动作的最后得分 = 艺术裁判的评分 + 完成裁判的评分 - 裁判长的减分

1. 艺术裁判的评分

艺术裁判的评分是对艺术编排的每项内容进行评价的总分，满分为 10 分。去掉最高分和最低分，所剩分数的平均分为最后艺术分。艺术裁判的评分因素为：动作设计、音乐、队形与空间的运用、表演。

（1）动作设计：健身健美操的动作设计应符合四个原则：健美身心、娱乐、观赏性原则，安全无损伤原则，全面发展身体原则，以及符合年龄特点原则。

① 基本步法、手臂动作及动作组合：动作设计必须包括七个基本步法：踏步、开合跳、吸腿跳、踢腿、弓步跳、弹踢腿跳、后踢腿跑。手臂动作要体现多样性及动作的不对称性。动作组合中应使身体的各部位（头、手、上臂、前臂、躯干、腿和脚）协调配合，共同参与的部位越多评分越高。同一动作组合允许出现一次对称动作。成套动作的设计要以操化动作为主，融合第二风格等项目的动作，必须符合健美操运动的特点。成套动作中不鼓励出现难度动作，如出现类似动作，不予加分，只视为动作素材，难度分值不得超过 0.3 分。开始和结束允许出现托举动作，但不允许出现违例动作。成套动作中至少应出现两次运动员之间有接触的交流配合动作。成套动作中托举的数量不得多于 3 次。

② 过渡与连接：在成套动作中应合理、流畅地连接健美操基本步伐、动作组合。对灵活和流畅的空中、地面动作的相互转换，运动员依次或分批做动作，但任何一名运动员不允许停顿 1×8 拍。

③ 强度：强度的评价取决于动作的频率、动作的速度及幅度，完成动作的耐力、移动等因素。

（2）音乐：音乐的选择应完整，与成套动作的风格协调。音响的效果应是高质量的，并有足够音量，必须和运动员成套动作相配合。

（3）队形与空间的运用：成套动作的队形变化应自然、迅速、流畅、美观、清晰。成套动作的队形变化不少于 5 次，至少出现 3 次流动队形变化；移动路线要合理使用 4 种以上（前、后、左、右、对角等）；成套动作应均衡、合理、充分地利用场地和空间，要充分利用场地的每个区域，充分利用三维空间和方向的变化。

（4）表演：运动员动作表演要充分体现表现力、自信力和感染力。

① 表现力：是指运动员通过娴熟的动作技巧，通过自身的活力、热情和全身心投入的激情来吸引观众的能力。

② 自信力：是指运动员充满自信的良好自我感觉。

③ 感染力：是指运动员与观众目光持续接触的能力，并最终感染观众。

表演的动作应与音乐主题、风格融为一体，要与音乐的节拍相吻合，并配合乐曲。动作表演就是在演绎音乐的内涵，这是最值得倡导的。

2. 完成裁判的评分

完成裁判的评分是对所有动作的完成情况的评分，是对偏离完美完成的每项内容进行减

分后的得分，起评分为 10 分，最小减分为 0.1 分。去掉最高分与最低分，所剩分数的平均分为最后完成分。完成裁判的评分因素为：技术技巧、合拍、一致性。

（1）技术技巧：技术技巧是指完美完成所有动作的能力，包括以下几个方面。

① 身体姿态控制能力：在完成动作时始终保持身体正确姿态的能力。

② 动作的力度：成套动作的力度、爆发力、肌肉耐久力。力度是通过动作快速、准确、到位的延伸制动控制来实现的，动作要松而不懈、有力而不僵硬。

③ 动作的准确性：动作技术规范、部位准确，动作方向清楚，控制完美，开始与结束动作要清楚。运动员的节奏感与动作的韵律性应保持协调一致，完美体现动作的弹动与控制。

④ 动作的熟练性：动作技术熟练，轻松流畅。

⑤ 动作的幅度：动作幅度要大，但要避免"过伸"动作和大幅度的反关节动作。

（2）合拍：合拍是伴随音乐结构和节拍同步动作的能力，包括动作内容与音乐结构的吻合程度；动作节拍与应用节拍的同步效果；动作韵律与音乐韵律是否和谐统一。

（3）一致性：动作的一致性包括以下三个方面。

① 整体完成动作的能力，以及运动范围的一致性。

② 所有运动员应体现出一致与均衡的运动强度。

③ 所有运动员应具有一致的表演技巧。

3. 裁判员对所有动作出现错误的减分标准

（1）小错误：稍偏离正确动作完成，每次扣 0.1 分。

（2）中错误：明显偏离正确动作完成，每次扣 0.2 分。

（3）大错误：较严重偏离正确动作完成，每次扣 0.3 分。

（4）严重错误：严重偏离正确动作完成，每次扣 0.4 分。

（5）失误：根本无法达到要求，失去平衡（跌倒）等，每次扣 0.5 分。

4. 裁判长的减分

裁判长的职责为记录、评判整套动作，并根据技术规则负责监控在场全体裁判的工作，裁判长负责如下减分。

（1）时间不足（指成套动作时间少于 2 分 30 秒），扣 0.2 分。

（2）时间过长（指成套动作时间多于 3 分钟），扣 0.2 分。

（3）参赛人数不足或过多，均扣 0.2 分。

（4）音乐速度不符合要求，扣 0.2 分。

（5）运动员被叫到后 20 秒未出场，扣 0.2 分。

（6）运动员的着装、仪容不符合规定，扣 0.2 分。

（7）运动员在比赛时掉物或装束散落，扣 0.2 分。

（8）运动员身体触及线外地面，每次扣 0.1 分。

（9）托举超过 3 次，每次扣 0.5 分。

（10）有违例动作，每次扣 0.5 分。

5. 违例动作

为了保持健美操的特色，对不利于健身健美操发展的其他项目的表现形式，以及身体各关节过分伸展与过分弯曲的易损伤身体的动作应禁止使用，违例动作如下。

（1）所有沿矢状轴或额状轴翻转的动作。

（2）任何形式的倒立动作。

（3）任何与身体的自然姿态完全相反的动作，如反背弓、背部挤压、膝转、足尖起、仰卧翻臀等。

（4）使用爆发性加速或减速动作，如抽踢等。

（5）任何马戏或杂技中的动作。

（6）抛接动作。"抛"是指由同伴抛起或借助同伴的力量弹起至腾空位置，腾空是指一个人不触及地面或其同伴。

第二节　啦啦操运动

啦啦操

一、啦啦操运动的起源与发展

虽然各种形式的加油鼓劲活动已存在了数千年（如带领群众欢呼歌唱、体育赛事中的娱乐活动等），但是普遍认为啦啦操这一项体育运动起源于19世纪末。在那时美国各大学体育赛事中，大学生和教职工用集体欢呼和喊口号的方式带领并引导观众。

18世纪60年代，啦啦操的运动形式被记载于"常春藤联盟"（美国东北部高校联盟）的体育活动中。据记载，大学生坐在赛场座位上，用集体欢呼和喊口号带领观众以鼓舞本队取得胜利（在同一时期的英国也很常见）。1882年，托马斯·皮布尔斯从常春藤联盟之一的普林斯顿大学毕业。1884年，他移居明尼苏达州，并将组织观众在美式橄榄球比赛中加油欢呼的想法在明尼苏达大学（位于美国中北部）及其学生之间进行传播，此时一切都已准备就绪。

在校园组织良好的加油欢呼环境的基础上，另一名大学生开创了一片新天地。1898年11月2日（星期六），明尼苏达大学的学生约翰尼·坎贝尔从座位上跳入美式橄榄球比赛的场地内（当时明尼苏达大学的对手是西北大学），并开始带领观众喊口号欢呼。坎贝尔"带领欢呼"的行为大大吸引观众并成功地烘托了比赛氛围，最终明尼苏达大学赢得了比赛，坎贝尔也成为有史以来第一位啦啦操运动员。啦啦操运动诞生了！

二、啦啦操运动的分类、技术特点与作用

随着过去一百年里啦啦操运动的发展，该运动继续在基层不断壮大，拥有了遍及全球各大洲的数百万啦啦操运动员。顶级运动员是每年国际啦啦操联合会（ICU）世界啦啦操锦标赛，以及世界各地的洲际、区域性和全国锦标赛中的最大亮点。啦啦操是一项独特的运动，其核心是在一百多年来的体育赛事表演中，在群众引领力方面所展现的独有的技术技巧、历史和文化。参赛运动员的年龄在4岁及以上，适宜不同文化背景、不同家庭的观众观看，在所有广播平台（电视、直播、社交媒体等）上都十分受欢迎。啦啦操是一项欢迎任何体型、任何性别的运动员参与其中的团队运动。ICU世界啦啦操锦标赛不断向前迈进，已将啦啦操的范围扩大到涵盖特殊运动员和残疾运动员（肢体残疾和智力障碍运动员），并引入了大师组（中老年组），欢迎各个年龄段的运动员在参加比赛的同时享受这一过程。

（一）啦啦操运动的分类

为了便于理解ICU世界啦啦操锦标赛规则、分类和细则，在此将啦啦操分为以下两大项目。

1. 技巧啦啦操

啦啦操最初由约翰尼·坎贝尔在1898年发起，旨在体育赛事中引导和激发观众的热情，至

今仍具有相同的目的，但技巧啦啦操在一百多年的历史中已得到更新和进一步发展，现具有多种竞争和娱乐形式。技巧啦啦操现共有七级（即0级至6级或入门级至超级）不同的技术水平。注意，并非所有年龄段的队伍都可以学习所有级别，运动员须循序渐进地学习以达到最高水平。该项目可分为俱乐部组、全明星组、娱乐组、学校组（中小学和大学）、大师组、特殊组、残疾组及各年龄段的国家队，且以上类型会根据队伍年龄、人数与性别再进行分组。这些项目可进一步细分为集体项目、双人配合技巧、小团体配合技巧、团队托举和比赛日等比赛形式。

2. 舞蹈啦啦操

舞蹈啦啦操最初被称为"训练队"或"高踢腿"，但现在也包括"花球""街舞""爵士"。舞蹈啦啦操由凯·蒂尔·克劳福德博士（于1930年）和格西·内尔·戴维斯（于1939年）创立，是一种新的娱乐观众的啦啦操风格，它与音乐流行乐队及传统的啦啦操相结合。在其几十年的项目发展史中，舞蹈啦啦操始于"训练队"或"高踢腿"（军队行军高踢腿风格），后来在20世纪40年代进一步发展并增加了花球风格，在20世纪70年代和80年代又加入了街舞与爵士风格，更加具有娱乐性。

舞蹈啦啦操现已发展为四种风格（高踢腿、花球、街舞、爵士）。该项目可分为俱乐部组、全明星组、娱乐组、学校组（中小学和大学）、大师组、特殊组、残疾组，以及各年龄段的国家队，且以上组别会根据队伍年龄、人数与性别再进行分组。

（二）啦啦操运动的技术特点

啦啦操运动的技术特点在于更加体现所有肢体类动作在过程中通过短暂加速和定位制动来实现其特有的力度感。啦啦操有舞蹈啦啦操（高踢腿、花球、爵士、街舞）、技巧啦啦操。花球是舞蹈啦啦操中最能体现啦啦操技术特点的一种啦啦操，它展现出一种干净、精准的运动舞蹈特征，有良好的视觉效果。其动作特征是动作短、发力狠，动作要求快、短、精确，制动时间短且制动后没有延伸。

（三）啦啦操运动的作用

1. 提高身体素质

（1）增强心肺功能。啦啦操动作的幅度通常较大，通过持续跳跃、舞动肢体等动作可以增强心肺功能，提高耐力和爆发力。

（2）增强肌肉力量。啦啦操的动作设计涉及到上肢、腰腹部和下肢的训练，可以有效增强肌肉力量，提高身体的稳定性和协调性。

（3）提高柔韧性。啦啦操的舞蹈动作需要身体的柔韧性，通过反复做拉伸动作、转动关节等训练，可以使身体更加柔韧。

2. 培养团队协作精神

（1）高度协同性。啦啦操通常以队列的形式进行表演，队员们需要高度协同地完成各种动作，有助于培养团队协作精神，增强集体凝聚力。

（2）丰富的编排。啦啦操表演需要精心编排动作和音乐，团队成员需要紧密配合，提高沟通和协调能力。

3. 增强自信心和表演能力

（1）自我展示。啦啦操表演通常在比赛、庆典等场合进行，通过展示自己的舞蹈技巧和表现力，增强自信心。

（2）增强表演能力。通过反复练习和表演，啦啦操可以提高个人的表演能力，形成大气、优雅的舞蹈风格。

4. 锻炼减肥

（1）高强度动作。啦啦操的动作多、跳跃频率较高，可以消耗大量热量，有助于减肥。

（2）促进新陈代谢。加强心肺功能和肌肉力量，促进新陈代谢，使体内脂肪燃烧更加高效。

5. 塑形增高

（1）塑造肌肉线条。啦啦操锻炼了肌肉力量，能够塑造身体线条，使身材更加匀称。

（2）促进骨骼发育。啦啦操的跳跃动作可以有效促进骨骼生长发育，有助于增高。

6. 缓解压力

（1）释放紧张情绪。啦啦操是快速、大幅度的运动，可以帮助释放紧张情绪，减轻压力。

（2）快乐放松。啦啦操的音乐和动作都富有活力，能够给人以放松和愉悦的感觉。

三、啦啦操运动的基本动作

啦啦操主要围绕花球啦啦操成套动作进行练习，花球啦啦操共有 36 个基本手位，如"上 A""下 A""高 V""倒 V""T""短 T""W"等，具体如图 12-1 所示。

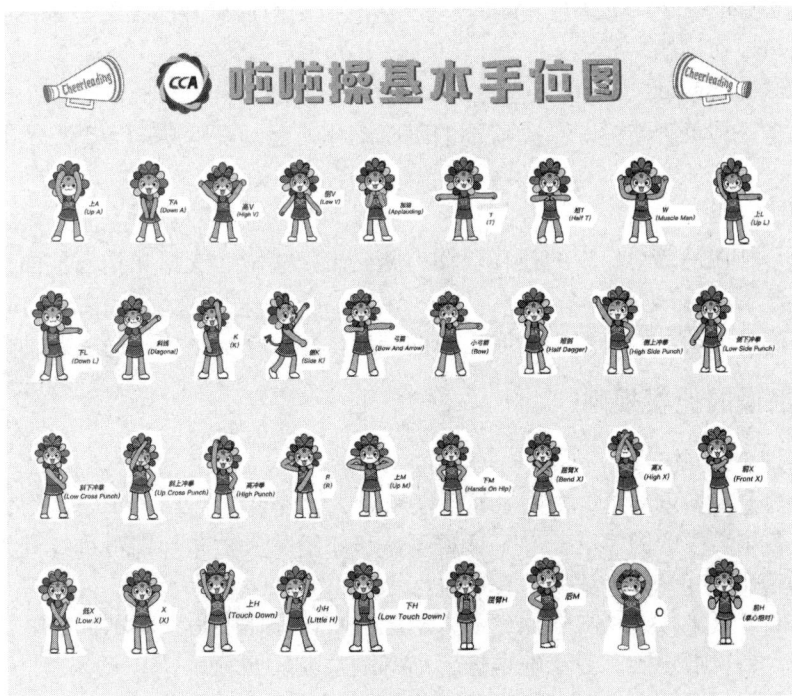

图 12-1

四、啦啦操运动的基本技术

1. C 跳（C-Jump）

C 跳是一种跳跃，指的是运动员向后形成弓状，使得膝盖弯曲双脚延伸到身体后方呈 C 形。

2. 反身跨栏跳（Calypso）

反身跨栏跳是反身跳跃的动作。旋转中动力腿延长在空中画圈，支撑腿向上离开地面，使运动员在空中旋转，支撑腿延伸到身体后方弯曲膝盖，最后在空中完成旋转落地。

3. 挥鞭转（Fouetté）

挥鞭转是一种转体动作，通常在一系列动作中完成。像挥鞭一样，运动员动力腿在执行该动作时，在每次旋转中不断下蹲，伸直腿提升形成巴塞姿态。挥鞭转也可在旁侧完成或在第二位置上完成。

4. 阿拉 C 杠（Fouettéala Seconde）

阿拉 C 杠是一种转体动作，通常在一系列动作中完成。运动员动力腿在空中画圈，主力腿在每次旋转中不断下蹲、提升。

5. 巴塞（Passé）

巴塞即传递。运动员抬起并弯曲单腿，脚尖靠近支撑腿的膝盖。巴塞可在两侧髋部相互平行或垂直时执行。

6. 转体/立转（Pirouette）

转体/立转是一种转体技巧。运动员一腿下蹲，并将该脚置于另一脚（四位）前方，然后提起原下蹲的腿并使身体旋转一周。转体/立转可以由不同的身体姿态执行。

7. 前/后单肩滚翻（Forward/Back Shoulder Roll）

前/后单肩滚翻是一种非腾空的翻腾技巧。运动员利用后肩翻滚保持与地面接触，头部向侧边倾斜避免与地面接触。

8. 交换腿跳（Switch Leap）

交换腿跳是一种单脚起跳、单脚落地的跳跃动作。运动员摆动动力腿以改变跳跃的姿态或方向。

9. 踢尔特（Tilt）

踢尔特是一种在跳跃动作中的技巧。动力腿向上空猛踢，支撑腿指向地面落地。

10. 屈体分腿跳（Toe Touch）

屈体分腿跳是运动员伸直双腿，通过胯的转动，将腿部向上抬起的跳跃动作。

五、舞蹈啦啦操的比赛规则

（一）舞蹈啦啦操的分组

舞蹈啦啦操分为俱乐部组、全明星组、娱乐组、学校组（中小学和大学）、大师组、特殊组、残疾组、各年龄段的国家队，并且会根据队伍年龄、人数与性别再进行分组。

（二）舞蹈啦啦操的项目分类

舞蹈啦啦操分为集体舞蹈啦啦操、双人舞蹈啦啦操和比赛日（舞蹈）啦啦操。项目分类有花球啦啦操、街舞啦啦操、爵士啦啦操、高踢腿啦啦操四种。

以上四种舞蹈啦啦操适合所有年龄段、组别（包括学校组）和项目；舞蹈啦啦操的比赛日可由以下部分组成：口号、场边应援、战歌、队歌、中场表演、鼓队表演等。集体托举也需遵循以下四部分的规则：双人配合技巧、金字塔和抛接、集体跳跃和翻腾、团队表演。

（三）舞蹈啦啦操成套时间

舞蹈啦啦操总体时间由活动主办方决定，以下是标准时间。

1. 集体舞蹈啦啦操

音乐部分不超过 2 分 15 秒。

2. 双人舞蹈啦啦操

音乐部分不超过 1 分 30 秒。

3. 比赛日（舞蹈啦啦操）

每个部分平均 30 秒至 1 分钟，且每个部分之间都有间隔。

（四）舞蹈啦啦操比赛场地要求

舞蹈啦啦操的比赛场地大约为 12.8 米×12.8 米；其表面是专业材料地表（如玛丽地胶或木质地板）。除非另有说明，否则出界不扣分。

（五）舞蹈啦啦操的参赛人数

参赛人数由活动组织者决定，以下是 ICU 世界啦啦操锦标赛对参赛人数的要求。

（1）集体舞蹈啦啦操：ICU 组别规定 16 到 24 人（集体爵士除外，为 18 到 24 人）。

（2）双人舞蹈啦啦操：2 人。

（3）比赛日（舞蹈啦啦操）：ICU 组别规定至少 16 人。

（六）舞蹈啦啦操参赛运动员年龄

适合所有年龄段、组别和项目，其中特殊啦啦操和残疾啦啦操的规则略有修改。所有年龄限制均基于比赛年的限制。

第三节　体 育 舞 蹈

体育舞蹈
（华尔兹）

一、体育舞蹈的起源和发展

体育舞蹈又称为国际标准舞，是由属于文艺范畴的舞蹈演变而来的体育项目，它既不是传统体育的体育，又不是传统舞蹈的舞蹈，而是体育与艺术完美结合的一项运动，既是舞蹈的运动化，又是运动化的舞蹈。各种舞蹈都起源于原始舞蹈，体育舞蹈也不例外。体育舞蹈的发展过程经历了原始舞蹈——公众舞——民间舞——宫廷舞——社交舞——新旧国际标准交际舞等发展阶段。就近来说，体育舞蹈的前身是社交舞（Social Dancing），也称交际舞、交谊舞、舞厅舞（Ballroom Dancing）、舞会舞（Party Dancing）。

社交舞早在 14、15 世纪已在意大利出现，16 世纪末传入法国。1768 年，巴黎开办了第一家交际舞厅，由此社交舞开始流行于欧美各国，成为一种普遍的社交方式。1924 年，英国皇家舞蹈教师协会对当时社交舞的一部分进行整理，将七种舞的舞姿、舞步和跳法加以系统化、规范化，形成了国际标准舞。国际标准舞的诞生，改变了社交舞的自娱性质，引起了社会各阶层的极大兴趣，它的典雅风格和优美舞姿征服了世界舞坛，掀起了半个多世纪的世界国际标准舞热潮。第二次世界大战后，英国皇家舞蹈教师协会又整理了拉丁舞蹈，并将它纳入国际标准舞范畴，使其成为正式比赛项目。至此，国际标准舞成为包括十个舞种的摩登舞系列和拉丁舞系列两大类。

国际标准舞比赛起始于英国，1929 年成立的舞会舞蹈委员会制定了比赛规则，每年都会举行全英锦标赛和国际锦标赛等比赛。1947 年，在德国柏林举行了首届世界标准交际舞锦标赛。国际标准舞的普及推动了相关比赛的开展。1950 年，国际交际舞理事会（也称"国际交际舞协会"）成立。1959 年，国际交际舞理事会制定了比赛规则，举行了第一届业余和职业交际舞世界锦标赛，此后每年举行一次。1960 年，拉丁舞正式列入世界锦标赛比赛项目。1964 年，国际标准舞又增加新的表演和比赛项目——团体舞。摩登舞、拉丁舞、团体舞，被称为现代国际标准舞。

国际标准舞的发展促进了国际舞蹈组织的发展。职业舞蹈协会"国际标准舞竞技总会"（ICBD）已有 36 个会员国，总部设在英国；业余舞蹈协会"国际业余舞蹈总会"

（ICAD）总部设在德国，已有 27 个会员国。近年来，随着体育舞蹈意识日益深入人心，上述两个组织相继改名，ICBD 改名为 WDDSC，称为世界舞蹈及体育舞蹈理事会；ICAD 改名为 ICSF，称为国际体育舞蹈联合会。两组织联合起来，为争取体育舞蹈进入奥运会而共同努力。1995 年 4 月，国际奥委会决定，给予体育舞蹈以准承认资格。1997 年 9 月 4 日，国际体育舞蹈联合会正式成为国际奥林匹克委员会委员。2000 年，体育舞蹈成为悉尼奥运会表演项目。

二、体育舞蹈的特点与基本术语

（一）体育舞蹈的特点

体育舞蹈是由属于文艺范畴的舞蹈演变而来的体育项目，它兼有文艺和体育的特点，是介于文艺和体育之间的项目，是具有自娱性和表演观赏性的竞技舞蹈。它具有以下三个特点。

（1）严格的规范性：规范性首先表现在体育舞蹈是一个完整的舞蹈系统，与中国古典舞和西方芭蕾舞一样，它是经过数百年历史的锤炼，数代人反复打磨而成的；其次表现在技术的规范性上，它严格到多一分"舞过"，少一点"欠火"。

（2）表演观赏性：体育舞蹈融音乐、舞蹈、服装、风度、体态美于一体，既有观赏的价值又有参与的可能，被认为是一种真正的艺术。

（3）体育性：体育性一方面体现在竞技性上即比成绩、拿冠军、为国争光；另一方面体现在锻炼价值上，从 20 世纪 60 年代至今，许多科研人员对体育舞蹈的生理和心理作用都做过研究，通过对人体能量代谢、能量消耗和心率变化的测定，显示出华尔兹和探戈的能量代谢为 7.57，高于网球的 7.30，与羽毛球的 8.0 相近；体育舞蹈的最高心率为：女子 197 次/分，男子 210 次/分。可见，体育舞蹈引起人的生理变化是明显的，它是陶冶情操、锻炼体魄的一种极好形式。

（二）体育舞蹈的基本术语

（1）舞程向：在一个舞池中，为避免互相碰撞而严格规定舞者必须按逆时针方向行进，这个行进方向叫舞程向。

（2）舞程线：沿舞程向方向行进的路线叫舞程线。

（3）舞姿：泛指舞者跳舞的姿态。主要包括以下舞姿。

① 合对位舞姿（闭式位舞姿）："合"指男女交手握抱；"对"指男女面对面。泛指男女面对面双手扶握的身体位置。

② 侧行位舞姿：是指男士的右侧与女士的左侧身体紧密贴靠，身体的另一侧略向外展开成"V"形的站立或行进的身体位置。

③ 外侧位舞姿：是指摩登舞中，男女舞伴的一方向另一方的右外侧或左外侧前进所形成的身体位置。

④ 并肩位舞姿：是指拉丁舞中，男女面对同一方向肩臂相并的身体位置。以男士为基准，男士左肩与女士右肩相并称为"左并肩位"；男士右肩与女士左肩相并称为"右并肩位"。

⑤ 影子位舞姿：男女舞伴面向同一方向重叠而立，即形影相随的身体位置。

（4）反身动作：当一侧脚前进或后退时，另一侧肩和胯后让或前送，使身体与舞步形成反向配合的身体动作。

（5）升降动作：是指跳舞时身体的上升与下降。升降动作是在膝、踝、趾关节的屈和伸动作的转换中完成的。上升时，通过大腿肌肉的支撑力使膝盖伸直，然后整个身体向上扩张，随后脚跟、脚掌向上升起；下降时，从脚尖、脚掌到脚跟依次往下，并延续使膝盖弯曲，以便于下一动作的进行。

（6）摆荡动作：是指舞者在身体上升做斜向或横向移动时，像钟摆似的把身体摆动起来。身体摆荡的动力来自于腿部，而非肩膀，利用身体的下半部来带动身体的移动，因此若要向左或向右移动，必须先有相反方向的动作，不要着急先移动，应控制住，先从重心脚来移动。女士应感觉力量是向前延伸的，所有前进或后退动作在脚部的动作都是有预备动作的，由重心脚（支撑脚）发动，切忌直接（无预备动作）向前走或向后退。同样地，反身动作（CBM）也是通过重心脚令身体开始转，如果脚已经先走出去，身体再转就太迟了。

（7）倾斜动作：是指在跳一些舞步时，身体发生倾斜。从形体上讲，是指肩的平衡线向左或向右倾斜，与地面的水平线成三角斜线。

（8）节奏：通常指以一定规律反复出现，赋予音乐以性格的具有特色的节拍。

（9）速度：这里指音乐速度，即每分钟内所演奏的小节总数。

（10）组合：是指两个或两个以上的舞步的结合。

（11）套路：是指由若干个组合串编成一套的完整舞步。

（12）基本舞步：构成一种特定舞蹈的基调舞步，简称基本步。

（13）实步：是指含有重心的脚步。

（14）虚步：是指不含重心的舞步。

（15）并步（追步）：是指双脚并合的一种舞步，重心开始集中在双脚上，之后便转移到单脚上。

（16）锁步：是指两只脚前后交叉的一种舞步，在完成锁步时，一只脚的脚掌外侧与另一只脚的脚跟外侧相互接触。

（17）拂步（帚形步）：是指男士左脚与女士右脚，或者男士右脚与女士左脚通过自己支撑脚做交叉的舞步。

（18）右转（自然转）：是指向右转动的舞步。

（19）左转：是指向左转动的一种舞步。

（20）慢"S"："S"在体育舞蹈中为英文 Slow 的缩写，意为慢。一般跳两拍一步。

（21）快"Q"："Q"表示该动作要快，一般跳一拍一步。

（22）平衡：舞蹈中的平衡是身体重心的精准分配。

三、体育舞蹈的舞种介绍及基本技术

体育舞蹈按舞蹈的风格和技术结构，分为摩登舞和拉丁舞两大类。按比赛项目可分成三大类，即摩登舞、拉丁舞和团体舞。摩登舞包括华尔兹、探戈、狐步舞、快步舞和维也纳华尔兹五种舞。拉丁舞包括伦巴、恰恰恰、斗牛舞、桑巴和牛仔舞五种舞。团体舞是摩登舞或拉丁舞的混合舞，由八对选手组成，借助音乐的引导，将五种舞蹈在队形变化中编织出丰富多样的图案。它将音乐、舞姿、队形、图案和选手们的和谐配合融为一体，达到了完美的统一，使体育舞蹈的风格特点得到了更为鲜明的表现。

（一）摩登舞

摩登舞是体育舞蹈的一个重要部分。摩登舞的音乐时而激情昂扬，时而缠绵性感，动作细腻严谨，穿着十分讲究，体现欧洲国家男士的绅士风度和女士的妩媚。男士需身着燕尾服，打领结；女士则以飘逸、艳丽长裙表现出她们的华贵、美丽、高雅、闺秀之美态。

摩登舞的预备动作（闭式舞姿 Closed Position）如下。

男士：自然直立，双膝稍屈，腰部撑紧，肩膀自然放松。身体重心向前放在脚掌上，而双脚平放。男士左手握住女士右手拇指和食指之间，其他手指并拢，左手的高度与耳齐，男女的右腹稍靠近。男士的右手五指并拢，放在女士左边肩胛骨的下方，右臂除了保持固定，应与女士的左臂完全接触。

女士：基本上与男士姿势相同，女士在腰部以上，姿势须稍向后，但不可以太夸张。左臂应轻扶在男士右臂上方，并以拇指扣住男士的手臂内侧，女士的右手应置于男士左手虎口上。女士的左手用来接受男士的引导，所以不应有任何推或拉的动作。

1. 华尔兹（Waltz）

华尔兹简写为 W，是摩登舞中历史最悠久、生命力最强的舞蹈形式。华尔兹一词最初来自古德文 Walzel，意思是"滚动""旋转""滑动"。华尔兹早在 12 世纪的德国巴伐利亚和奥地利维也纳地区的农民中流行，17 世纪进入维也纳宫廷，18 世纪被誉为"欧洲宫廷舞之王"。19 世纪初传入美国波士顿，20 世纪重返欧洲，并以新的"慢华尔兹"的形式席卷欧洲大陆。音乐使华尔兹更为完美，莫扎特、肖邦、柴可夫斯基、施特劳斯等音乐大师都创作了不朽的华尔兹舞曲，尤其是施特劳斯，他被特别提及为使华尔兹成为"舞蹈之王"的关键人物。

华尔兹的风格特点是庄重典雅、华丽多彩。其动作流畅起伏，婉转多变；舞姿飘逸优美，文静柔和。舞蹈时，男士似王子气宇轩昂，女士似公主温文尔雅、雍容大方。

华尔兹舞曲为 3/4 节拍，节奏中等，每分钟 28～30 小节。

2. 探戈（Tango）

探戈简写为 T，起源于非洲中西部的民间舞蹈探戈诺舞。探戈舞步独树一帜，斜行横进，俗称"蟹行猫步"。探戈动作刚劲锐利，欲进又退，欲退还前，动静快慢，错落有致，沉稳中见奔放，闪烁中显顿挫。

探戈舞为 2/4 拍，每分钟 30～34 小节。每小节二拍，第一拍为重拍。舞步有快步和慢步，快步（Quick）占半拍，用 Q 表示；慢步（Slow）占一拍，用 S 表示。基本节奏是慢、慢、快、快、慢（S、S、Q、Q、S）。

探戈与一般摆荡的舞蹈相比，具有以下特点：① 握持较紧密；② 膝盖较弯曲（因双脚膝盖稍微合并，右脚稍微内扣）；③ 有很多强烈的反身动作；④ 没有摆荡或倾斜，只有身体转动；⑤ 有很多迅速转头动作。

3. 狐步舞（Foxtrot）

狐步舞起源于美国黑人舞蹈。1914 年夏，美国演员哈里·佛克斯模仿马慢步行走的动作，设计了一种舞蹈形式，该舞姿迅速在全美风行。现在国际上跳的狐步舞是由英国的约瑟芬·宾莉改编的。

狐步舞除具有华尔兹的典雅大方、舒展流畅和轻盈飘逸等特点外，更具有狐步舞独有的平稳大方、悠闲自在、从容恬适的韵味。

狐步舞的舞步轻柔、展滑、流畅、方位多变且不并步。在动作衔接中呈现出降中有升、升中有降的线行流动状。

狐步舞曲为 4/4 拍，速度中等，每分钟 30 小节，节奏明快，情绪幽静而文雅。其基本节奏是慢、快、快（S、Q、Q）。

4. 快步舞（Quick Step）

快步舞从美国民间舞"P、E、E、PBODY"改编而成，早期快步舞吸收了快狐步动作，后又引入芭蕾的小动作，使动作更显轻快、灵巧。现在大家跳的是英国式的快步舞。

快步舞的风格特点是轻快活泼、富有激情。舞步洒脱自由，饱含动力感和表现力。

快步舞曲为 4/4 拍，每分钟 50 小节，基本节奏是慢、慢、快、快（S、S、Q、Q），或慢、快、快、慢（S、Q、Q、S）。

5. 维也纳华尔兹（Viennese Waltz）

维也纳华尔兹起源于奥地利北部山区的农民舞，是历史最悠久的舞蹈之一。维也纳华尔兹舞的风格特点是动作舒展大方、连绵起伏、节奏清晰、旋律活泼、动作优美、舞步轻快流畅、旋转性强。

维也纳华尔兹舞曲为 3/4 拍，每分钟 60 小节。在比赛中该舞种常被放在最后一项进行，要求选手有充沛的体力才能从容地完成。

（二）拉丁舞

拉丁舞起源于非洲和拉丁美洲，具有热情、奔放、浪漫的风格特点，舞蹈动作充满激情，音乐节奏鲜明，尤为让青年人喜爱。

1. 伦巴（Rumba）

现代伦巴是由古巴舞蹈吸收 16 世纪非洲黑人舞蹈和西班牙"波莱罗"舞蹈而逐渐完善而成的。20 世纪 20 年代至 50 年代，又受到美国爵士乐和舞蹈的影响。20 世纪 30 年代初，皮埃尔夫妇在英国表演和推广古巴伦巴舞，受到极大欢迎，风行欧洲。

伦巴舞的音乐缠绵、浪漫，舞蹈风格柔媚、抒情，是一种表现爱情的舞蹈。与其他拉丁舞不同的特点是在舞步运行中，髋部富有魅力地扭摆，上身自由舒展。扭胯是伦巴舞中非常优美而又有特点的动作。在扭胯时，上身要有拉撑的感觉，不能"坐胯"。在每次落脚后都有一个"出胯"的动作，为下次出步做准备。可以说从舞蹈开始到结束，扭胯动作始终不间断地进行着。脚步和胯部动作的配合要贯穿始终。扭胯动作要做得柔和，要从左前扭到左后，再从右前扭到右后。做胯部练习时，要由胯的摆动来带动脚的移动，再延伸到手臂的自然摆动，形成外柔内刚的舞姿。在抑扬的韵律节奏下，伦巴舞表现出文静、含蓄、柔媚的风格，更能展现女性婀娜多姿的美态。伦巴舞因在拉丁舞中历史悠久，舞型成熟及其异国情调的独特风格，被誉为"拉丁舞之魂"。伦巴舞曲为 4/4 拍，即 4 拍走 3 步，每分钟 27 小节。

2. 恰恰恰（Cha-Cha-Cha）

恰恰恰由非洲传入拉美后，在古巴获得很大发展，它是模仿企鹅姿态创编的舞蹈。在动作编排上一反男士领舞的习惯。男女动作不求统一整齐，且多半是男子随后。恰恰恰舞的音乐曲调欢快有趣，其舞曲为 4/4 拍，每分钟 29～32 小节，4 拍跳 5 步，即慢、慢、快、快、慢（S、S、Q、Q、S）。由于恰恰恰名称动听，节奏欢快易记，并且邦伐斯鼓的咚咚声和沙球的沙沙声与动作相吻合，舞蹈又有诙谐、花哨的风格，所以备受欢迎，是拉丁舞中最流行的舞蹈。

3. 牛仔舞（Jive）

牛仔舞是美国西部 20 世纪 20～30 年代盛行的舞蹈，舞步带有踢踏动作。节奏快速跳跃，动作粗犷，带有举持舞伴和甩动的技巧，是表现牧人强健体魄和自由奔放情绪的舞蹈，具有独特的魅力。后经规范进入社交界和表演舞范畴。牛仔舞于二次大战期间传入英国，获得迅速推广。牛仔舞曲为 4/4 拍，每分钟 44 小节，舞曲欢快，有跃动感，舞步丰富多变，其强烈的扭摆和连续快速的旋转，常使人眼花缭乱。

4. 桑巴（Samba）

桑巴是从巴西农村的摇摆桑巴传入城市演变而来的，后在里约热内卢狂欢节上公开表演。它微妙的节奏和强烈的感情吸引了巴西人，逐步成为巴西的民族舞，是巴西音乐和舞蹈的灵魂。20 世纪 20～30 年代，桑巴传入欧洲。桑巴的风格特点是动作粗犷，起伏强烈，舞步奔放、敏捷，富有强烈的感染力。由于桑巴的舞步在移动时沿舞程线绕场进行，因此它是拉丁舞中行进性的舞蹈。桑巴舞曲为 2/4 拍，每分钟 48～56 小节。

5. 斗牛舞（Paso Doble）

斗牛舞起源于法国，盛传于西班牙，其模仿西班牙斗牛士动作，是由西班牙风格进行曲伴舞的一种拉丁舞。在斗牛舞中，男士象征斗牛士，女士象征斗牛士的斗篷，因此该舞蹈表现出男士强壮英武和豪迈昂扬的气概。斗牛舞曲为 2/4 拍，每分钟 60 小节，一拍跳一步。斗牛舞的特点鲜明，风格迷人。

（三）团体舞

体育舞蹈的团体舞共有 16 名（8 男 8 女）舞者，以团体表演的形式，在 23 米×15 米的场地上，通过队形丰富的变化，空间不同层次的合理运用，相互巧妙的配合，全员整齐一致、依次有序，以相同或不同的动作前后呼应等，形成了团体舞独特的艺术魅力。因此在编排时，要把 16 名舞者协调配合及合作意识贯穿在成套动作的始终，并在团体所具有的能力范围内进行编排，才能充分体现团体舞编排的价值和意义。

四、体育舞蹈的主要规则

1. 裁判组的组成及工作

裁判（评委）要严肃、认真、公正、准确地做好评判工作，必须具有良好的业务能力和道德品质。世界比赛的专业裁判是由英国皇家舞蹈教师协会考核审定的。按等级可分为以下三种不同资格。

（1）学士资格：必须掌握 5 种舞蹈的 50 个以上的动作组合。

（2）会士资格：必须掌握 5 种舞蹈的 100 个以上的动作组合。

（3）范士资格：必须掌握 10 种舞蹈的 100 个以上的动作组合，并兼有考官资格。

某些国家规定，在全国比赛专业组获得第一、第二名的选手可以担任裁判。

裁判组通常设裁判长一名，裁判员若干名。上场裁判员必须是单数。全国性、国际大赛设裁判员 7～11 名。裁判员姓名用英文字母 A、B、C、D、…代表，在裁判员评分表上表示。

裁判长应负责整个比赛评判工作的公正、准确和对违章裁判员的处理，应及时解决赛场上出现的问题，并向上级汇报。比赛中负责比赛的正常运行，检查裁判结果是否公正准确，监督各舞种评分标准的执行情况。如果出现问题有权暂停比赛。

2. 评判要素

（1）基本技术：① 足部动作；② 姿态；③ 平衡稳定；④ 移动。

（2）音乐表现力：① 节奏；② 对风格的理解和体现。

（3）舞蹈风格：① 细微区别各种不同舞种之间的风格、韵味上的差别；② 个人风格的展现。

（4）动作编排：① 动作流畅新颖，运用自如；② 体现舞种的基本风韵并有一定技术难度；③ 动作与音乐密切配合，发挥音乐效果；④ 编排有章法，充分利用场地。

（5）临场表现：① 赛场上的应变能力；② 良好的竞技状态，即专注、自信，能自我控制，临场发挥。

（6）赛场效果：即舞者的风度、气质、仪表及出入场的总体形象。

在以上六要素中，前三项主要指选手的技艺品质，后三项是选手的艺术魅力。在第一、二次预赛中，裁判组着重对前三条要素进行评判；在半决赛时，着重对后三条要素进行评判；在决赛中，应全面地评价选手各项要素的完成情况。

3．场地、灯光、音响和服装

（1）场地：体育舞蹈场地大小为 23 米×15 米。一般由塑料地板拼接而成，应不反光，防滑，平整，四周有界线。

（2）灯光：各类灯光齐备的大小、色彩、图案、追光等能及时变化，适于比赛表演等各种用途。

（3）音响：采用专业音响、CD 舞曲唱盘，配备两名以上专业人员工作，保持与主持人、选手的密切配合。决赛时每曲时间为 2 分 30 秒，其他比赛时每曲时间不短于 1 分 30 秒。

（4）服装：对比赛服装的规定如下。

摩登舞：男士穿燕尾服，女士穿不过脚踝的长裙。男士一般穿黑色舞鞋，女士穿 5～8 厘米的高跟船鞋，鞋面可镶嵌亮饰。

拉丁舞：男女选手的服装应有拉美风格，且必须协调，男士穿紧身裤或萝卜裤，上身穿宽松式长袖衣。女士穿露背、腿的短裙。男女舞鞋应与服装颜色一致，男士的舞鞋与摩登舞的舞鞋一样，女士穿高跟有襻的凉鞋，鞋可加亮饰。

男士发型可留分头，前不遮耳，后不过领，不能留长发长须；女士为短发或长发盘髻，可加头饰，不可披长发。服装的样式色彩随时代发展在不断变化。专业选手的背号为黑底白字。业余选手的背号为白底黑字。

第十三章 其他体育运动

第一节 舞 龙 舞 狮

一、舞龙运动简介

舞龙运动是指舞龙者在龙珠的引导下，手持龙具，随鼓乐伴奏，通过人体运动和姿势的变化，完成龙的舞、游、穿、腾、翻、滚、戏、组图造型等动作和套路（套式），以展示龙的精、气、神、韵等内容的一项集竞技、健身、娱乐多功能于一体的民族传统体育项目。它既具有较高的艺术欣赏价值，又能锻炼参与者的体魄和意志，同时反映了龙象征的中华民族团结向上、不屈不挠的精神风貌。舞龙之俗由来已久，根据记载距今已有两千多年的历史。有史料考证，舞龙祈雨早在先秦时期就开始流行，到了汉代已颇具规模，且各地风格各异、独具特色，形式也十分讲究。到了近代，随着华人的迁移，舞龙之俗又传播到世界各地。1995年，中国龙狮运动协会成立，舞龙发展为竞技体育项目，逐步走上了规范化、科学化、竞技化和国际化的轨道。2017 年 5 月，舞龙运动成为第十三届全国运动会新增的群众比赛项目，使得舞龙运动在国内进入新一轮的发展高潮。

二、舞龙运动的基本技术

舞龙

（一）基本握法

1. 正常位

双手持把，一只手握于把位末端，另一手握于把位上。

2. 滑把

一只手握把端不动，另一只手上下滑动。

3. 换把

结合滑把动作，当滑动手接近固定手时，双手换位，滑动手变固定手，固定手变滑动手。

（二）步形

1. 正步

两脚分开站立比肩稍窄，脚尖朝前，身体重心位于两脚之间。

2. 小"八"字步

两脚分开站立与肩同宽，脚跟靠拢，脚尖分开对左、右前角。

3. 大"八"字步

两脚分开站立比肩稍宽，其他同小"八"字步。

4. 弓箭步

一只脚向前迈出，屈膝，小腿与地面垂直，脚尖朝前，另一腿伸直，脚尖稍内扣。身体重心位于两腿中间，上身与前脚脚尖朝向相同。

（三）步法

1. 圆场步

左脚先上一步，脚跟先着地，靠在右脚脚尖前，再过渡至前脚掌着地，接着，右脚提起跟上左脚。两脚依次动作，沿圆形线路行进。

2. 矮步

两膝微屈，两脚勾脚尖，迅速、连续地以脚跟到脚尖滚动向前行进，步幅约为本人脚长。

3. 弧形步

两膝微屈，两脚向前连续行进，每步步幅均略宽于肩，走弧形路线。两眼注视龙身。

（四）舞龙形态动作

1. "8"字舞龙动作

"8"字舞龙动作是指舞龙者将龙体在人体左右侧交替做"8"字形环绕舞动，可快可慢，可定位，可行进，也可以利用人体的多种姿态、多种方法做"8"字形状环绕舞动。

2. 游龙动作

游龙动作是指舞龙者较大幅度地奔跑游走，使龙体快慢有致、高低起伏、左右摇摆，展现出龙婉转回旋、左右盘翻、屈伸绊延等动态特征。

3. 穿腾动作

当龙体的运动线路纵横交叉行进时，龙珠引导龙头、龙节依次在龙身下穿过的动作，称为穿越；龙珠引导龙头、龙节依次在龙身上越过的动作，称为腾越。

4. 组图造型动作

组图造型动作是指舞龙者使龙体在运动中组成活动的图案或相对静止的造型。

三、舞龙运动的比赛规则

（一）比赛项目

（1）规定动作：单龙，9把1珠，10人上场。

（2）自选动作：单龙，9把1珠，10人上场。

（3）传统套路：形式不限。

（4）技能舞龙：单龙，9把1珠，10人上场。

（二）礼仪、计时、示分与弃权

（1）礼仪：运动员听到上场点名后，用龙珠向裁判台、观众席举手示意；完成比赛套路后，全队排成一排向裁判台、观众席举手行礼。

（2）计时：第一位运动员踏入赛场，开表计时；若在赛场内以静止造型候场，则以第一位运动员的动作开始计时。运动员完成套路动作后，最后一位运动员离开赛场即停表。若在赛场内以静止造型结束，则以全体运动员完成静止造型，停止动作停表。计时以临场裁判组计时表为准。裁判组用两块表同时计时，按接近规定时间的表计算时间。

（3）示分：对运动员的比赛结果公开示分。

（4）弃权：运动员在赛前30分钟参加检录（查验参赛证件、检验器材、服饰等），三次未检录做弃权论处；超过规定时间10分钟，运动员不参加比赛，即视为弃权。

（三）名次评定

舞龙比赛分预赛、决赛，按成绩高低排定名次。

（四）参赛人员及有关规定

参赛人员包括领队、教练、运动员。为确保比赛顺利进行，参赛人员需遵守以下规定。

（1）每支队伍的人数不超过 16 人，其中，领队 1 人，教练 1 人，运动员 14 人（包括替换队员兼鼓手 4 人）。

（2）每位运动员每次只能代表一支队伍参赛，违规者取消比赛资格。

（3）比赛套路完成时间为 8～9 分钟。

（4）比赛时，运动员应穿具有特色的表演服装。要求穿戴整洁，服饰款式色彩与舞龙器材相协调，执龙珠队员的服饰与其他运动员应有区别。运动员上场比赛须佩戴号码牌，执龙珠者为"0"号，执龙头者为"1"号，其余依次顺延，替换队员、伴奏队员均须佩戴号码牌。

（五）比赛场地

比赛场地为边长 20 米的正方形场地，要求地面平整、洁净。场地边线宽 0.05 米，边线内为比赛场地。边线周围至少有 1 米的无障碍区。

（六）比赛器材

（1）龙珠：球体直径不小于 0.28 米，杆高（含珠）不小于 1.55 米。

（2）龙头：龙头外形尺寸为宽不小于 0.29 米，高不小于 0.45 米，长不小于 0.6 米，杆高不小于 1.7 米（含龙头高）。

（3）龙身：以九节布龙参赛，龙身为封闭式圆筒形，直径为 0.33～0.35 米，全长不小于 16.5 米，龙身杆高（含龙身直径）不小于 1.65 米，两杆之间的间距大致相等。

（4）龙尾：龙尾前段直径不小于 0.28 米，全长不小于 0.47 米，杆高不小于 1.5 米。

（5）舞龙运动员服装以传统民族服装为主。

（6）不对龙体、龙尾、龙珠的重量进行限制。

（7）凡器材不符合规定者，不准参加比赛。

四、舞龙比赛套路的有关规定

（一）自选套路的有关规定

1. 自选套路的编排要求

舞龙运动大部分是在行进动态中完成"龙"的游弋、起伏、翻滚、腾越、缠绞、穿插等动作，利用人体多种姿态，将力度、幅度、速度、耐力等融入舞龙技巧中，或动或静，组成优美形象的龙的姿态，展现龙的精气神韵。套路编排要内容丰富、构思巧妙、结构新颖、风格别致。舞龙技巧难度、创新动作应符合龙的盘、游、翻、滚、穿、腾、缠、戏等形态，舞龙的动作与动作之间要有机联系。动作与伴奏音乐要和谐配合、完整统一。整个套路既要有观赏价值，又要有锻炼身体、增强体质的作用。

2. 自选套路的评分标准（满分为 10 分）

（1）动作规格，满分为 5 分。① 姿势正确，龙的形态饱满，技术方法合理，步形、步法规范，配合协调，圆满完成套路的全部动作，给予满分。② 出现与规格要求不符，每出现一次轻微失误扣 0.1 分，每出现一次明显失误扣 0.2 分，每出现一次严重失误扣 0.3 分。

（2）艺术表现，满分为 3 分。① 精神饱满，神态演示丰富逼真，充分展示龙的精气神韵，具有较强的艺术感染力，视完成情况给予 0.5 分到 1 分。② 编排结构合理，情节生动，主题鲜明，动作新颖，龙饰、服饰制作精良，器材设计独特，视完成情况给予 0.5 分到 1 分。③ 音乐伴奏与舞龙动作紧密配合，协调一致，风格独特，乐曲完整，很好地烘托了舞龙气氛，视完成情况给予 0.5 分到 1 分。

（3）动作难度，满分为 2 分。① 要求舞龙自选套路难度动作为 10 个（含创新难度），完成套路难度动作要求给予 1.5 分，每少 1 个扣 0.1 分。② 超出难度动作要求 10 个以上者，每超出一个难度动作，加 0.05 分，最高加 0.5 分。

3. 对执龙珠队员动作的规定

（1）执龙珠队员既要突出龙珠的特性，又要与龙头、龙体的运动协调一致。

（2）单独表演时间每次不得超过 15 秒，违者按超时扣分。

4. 对替换队员的规定

（1）替换队员在赛场外，可兼鼓乐伴奏。

（2）比赛中允许一名队员进场替换龙头队员，替换队员进场至被替换队员退场时间不得超过 20 秒，违者按超时扣分。

（3）替换队员进场参赛，须在赛前自选套路登记表中注明进退场的顺序、方位、路线，并得到裁判长的认可，不得临时更改。

（二）规定套路的有关规定

1. 规定套路

（1）规定套路是根据舞龙技术发展的方向，选定的具有代表性的舞龙基础动作和技巧动作，是经过精心编排的套路。

（2）规定套路的动作规格、顺序、方向、行动路线均不得改变。

（3）规定套路比赛使用大会提供的公用龙具器材。

（4）规定套路比赛不得替换龙头队员。

（5）参加规定套路比赛的队员应与自选套路的队员一致，不得替换。

2. 规定套路的评分标准（满分为 10 分）

（1）动作规格，满分为 7 分。① 姿势正确，龙的形态饱满，技术方法合理，步形、步法规范，配合协调，圆满完成套路全部动作，给予满分。② 出现与规格要求不符的动作，每出现一次轻微失误扣 0.1 分，每出现一次明显失误扣 0.2 分，每出现一次严重失误扣 0.3 分。

（2）艺术表现，满分为 3 分。① 精神饱满，神态演示丰富逼真，充分展示龙的精气神韵，具有较强的艺术感染力，视完成情况给予 0.5 分到 1 分。② 结构严谨，布局合理，动作连贯，配合默契，规定动作顺序、方位、路线均正确，龙饰、服饰制作精良，符合规则要求，视完成情况给予 0.5 分到 1 分。③ 音乐伴奏与舞龙动作紧密配合，协调一致，节奏清晰，乐曲完整，很好地烘托了舞龙气氛，视完成情况给予 0.5 分到 1 分。

五、舞狮运动简介

舞狮是中国优秀的民间艺术，古时又称为"太平乐"。舞狮有南北之分，南狮又称醒狮。狮是由彩布条制作而成的，舞狮一般由两个人合作表演，一人

舞狮

舞头，一人舞尾。舞狮者在锣鼓音乐下做出各种形态动作，以图喜庆与吉祥。在表演过程中，舞狮者要以各种招式来表现南派武功，非常富有阳刚之气。狮被认为是驱邪避害的吉祥瑞物，每逢节庆或有重大活动必有舞狮助兴，舞狮长盛不衰，历代相传。

（一）南狮

南狮民间习惯称为醒狮、瑞狮、雄狮等。南狮主要是在高桩上表演各种技巧动作，包括采青、飞桩、转体等，动作细腻、扣人心弦。这种舞狮由一人舞狮头，一人舞狮尾。南狮的造型、式样、颜色多与北狮的不同。舞狮者穿各种灯笼裤，上穿带纽扣的唐装灯笼袖衫或背

心，可见舞狮者全身。南狮主要活跃于我国南方地区，以广东省最盛。南狮的各种技巧难度、创新动作借助器械和音乐来体现，表达山、岭、岩、谷、溪、洞、水、桥、洞等意境；诠释喜、怒、哀、乐、动、静、惊、疑、吼、寻、盼等神情；展现翻、滚、卧、闪、腾、扑、跃、戏、跳等动作，在或动或静中，展现狮的精气神韵。南狮以神情为基础，与武术相结合，摆脱了具体形态的局限，塑造了一个夸张、浪漫的狮的艺术形象。

（二）北狮

北狮民间习惯称为圣狮、狮子舞、狮灯等，活跃在全国各地，较为分散，表演形式五花八门。北狮以在平地上表演为主，也可以在梅花桩、高台、彩球、高梯等器械上表演，由引狮员引逗两头狮子进行表演。北狮的外形与真狮很像，狮的全身由狮被覆盖，舞狮者（一般两人合舞一头大狮子）只露双脚，不见其人。北狮有雌、雄之分，还有文狮、武狮、成狮、崽狮之分。北狮传统的舞法在讲究技巧和武术基本功的同时，更强调画面的艺术布局结构、特色套路的编排、引狮员和狮的配合。在引狮员的引领下，双狮的动作随着鼓点的节奏，或快或慢，或进或退，或高或低，或翻滚，或跳跃，展现姿态万千的狮形狮态。北狮常见的基本动作有礼拜、伸腰、挠、舔、擦、探、吃、洗、抓、叼球、坐肩、钳腰、高台前、侧滚翻，双狮的配合有互跃、滚背、转花、搭爪、立转等各种造型。

总而言之，南北狮不论在外形、舞步、动作及锣、鼓、钹等节奏上都有着不同的风格。随着我国舞狮运动的蓬勃发展，现在已经出现南狮北舞或北狮南舞的形式，"南腔北调"变成了南北融合，促进了中华舞狮文化的创新。

六、舞狮运动的基本技术（以南狮为例）

（一）狮头、狮尾的基本握法

1. 狮头握法

动作要领：狮头队员两手紧握头圈嘴巴下摆的关节处，以便控制狮嘴的张合。

2. 狮尾握法

（1）双手扶位。动作要领：狮尾队员的双手虎口朝上，拇指插入狮头队员的腰带，四指并拢握住。

（2）单手扶位。动作要领：狮尾队员的一手握住狮头队员的腰带，另一手扶拉狮背。

（二）舞狮头的基本手法

1. 摇

动作要领：狮头队员双手扶头圈，使狮头依次向前、向上、向后、向下做回旋动作。两手的运动路线呈立圆。

2. 点

动作要领：狮头队员双手扶头圈，身体向右侧做回旋运动，与地面呈 45°，左右手的运动路线为上下交替运动。左侧动作与右侧动作相同，但方向相反。

3. 摆

动作要领：狮头队员双手扶头圈，迈左步时将狮头摆至左侧，身体重心放在左腿上；右侧动作与左侧动作相同，但方向相反。

（三）舞狮的基本步法

1. 行步

（1）动作要领：狮头队员与狮尾队员皆双膝微屈，降低身体重心。迈步时，狮头队员先迈左脚，狮尾队员先迈右脚，节奏保持一致。

（2）技术要点：身体重心要平稳，不可上下起伏。

2. 跑步

跑步的要求与行步的要求相同，但节奏比行步要快。

3. 盖步

动作要领：向右盖步时，狮头队员的左脚先从右脚前侧向右跳半步，接着右脚向右跳半步亮相，狮尾队员的动作与狮头队员的动作相同。向左盖步时，动作与向右盖步相同，但方向相反。

4. 碎步

（1）动作要领：狮头队员与狮尾队员同时向左（或向右）小步平移，节奏快速且一致。

（2）技术要点：移动的步幅要小、密、节奏快，狮头队员与狮尾队员要协调配合。

（四）南狮形态和神态动作

1. 亮相

（1）动作要领：狮头队员成右（或左）马步姿势，使狮头由右（或左）下向上、向左（或右）下做摆动动作；同时，狮尾队员做左（或右）仆步配合。

（2）技术要点：狮头与狮尾队员的动作应整齐一致。

2. 卧势

（1）动作要领：狮头队员成坐势，两腿之间的夹角为90°，大腿、小腿之间的夹角为130°。吸气时，将狮头由左下向右上、向前摆转，与此同时，狮尾队员用右手撑地，左手拉扶狮头队员的腰带呈侧倒姿势，左手肘关节随吸气动作慢慢向上抬起，使狮肚隆起呈球状；呼气时，狮头队员将狮头由右向上、向下、向左摆转，与此同时，狮尾队员左手肘关节慢慢放下。

（2）技术要点：呼气与吸气时，狮头队员与狮尾队员的动作要缓慢且一致。

3. 舔

（1）动作要领：狮头队员先成半马步亮相，接着将狮头张嘴向前脚的小腿、大腿、肋部自上而下分三次舔出。狮尾队员应配合狮头队员的动作节奏左右晃动尾部。

（2）技术要点：每次舔出时，要使狮头先低头向里，再向下、向前按弧形舔出。

4. 啃

（1）动作要领：狮头队员先成半马步亮相，做完舔的动作后，把狮头自前腿甩至后腿方向，身体重心前移成仆步，然后使狮头张嘴沿着后腿脚面向上经大腿、肋部左右抖动 6~8 次后上拉。狮尾队员同时也变仆步，配合狮头队员的节奏左右晃动尾部。

（2）技术要点：狮头队员做张嘴的动作时，向上抖动幅度要小，节奏要快。

5. 挠

（1）动作要领：狮头队员做完舔的动作后，拧腰转头使狮头的后脑朝向斜下方，待狮尾队员抬起一只脚放在脑后时，狮头队员开始使狮头做摇头动作，与此同时狮尾队员晃脚4~6次。

（2）技术要点：狮头队员与狮尾队员的动作要协调一致。

（五）神态动作

1. 愣相

（1）动作要领：狮头队员双手扶头圈，先将狮头拉向身体右侧做轻微预摆，然后将狮头朝斜上 45° 方向摆至身体左侧。

（2）技术要点：动作幅度要小。

2. 美相

（1）动作要领：狮头队员双手扶头圈，使狮头做上下回旋动作，并呈现出开心愉快的神态。

（2）技术要点：身体要协调配合。

3. 惊相

（1）动作要领：狮头队员双手扶头圈，右手先拉狮头于右肩侧，呈现出受惊吓的神态，再顺势向左下摆头亮相。

（2）技术要点：身体要协调配合。

4. 怕相

（1）动作要领：狮头队员双手扶头圈，两手腕内收，提至狮嘴下，边后退边使狮头向下做轻微回旋动作，呈现出害怕的神态。

（2）技术要点：由下至上将狮头慢慢抬起。

七、舞狮运动的比赛规则

（一）比赛项目

舞狮比赛按比赛类型可分为单项赛、全能赛；按性别可分为男子组、女子组；按比赛项目可分为南狮〔单狮（2人），桩阵上比赛要有采青〕和北狮〔双狮（4人）加引狮员（1人），地面、高台或桩上比赛〕；按套路种类可分为规定套路、自选套路、传统套路、技能舞狮。舞狮比赛套路的时间为10～15分钟，布置器材时间不得超过15分钟。

（二）场地

（1）比赛场地为边长20米的正方形场地（特殊情况，最小场地不得小于边长18米的正方形），要求地面平整、洁净，场地边线宽为0.05米，边线内沿以内为比赛场地。边线周围至少有1米宽的无障碍区。

（2）比赛场地应是木制地板或铺设地毯。

（3）比赛场地上空从地面量起，至少有8米的无障碍空间。

（三）器材

（1）狮头、狮被：狮头正面宽不小于0.55米，高不小于0.5米，长不小于0.7米。狮头、狮被大小匀称、协调。

（2）桩阵：桩阵的高度最高不得超过3米，最低不得低于0.5米。其中，半数桩柱高度必须达到2米，桩顶脚踏圆盘直径不超过0.38米（含保护圈垫），桩阵长度不得超过15米，最短不小于10米（含曲线计算），宽度不得超过1.5米且不能小于0.5米。

（3）比赛会提供公用比赛器材，也可以在规定的公用器材中更换一组自备的器材，但必须保证安全且符合规则，并经大会批准后使用。

（四）鼓乐

舞狮鼓乐是烘托气氛、转换节奏、激励队员情绪的舞狮运动不可分割的重要组成部分。音乐旋律、节奏快慢等要与舞狮动作协调一致，鼓、钹、锣的节拍要明朗准确，轻、重、快、慢有序。舞狮鼓乐以打击和演奏为主，并可采用吹打乐。

（五）服饰

比赛队员应穿具有特色的比赛服饰，要求穿戴整洁。舞狮队员服饰的款式、色彩应与狮头、狮身相协调，伴奏人员、保护人员都必须统一服装。

（六）保护措施

（1）为避免出现伤害事故，舞狮队必须在桩阵、桥、索等器械下面放置海绵垫，否则不得参赛。

（2）比赛中，允许有 2～4 人进场保护，但不得影响或接触比赛中的运动员。

（3）赛场负责维护秩序的人员应在赛前宣布，在比赛时禁止使用闪光灯拍摄。

（七）评分标准与方法

套路评分满分为 10 分。当 5 名裁判评分时，取中间 3 个分值的平均分作为该舞狮队的最后得分；当 7 名或 9 名裁判评分时，取中间 5 个分值的平均分作为该舞狮队的最后得分。

（八）舞狮动作失误的扣分细则

凡在规定时间内没有完成套路，中途退场者，不予评分。

1. 大跌

每出现一次扣 1.0 分。

（1）狮头、狮尾都跌于桩上或地上。

（2）狮头与狮尾离体，其中一方跌落于桩上或地上。

（3）不设青或无主题（未呈报比赛套路名称）。

2. 中跌

每出现一次扣 0.5 分。

（1）狮头、狮尾其中一方跌于桩上或地上。

（2）有青不采，或不能取回落青，或没有完成主题。

3. 小跌

每出现一次扣 0.3 分。

（1）凡在器械上或上腿时出现滑足、失足，上腿时出现滑足超过膝盖以下。

（2）竞赛中出现失衡，附加支撑。

（3）上器材时，器材损坏或倒下。

（4）采青时，狮青不慎脱落，但仍能以其技巧取回落青。

4. 失误

当出现以下失误时，每出现一次扣 0.1 分。

（1）上单腿不协调、不自然、滑足。

（2）上器材不稳而过位。

（3）狮头、狮尾非规定相撞。

（4）狮饰、服饰（包括狮头配件、舞狮服饰、鞋、头饰、腰饰等）脱落。

（5）器材饰物、布景等脱落。

（6）任何乐器跌落到地上。

（7）在进场、退场时，队员列队、礼仪不整齐。

5. 违例

（1）参赛人数过多或不足，每人扣 0.5 分。

（2）桩阵高低、长度或圆盘直径等不符合规定，每项扣 0.5 分。

（3）保护人员不得超过 4 名，违者扣 0.5 分。

（4）保护人员如在临场比赛中触及狮或器材，每次扣 0.5 分。

（5）不合理采青（颈下采青、手伸出狮口外等），扣 0.3 分。

（6）舞狮自选套路登记表迟交，扣 1.0 分。

（7）场地内外有人员以任何形式对运动员进行提示，扣 1.0 分。

6. 时间

关于参赛时间超出或不足的扣分：不足或超过规定时间 1～15 秒，扣 0.2 分，不足或超过规定时间 15.1～30 秒，扣 0.2 分，依此类推。

7. 出界

比赛时，运动员踩线或出界，每出现一次扣 0.1 分。

8. 弃权

（1）运动员在赛前 30 分钟内参加检录（查验参赛证件，检查器材、服饰等），3 次检录不到即视为弃权。

（2）超过开赛时间 3 分钟，运动员不参加比赛，即视为弃权。

第二节　射　箭

一、射箭运动简介

射箭运动有悠久的历史，弓箭最初用于打猎和战争，最初的射手就是猎人，他们用弓箭捕杀动物以维持生存。后来弓箭变成了战争中可怕的武器。公元前五千年，古埃及人就掌握了如何使用弓箭。古代文明中，弓箭是使用非常广泛的武器。许多神话人物，如阿波罗和奥德修斯，都佩有弓箭。现代射箭运动最早开始于英国，英格兰约克郡自 1673 年起举行方斯科顿银箭赛。1787 年，英国成立皇家射箭协会，该协会成为世界上最早的射箭组织。18 世纪初，射箭传入美国，1828 年，成立费城射箭联合会。1844 年，第一届全英射箭锦标赛在英国举办。1861 年，英国射箭协会成立，统一竞赛规程。1879 年，全美射箭协会成立，同年在芝加哥举行第一届全美射箭比赛。1900 年，第二届奥运会将射箭列为正式比赛项目，但它却经历了曲折而艰难的发展。在第二、第三、第四、第七届奥运会都设有射箭比赛，由于射箭项目没有统一的竞赛规则，第七届奥运会后，射箭项目被取消。1931 年，以英国和法国为主，成立了国际射箭联合会，制定了国际射箭联轮赛规则，同年，在波兰的里沃夫举行了第一届世界锦标赛。1964 年 2 月 3 日，中国射箭协会成立，会址设于北京。1984 年的洛杉矶奥运会，射箭项目重返奥运大家庭，设立了个人赛。男、女团体赛则均于 1988 年被列为奥运会正式比赛项目。在我国，1955 年以前，射箭为表演项目，1956 年开始被列为比赛项目，1959 年才开始按照国际规则举办射箭比赛。射箭先后在我国 25 个省、自治区、直辖市开展起来，1961 年，上海运动员赵素霞首次打破射箭比赛的世界纪录。从 1961 年到 1994 年，先后曾有赵素霞等多位运动员，共计 46 次打破世界纪录。

射箭是一种柔和且用力的运动，所以适合男女老少，是终身可以从事的运动；射箭强调端身正体与直线对称用力，符合人体生理养生；射箭是非对抗性运动，以战胜自己为目标，不会因好狠斗勇而伤身。经常参加射箭活动，可以使肌肉纤维变粗，肌肉体积增大，使肌肉力量得到增强，能使大脑皮质在兴奋和抑制过程更加集中，可以增强神经系统的功能；还可以促使身体机能得到变化，从而增强体质，对工作和学习都能起到积极的作用。

在射箭的瞄准和撒放过程中，为保持弓身的稳定和静止的状态，尤其要控制呼吸的频率和深度，这对呼吸器官的技能发展有良好的作用：一是使肺活量增加，胸廓的活动范围增大；

二是使呼吸深而慢，使呼吸器官有较长的时间休息，不易疲劳，也不会因轻度运动而气喘。所以，经常参加射箭锻炼对呼吸系统机能的提高大有益处。

射箭由若干个技术动作组成，身体的感觉、知觉也参与射箭动作的完成，特别是肌肉的空间感知觉能力。射箭动作要求用力平和，柔中有刚。几十磅的弓不能用狠力拉开，而要柔缓用力，开弓拉满，开满弓后身体要稳如泰山，全身用力均匀而不僵硬。这些都需要身体完成一些比日常生活更艰巨复杂的动作，使中枢神经系统迅速动员和发挥各器官系统的机能，以便协调和适应肌肉活动的要求。所以经常参加射箭运动，能使大脑神经细胞的工作能力提高，神经系统的兴奋性和灵活性得到改善，对外界刺激的反应更快、更准确。从射手举弓到最后将箭射出所用时间只有几秒或者十几秒。因此，经常从事射箭运动可提高动作速度、反应速度和周期运动中的移动速度。耐力是指人体能长时间进行肌肉活动的能力，也可解释为人体对抗疲劳与疲劳后快速恢复的能力。射箭运动的特点是比赛的持续时间长，动作重复次数多。因此，经常进行射箭训练，可以提高力量耐力、速度耐力、呼吸耐力等。

二、射箭运动的基本技术

（一）站立

1. 侧立式

侧立式又称平行式，是最基本的一种站立方式。基本要求是：身体侧向目标，两脚跨立于发射线两侧，脚跟与肩同宽或略宽，两脚平行站立，脚尖紧靠靶心线。这种站立方式比较自然、舒适，可以使身体保持较长时间的工作能力，便于射手轻松、准确地重复动作。由于这种站立方式不会对躯干产生过分的屈曲和扭转，因此，比较适合初学者和女性射手采用。

2. 开放式

开放式又称暴露式，是当今国际、国内赛场上众多优秀射手普遍采用的站立方式。基本要求是：身体斜向目标，两脚分开站在发射线两侧，脚跟与肩同宽或略宽一些，右脚与起射线平行（脚掌、脚心、脚跟依个人习惯及身体的舒适性而定）并踩在（虚拟的）靶心线上，左脚踩在靶心线左侧，脚尖外展与靶心线约成 45°。这种站立方式在射箭时，躯干会有一定角度的扭转，参与工作的肌肉比较多，身体比较紧实，对加强拉弦臂后背肌群的力量有很好的帮助。特别需要注意的是，持弓臂的指向性及拉弦臂后背肌群用力的主动性。在采用开放式站立方式时，射手应当注意腰部及髋关节不要刻意扭转，只要保持好两肩位置就可以了。开放式站立的优点是重心可控面积比较大，抗风能力较强，肩关节容易得到放松，后背肌群的用力比较轻松；缺点是射手的左肩（持弓侧）容易固定不到位，新手不容易掌握。

3. 隐蔽式

隐蔽式又称闭锁式，对加强前撑力有一定帮助，对身体也有一定的补偿作用。当弓举起后，人体重心会向持弓臂一侧移动，躯干稍微右转（脊柱回旋），会对保持身体平衡有所补偿，减轻竖脊肌的负担，使身体比较容易保持正中位。基本要求是：两脚分开站在发射线两侧，左脚与起射线平行踩在靶心线上，右脚稍向后并斜向站立，与靶心线约成 70°。这种站立方式的优点是有利于持弓臂前撑直线用力；缺点是由于持弓臂肩部容易突出，放箭时弓弦容易打臂，并且对后背肌群的用力也有不利的影响，所以一般不建议采用这种站立方式。

（二）举弓

1. 高位举弓

将弓举起后，眼睛、准星和目标垂线上方的某一点连成一条直线，举弓的高度一般以使拉弦臂前臂在眼睛与嘴之间为宜。这种举弓方法在开弓前两肩能够最大限度地舒展放松，背部肌群也能预先拉长，从而提高肌肉的兴奋度，对开弓和开弓后的固定姿势都十分有利，是当今世界上被广泛采用的一种举弓方法。

2. 水平举弓

将弓举起后，眼睛、准星和靶心连成一条直线。举弓的高度一般与下颌持平。

（三）开弓

开弓是指借助持弓臂的正直前撑和拉弦臂的肩带（肩胛骨）内收将弓弦拉开。基本要求是：当举弓稳定后，利用两肩带肌肉的力量，持弓臂对准目标正直前撑，勾弦手依托拉弦臂的牵引在箭杆的延长线上反向直拉，并在开弓过程中慢慢呼气。开弓的具体方法由举弓动作来确定。采用高位举弓法的射手，就采用高位开弓。在开弓过程中，眼睛不要离开目标以检查准星是否已接近目标，以使在弓弦到位的同时，准星也进入目标范围（预瞄）。

（四）靠位点

射箭瞄准之所以比射击瞄准难度大，是因为弓上只有准星，而没有"照门"，因此无法像枪支那样与目标形成三点一线的"瞄准基线"，而靠位点就起到了"照门"的作用。

靠位点是指射手在开弓后，弓弦与面部及下颚相接触的位置，这样做的目的是固定射手的拉距和开弓后的用力方向。靠位点存在的意义是为了防止射手将弓弦靠在脸上的不同地方。靠位点固定后，箭尾与瞄准眼瞳孔之间的相对位置就能得到固定，瞄准基线能相对固定，射手也能更好地发力，箭着点的散布也能更加集中。靠位时应该呼气至体内存留 20%~30% 的气体。

三、射箭运动的比赛规则

（一）发射规则

由于射箭项目具有一定的危险性，因此对不同射箭比赛有不同的规则，如除身体残障或坐轮椅的运动员外，发射时双脚必须分跨在起射线上，或双脚同时踏在起射线上。在比赛场内，除在规定的练习时间或在发令长的信号指挥下，运动员在起射线上可以正对靶的方向外，其他时间不得向其他方向开弓。比赛时，除轮到发射的运动员外，其他人一律不得进入发射区。

（二）计分判环规则

射箭比赛的环数也称分数，报环也称报靶或报分。在确认淘汰赛和决赛的环值时，裁判员按降序报分，计分员和运动员代理核实计分表上的成绩。其具体的计分方法是：射中最外面的白色环区得 1 分，依此类推，直到射中内黄心得 10 分。如果某一箭命中位置触及两个颜色的环区或箭杆触及环线，则被记为高分。如果某一箭正好射在靶面上某一箭尾上，则按已中靶箭的环值得分。如果某一箭射穿了靶面，或者射中靶面后反弹落地，则根据该箭在靶面上留下的中靶点或未标箭孔记分。无论是否射中箭靶，箭在越过 3 米线以外就被记分；如果箭不慎落地，但箭杆的一部分落在 3 米线内，则判该箭为未射出，运动员可再射一支箭。

（三）犯规处罚

射箭比赛犯规的主要处罚包括口头警告、黄牌警告、红牌警告及相应的扣环、取消比赛成绩等。口头警告为轻微犯规；黄牌警告也为轻微犯规；红牌警告为严重犯规。团体比赛时，当运动员无视黄牌警告，继续发射时，裁判员会出示红牌，并扣除该队在本组环数最高环值的得分。除此以外，运动员使用不符合国际箭联规定的器材，弄虚作假，服用兴奋剂等，都要受到取消比赛成绩的处罚。

（四）比赛时限

运动员在交替发射时射一支箭的时限为 30 秒；解决个人赛平局时，采取附加赛，射一支箭的时限为 40 秒；在补箭时射 1 支箭的时限为 40 秒；团体附加赛时，每队射 3 支箭（每人射 1 支箭）的时限为 60 秒；个人赛：运动员射 3 支箭的时限为 120 秒；团体赛：每队射 6 支箭（每人射 2 支箭）的时限为 120 秒；在同时发射时，每组射 6 支箭的时限为 240 秒。

第三节　轮　　滑

轮滑

一、轮滑运动简介

轮滑（Roller Skating）是一项集青春、阳光、时尚、健康、对抗、配合、竞速、挑战和表现的体育项目，包含训练、竞赛、培训、表演等多种形式，是社会体育和学校体育的重要组成部分。2022 年 4 月，轮滑被列入《义务教育体育与健康课程标准（2022 年版）》新兴体育类运动项目。

（一）轮滑的起源与发展

对于轮滑运动的起源，有很多不同的说法，但没有较为详细的记载。其中最为详细的说法是 18 世纪初，一位荷兰滑冰运动员在自然冰融化无法训练的情况下，将木线轴安在皮鞋下，试图在平坦的地面上滑行，从而发明了最初的轮滑鞋，又经过人们不断的改良与更新，将此作为该项运动的起源。随着轮滑运动的普及和发展，赛事体系趋于成熟。轮滑已经成为各市锦标赛、省锦标赛、全国锦标赛、全运会、冬运会、亚运会及青奥会的正式竞赛项目。从 2016 年到 2023 年，中国中学生体育协会主办的全国中学生轮滑锦标赛已连续举办多届，比赛项目包括速度轮滑、自由式轮滑、单排轮滑球、轮滑阻拦和花样轮滑队列滑，极大地推动了轮滑运动在全国校园的普及和发展。校园轮滑比赛形式日渐多样化，从班级联赛、校级联赛、校际联赛、区域联赛到全国锦标赛，为学生和学校提供了竞技与展示的平台。轮滑在高校有社团和公体课两种形式，多数学校以轮滑社团为主。每个地区都有自己的高校联盟，日常组织高校间的技术交流、比赛等活动。

（二）轮滑的育人价值

（1）轮滑有助于培养学生掌握自我安全保护的方法，运用轮滑技能的能力，以及掌握技能迁移学习的要领。

（2）轮滑是一项全身有氧运动，能有效提升中枢神经系统的发育，可促进心脑血管和呼吸系统的改善；锻炼速度、反应、灵活、协调、平衡等身体素质；增强关节支撑能力和身体控制能力。

（3）轮滑运动有助于培养学生坚韧不拔、敢于挑战自我、团结协作、乐于助人、拼搏进取的精神和遵守规则的体育品德。

二、轮滑运动的基本知识与基本技术

（一）基本知识

1. 轮滑装备

（1）护具。① 头盔：是头的护具，分为圆盔、速滑盔。② 护肘：是肘关节的护具，形状大小与护膝相似，且小于护膝。③ 护膝：是膝关节的护具，形状大小与护肘相似，且大于护肘。④ 护手：是手掌的护具，起到保护掌心和手腕的作用。

（2）轮滑鞋。轮滑鞋按照 12 个轮滑项目，除滑板、滑板车外，可以细分为 7 种轮滑鞋，分别为速滑鞋、自由式轮滑鞋、单排轮滑球鞋、双排轮滑阻拦鞋、花样轮滑鞋、高山速降鞋、极限轮滑鞋等；按照轮滑鞋的结构，可划分为单排轮滑鞋和双排轮滑鞋。

2. 轮滑场地

不同的轮滑项目，对场地的需求也是不一样的。在 12 个轮滑分支项目中，自由式轮滑、轮滑阻拦较适合在学校内普及和开展，对于场地的要求相对较低，满足硬质平整地面即可，可在大理石、水磨石、轮滑悬浮地板、丙烯酸材质轮滑场上进行；单排轮滑球则需要在专业的悬浮地板上进行；速度轮滑则需要在周长为 200 米的标准场地内进行。

（1）多功能轮滑场地。多功能轮滑场地的尺寸为 50 米、25 米，可满足自由式轮滑、轮滑阻拦、单排轮滑球训练及比赛。① 自由式轮滑场地尺寸为 50 米×20 米；② 轮滑阻拦场地尺寸为 34 米×23 米；③ 单排轮滑球场地的尺寸要满足长宽比例为 2∶1，并且需由悬浮地板、板墙组合而成，最小尺寸为 40 米×20 米。

（2）速度轮滑场地。标准场地尺寸为 97 米×26 米，场地周长为 200 米，赛道宽 6～7 米，表面材质为轮滑专用丙烯酸面层。

（二）基本技术

1. 站立

坐在地面上直接站立。从坐立开始，双手体后撑地，转体 180°呈俯卧姿势，双手撑地呈跪立，再接蹲立，然后呈直立。

2. 安全摔倒

（1）向前摔倒：迅速降低身体重心、减速、团身，以膝、肘、掌（翘指抬头）依次着地，利用护具向前滑动缓冲。

（2）向侧摔倒：迅速降低身体重心、减速、团身，以膝、肘、掌（翘指抬头）依次着地，向侧滚动进行缓冲。

（3）向后摔倒：迅速降低身体重心、减速、抱腿、团身，以臀、背依次着地，向侧滚动进行缓冲。

3. 原地平衡

（1）原地深蹲：上身直立，两臂侧平举，双脚与肩同宽，由上至下，屈髋屈膝垂直向下蹲至最低点，保持数秒后，还原直立。

（2）原地踏步：上身自然前倾，双手扶膝，大腿提膝带小腿，双腿直上直下交替高抬，保持正刃落地。

（3）原地转体：上身自然前倾，双手扶膝，沿逆时针或顺时针做双腿交替高抬踏步走。

（4）原地蹲跳：上身自然前倾，双手扶膝，做深蹲动作，跳起时，腿由屈到伸，轻跳，上身保持不变。

4. 行进间平衡

（1）踏步前行：上身自然前倾，双手扶膝，双脚呈 V 字站立，双脚交替抬腿向前做踏步走，保持正刃着地。

（2）横向跨步：上身直立，两臂侧平举，双脚与肩同宽，右脚向右侧横跨一步，两脚宽于肩，重心位于两脚之间，重心转移至右腿，左腿顺势收回还原至双脚靠拢。

5. 葫芦滑行

上身直立两臂侧平举，双脚呈外八字站立，重心位于双脚之间，滑行时，身体重心前移，双脚滑出内刃蹬地完成"0"形滑行，顺势双脚收回，脚尖靠拢。

6. 侧蹬滑行

在基本姿势基础上，重心位于支撑腿，保持鼻、膝、脚尖三点成一条垂线，另一侧腿向侧蹬出后，收回至双脚平行靠拢，保持惯性滑动，双腿交替蹬地滑行。

7. 侧蹬摆臂滑行

两臂以肩关节为轴，靠近躯干做自然的前后摆动。向前摆时，臂自然下落，当摆至与地面垂直时，屈肘加速向头下方摆动，前高点距头 10 厘米左右。向后摆动时按向前摆动的路线和方式摆至与肩部平行位置为宜。弯道摆臂时，左臂贴近躯干，以肘关节做屈伸，做前后方向小幅度自然摆动。蹬摆时，臂腿密切配合。

8. 八字滑停

上身直立，两臂侧平举，重心位于双脚之间，双脚间距宽于肩，双脚保持内八字，向内侧施压降速停止。

9. 交叉步滑行

在平行转弯基础上，重心位于支撑腿上方，非支撑腿的轮滑鞋抬离地面，屈膝前送，迈过支撑腿的轮滑鞋，在支撑腿侧前方以正刃着地支撑滑行，完成交叉步滑行。

（三）绕桩技术

1. 双脚鱼形绕桩

上身直立，两臂侧平举，双腿微屈膝，双脚保持平行，在桩内双脚左右蹬地发力，完成绕桩。

2. 正交叉绕桩

以右脚在前为例，上身直立，两臂侧平举，双脚 V 字站立在第一个桩前，双脚葫芦滑行过第一个桩，至第一、二桩之间，双脚做交叉滑行绕过第二个桩，至第二、三桩之间，双脚交叉打开 V 字，重复上述动作。

3. 双脚蛇形绕桩

上身直立微微前倾，两臂侧平举，双脚前后站位成一条直线，重心微靠前，前腿微屈膝，前脚脚尖摆动绕桩，后脚跟滑前脚路线。到达距离区，采用"8"字滑停方式停止。

4. 绕桩组合滑行

采用双脚鱼形绕桩、正交叉绕桩和双脚蛇形绕桩的顺序进行绕桩组合滑行。

三、轮滑运动的比赛规则

（一）比赛规则

1. 比赛跑道及场地

（1）比赛跑道分为场地赛跑道和公路赛跑道。公路赛跑道可以是开放式的，也可以是封闭式的。

（2）比赛场地的周长为 200 米（±5 厘米），跑道宽度为 6 米（±2 厘米），弯道半径为 13.42 米。单个弯道长度为 42.16 米，单个直道长度为 57.84 米。

2. 起点与终点

（1）起点线、终点线均为宽 5 厘米的白色实线，且不得设在弯道处。

（2）100 米比赛：设 2 条或 3 条跑道，每条跑道的宽度均为 2.6 米（线宽 5 厘米），预备起跑线与起跑线之间的间隔为 50 厘米。

3. 跑道状况

（1）直道中间三分之一的部分要完全平坦。

（2）表面可以用任何材料铺成，但要求完全平坦，且不滑、不粘。

4. 禁滑区

跑道内沿向内场延伸 50 厘米为禁滑区。

5. 全国正式比赛项目

场地赛和公路赛的正式比赛项目为 100 米、200 米、300 米、500 米、1000 米、3000 米、5000 米、10000 米、15000 米、20000 米、42.195 千米。

6. 比赛类型

（1）计时赛。个人计时赛为短距离比赛。运动员按顺序单个出发滑行，以计时成绩确定优胜者。分组计时赛为短距离比赛。运动员分成若干组，以计时成绩进行轮次晋级，最终产生优胜者。

（2）争先赛。对于竞争名次的短距离赛，采用轮次淘汰的方法产生优胜者。

7. 起跑

（1）对于 1000 米以下（含 1000 米）的比赛，发令员口令为"各就位、预备"鸣枪。

（2）在发令员发出"预备"信号之后，运动员如有问题可以举手示意，发令员停止起跑程序，并示意所有运动员离开起点线，每位运动员只有一次举手示意的机会，问题解决之后，重新开始比赛。

（3）若起跑出现重大失误，影响到比赛的公正性，裁判长有权召回运动员重新起跑。

8. 比赛通则

（1）运动员除听取教练员的临场指导外，严禁接受任何形式的援助。

（2）比赛滑跑途中，运动员应沿一条假想的直线滑行至终点，不得以曲线或横向滑行。

（3）在超越其他运动员时，不允许给其他运动员制造障碍。

（4）任何情况下，禁止运动员拉、推、阻碍或者援助他人滑行。

（5）比赛中，将被超越的运动员不能阻碍或者援助其他运动员。

（二）自由式轮滑规则

自由式轮滑比赛包括以下所有或部分项目：花式绕桩、双人花式绕桩、速度过桩、花式对抗（Battle）、花式刹停（Slide）及平地跳高。在校园多以速度比赛为主，任意动作都可以进行速度比赛，其规则可参考速度过桩的相关规则。

1. 场地

（1）地面需为硬质平整（不倾斜、不打滑）地面。

（2）比赛区域中设置四排桩，每排桩之间的距离均为 2 米。

（3）从靠近裁判席开始，四排桩的桩间距离分别为 50 厘米、80 厘米、120 厘米、80 厘米。也可以根据学、练、赛要求，结合场地大小及学生掌握情况，布置场地，保持桩间距相同即可，如 2 米、2.5 米等。

（4）四排桩点的中心线位于同一条直线上，与裁判桌中心一致。

（5）相距 50 厘米与 80 厘米的桩各 20 个，相距 120 厘米的桩 14 个。

（6）桩位点为圆形，且直径为 7.7 厘米，其圆心为直径是 0.7 厘米的圆点。

2. 速度过桩

运动员以最快速度和单脚方式绕过一排桩。场地大小至少为 10 米×40 米，总比赛距离为 12+0.8×19+0.8＝28 米，起跑主线距首桩中心点为 12 米，终点线距尾桩中心点为 8 米。

3. 速度过桩规则

（1）预赛（计时赛）。

① 预赛中，每名运动员都有两次起跑的机会，取最好成绩作为该运动员的最终成绩。预

赛成绩排名靠前的运动员将获得进入淘汰赛的资格。

② 预赛第一轮的出发顺序：通常以电脑随机抽签的方式决定，并且在有排名的运动员之前出发。

③ 预赛第二轮的出发顺序：按照预赛第一轮成绩排名的倒序出发。

④ 裁判长根据各组别参赛人数的实际情况，取预赛排名的前 4、8、16、32 或 64 位晋级，进入淘汰赛。

（2）淘汰赛（KO 制）。

① 进入淘汰赛的运动员按如下方法两人一组：获得预赛的第一名与倒数第一名同组，第二名与倒数第二名同组，依序分配。小组中第一个赢了两局的人晋级下一轮，另一人被淘汰。

② 如果运动员无理由弃权，则取消该运动员的所有成绩，其对手将直接晋级。

③ 如果一组运动员比了五局仍未能分出胜负，则预赛名次较高的运动员晋级。

④ 在半决赛中获胜的两位运动员进入决赛，争夺第一、二名，另两位运动员则进入排名赛，争夺第三、四名。

⑤ 决赛时，每组的每位运动员均有一次叫停 15 秒的机会。

（3）技术要求。

① 起跑与发令（预赛，计时赛）：自由出发模式，预赛起跑发令为"On Your Marks（各就位）、Ready"；当听到"Ready"命令后，运动员必须在 5 秒内出发，否则将得到一次起跑犯规的警告。若连续两次起跑犯规，则当前这一轮无成绩；运动员前脚任何部位包括轮子在内必须在"起跑范围"（40 厘米×2 米）内，不得触碰任意起跑线，后脚可触碰后起跑线。轮滑鞋必须全部或部分接触地面。前进方向的第一步必须通过前起跑线，允许运动员出发前身体晃动。当运动员身体任意部位进入红外计时线时，计时开始。

② 淘汰赛：淘汰赛起跑发令为"On Your Marks（各就位）、Set（预备）、出发信号"；当听到"On Your Marks"后，运动员必须在 3 秒内进入起跑姿势，否则得到一次起跑违规警告；当听到"Set"后，运动员的身体不得晃动，否则得到一次起跑违规警告；当听到"出发信号"后，运动员才能出发，否则得到一次起跑违规警告；运动员前脚任何部位包括轮子在内必须在起跑线后。轮滑鞋必须全部或部分接触地面，并且不允许滚动。轮子不得超过起跑线。

③ 首桩线：在第一个桩有一根垂直于速桩跑道的沿桩切线，标示了加速区的结束和绕桩区的开始。运动员必须以一只脚的方式进桩，允许以单轮绕桩。

④ 终点线：冲刺时，必须用绕桩脚，且至少有一只轮子从地面滑过终点线。

⑤ 起点判罚（淘汰赛）：当听到"On Your Marks"后 3 秒内，运动员的身体仍未进入静止状态，将得到一次起跑违规警告；当听到"Set"后，运动员的身体出现晃动，将得到一次起跑违规警告；若运动员抢跑，则将得到一次起跑违规警告；在同一轮中连续两次起跑违规者，将被取消该轮的比赛资格。

⑥ 首桩判罚：若运动员未以一只脚的方式进入首桩判定线，则第一个桩判为漏桩；若运动员未以一只脚的方式进入第二个桩，则将前两个桩判为漏桩；若运动员未以一只脚的方式进入第三个桩，则将取消本轮成绩。

⑦ 绕桩判罚：在终点线前，运动员换脚，或非支撑脚落地，将取消本轮成绩。

⑧ 终点判罚：若未以绕桩脚先冲刺终点线，则将取消本轮成绩；若跳过终点线，则将取消本轮成绩。虽有跳跃但在终点线前脚落地，则不判罚。

⑨ 罚桩：绕桩中若每踢倒或漏绕一个桩，则在运动员本轮成绩中加 0.2 秒；若一个桩被

碰移且可看到桩位圈的圆心，则被罚 0.2 秒；若一个桩被碰移但桩位中心点仍被该桩盖住，则不判罚；若一个桩被碰移离开桩位后，又自行滚回到桩位上并且盖住桩位中心点，则该桩不判罚；若一个桩被踢后碰倒另一个桩，则两个桩各判罚 0.2 秒；若踢、漏桩数超过 4（不包括 4 个桩）个，则将取消本轮成绩。在其他小规模比赛中，由裁判长决定踢、漏桩数量的要求。

第四节　飞　　盘

飞盘

一、飞盘运动简介

飞盘运动是一种老少皆宜的健身项目，只要有一片空旷的场地就能进行，由于其投接的手法千变万化，吸引了爱好健身及喜爱户外运动的朋友。其主要比赛方法有十余种，如掷远、掷准、自由花式、团队飞盘赛、双飞盘和掷准飞盘。1948 年，飞盘发明于美国，1970 年风行于欧美，有十余种国际比赛项目，其中最受欢迎的项目有极限飞盘、飞盘高尔夫、自由花式及勇气赛四大项。由于飞盘运动本身具有新奇、变化、挑战性、男女差异小、没有场地限制等诸多特点，吸引了男女老少各年龄段的爱好者，目前飞盘运动在全世界得到了广泛的开展。我国各大城市如杭州、北京、天津、上海等十多个城市皆有飞盘俱乐部。另外，在国内各大高校中飞盘运动也在不断发展。

极限飞盘是一项以运动员为核心，以竞技和娱乐为目的的团体运动项目。极限飞盘的起源可以追溯到 1947 年，当时美国冰球手们利用棒球作为游戏道具进行比赛。在 20 世纪 50 年代，极限飞盘运动在美国和欧洲的一些大学校园内得到了推广和发展。1970 年，国际极限飞盘联盟（ILF）成立，标志着这项运动开始走向国际化和职业化。1982 年，国际极限飞盘公开赛（X-Games）创办，为极限飞盘运动员提供了展示自己的舞台。2001 年，极限飞盘成为世界运动会正式比赛项目，并在 2009 年成为奥运会正式比赛项目。我国极限飞盘运动起步较晚，但近年来也得到了越来越多的关注和参与。中国极限飞盘协会于 2016 年成立，并定期举办全国性比赛和青少年培训活动。越来越多的中国运动员和教练员正在为推动极限飞盘运动的发展而努力。

极限飞盘运动展现了体育运动的精神和魅力，比赛中讲究男女平等，团结协作，它集实用性、运动性、健身性、娱乐性于一体，是一项值得广泛开展和推广的群众性体育项目。

二、飞盘运动的基本技术

（一）反手技术

1. 握法

飞盘运动有两种基本握法。第一种握法：拇指在盘顶部，其余四指在底部伸展开来成扇形，中指指向盘的中心，掌心紧贴盘的边缘。这样可以加强对盘的控制，使盘在飞行过程中不摇晃。因为在盘的底部，所有手指都需要伸展开来，从而导致这种握法比较缺乏爆发力度。握盘力度的大小取决于食指尾部对盘的牵引力。第二种握法：食指贴于盘沿，但没有中指对盘的支撑，其余手指紧握着盘沿，这样握盘更有力量。然而，如果失去对盘的控制，再大的力度也没有意义。

2. 姿势动作

站在接盘者的垂直方向，让右肩靠近目标。在将重心转移到后脚的同时，拿回盘，倾向左边，转动臀部和躯干。保持盘平直并且与地面平行。继续看接盘者，不要看地面或者盘。然后后摆并且开始将盘向前移动，通过摆动来提升盘的速度。将臀部和躯干朝着目标的方向转回。此时应该将重心连同盘一起从后腿移动到前腿。在盘出手前，用一个快速的甩腕使手臂加速，盘旋转。掷出盘并且令右手指向目标。当盘飞行时，在原地维持动作。左脚应该保持静止，而右脚可以向前方跨出一步而成弓步。

（二）正手技术

1. 握法

将盘沿放在虎口的位置，中间不可以留有空隙，中指指腹贴紧盘沿内壁弧圈位置，食指朝盘底部的中心伸展支撑盘。这种握法的优点是可以很好地控制盘；缺点是力度不够，这是因为食指伸开时，手腕无法往后竖过来。

2. 姿势动作

当正手投掷时，要面对接盘者。握住盘使其轻微往回，离开身体，保持肘部靠近边缘。保持左脚固定的状态，向一旁移动右脚，并且轻微向前。将重心放在右脚上，并且轻微弯曲右膝。将手臂带回一点，然后开始向前移动到腰部。继续看着接盘者，确保没有将外围带高。以肘部作为主导，前臂随之运动。然后手腕应该弯折，伴随着一个类似于掷出一块石头时用的动作。快速掷出盘，并且令手指向接盘者，手掌应朝向天空。一个可辨认的正手技术应该使盘顺利地飞向接盘者。摆动手臂和掷出是这种掷盘法中最难的部分。不要像掷一个排球一样举手过肩投掷一个盘。这种掷盘法更像是球类运动的侧投球或者网球中的正手。

（三）接盘技术

1. 双手夹盘

双手夹盘是所有接盘方法中最基础的一种。按照理想的方式，这种接法是为了方便让盘飞向自己的身体，一只手放在盘的顶部，另一只手放在盘的底部。以右手为例，如果习惯放在底部的是右手，那么放在顶部的就是左手。

2. 单手接盘

在任何时候任何动作下都可以完成单手接盘，这是所有接盘类型中的高级技能，如果想要在比赛中有出色的表现，那么必须掌握单手接盘。为了防止掉盘的情况出现，要将手腕和肘部变柔软。因为当盘碰到手时，会逆向运动并且吸收能量，这样会留出更多时间收紧手指。

（四）过顶掷技术

1. 握法

过顶掷的握盘方式与正手的握盘方式是一样的，唯一的不同在于过顶掷的握盘要比正手的握盘更紧一些。许多极限飞盘运动员都经历过或用过顶掷技术前挥舞手臂但是把盘握得太松的尴尬情况。

2. 掷法

过顶掷的动作与网球中的发球或过顶扣球相似。要面对着投掷搭档，采用正手技术将盘掷出。握紧盘并且轻微弯曲右臂，并将盘移动到头顶上方。不要弯曲膝盖，保持目视接盘者。盘应该在头顶上方，将其倒置并且大约与地面呈45°。以右手掷盘为例，右腿应该在后面，必须维持左腿为轴转，左脚不能移动离开它的位置。当掷盘前挥动手臂时，大部分的重心应该在右腿。当手臂向前移动时，重心要转移到轴心腿。

三、飞盘运动的比赛规则

（一）场地

飞盘正式比赛的场地为长方形，长为 64 米，宽为 37 米。得分区分别位于场地两端，深 18 米（或 23 米）。

（二）开盘

每次比赛开始时，双方选手在各自防守的得分区内排成一队。先防守的队伍把盘扔给进攻的队伍（称为发盘）。在正规比赛中，每支队伍只许有七位选手上场，性别比例为男四女三。

（三）得分

如果进攻方选手在对方的防守得分区内接住盘，则进攻方得一分。

（四）传盘

选手可以向任意方向传盘给自己的队友，但不允许持盘跑动。持盘的选手（称为持盘者）有 10 秒的时间来掷盘。防守掷盘者的选手（称为防盘者）应该大声地数出这 10 秒（称为延时计数）。

（五）失误

如果进攻方传盘没有成功（如出界、掉地、被对方断下、被对方截获），则视为失误。此时防守方获得盘权，立刻攻防转换。

（六）换人

只有在得分之后或选手受伤的情况下才允许替换场上比赛选手。

（七）无身体接触

选手之间不应该有任何身体接触，也不允许阻挡其他选手的跑动。

（八）犯规

当一方选手与另一方选手发生身体接触时，视为犯规。被判犯规的选手要立刻喊出"犯规（Foul）"，此时所有场上选手都要停在当前位置且不得移动，直到比赛重新开始。如果犯规没有影响进攻方的盘权，则比赛继续；如果影响了进攻方的盘权，则将盘交还给进攻方继续比赛。如果防守方选手不同意被判犯规，则将盘还给前一位持盘者，重新开始比赛。

（九）自判

比赛没有裁判，由场上选手自行裁决犯规、出界和失误。选手们应该互相文明地讨论与解决争议。

（十）极限飞盘的比赛精神

极限飞盘重视体育道德和公平竞争，它鼓励选手们激烈对抗，但激烈对抗必须建立在互相尊重、遵守规则和享受乐趣的基础上。

第五节 户外拓展

一、户外拓展运动简介

（一）Outward Bound 的起源

由于拓展训练主要是在 Outward Bound（OB）教育理念的影响下产生的，因此了解 Outward Bound 的产生过程及当时的教育思想和模式十分必要。最初，Outward Bound 主要在航海中使用，是船出发前召唤船员上船的旗语，表明船出发的时刻到了。从字面上解释，Outward Bound 就是"出海的船"。而现在 Outward Bound 作为一种学习方式的名称，被越来越多的人所接受，并在教育领域被诠释为一艘小船在风雨来临之际，离开安全的港湾，驶向波涛汹涌的大海，去迎接未知的挑战，面对风险与困难的同时也可能发现新的机遇。Outward Bound 的创始人是库尔特·哈恩。

1946 年，Outward Bound 信托基金会（Outward Bound Trust）在英国成立，目的是推广 OB 理念并且筹集资金创建新的 OB 学校。OB 国际组织下属的 Outward Bound School（简称 OBS）已经遍布全球五大洲 30 多个国家，共有 40 多所分校，这些分校秉承了哈恩的教育理念，受训人员包括学生、家长、教师、企业员工和各级管理人员。在亚洲地区，新加坡最早建立了 OB 学校，此后中国香港及日本先后引进了这种体验式教育的课程模式。由于该课程模式适应了我们所处时代对完善人格、提高素质和回归自然的需要，成千上万的人参与其中，一同感受 OB 带来的令人震撼的学习效果，同时参加此类课程也成为现代人生活的新时尚，近几年内有不断升温的趋势。1970 年，中国香港成立了香港外展训练学校，它是中国第一个加入 OB 国际组织的专业培训机构。1999 年，OB 国际组织在广东肇庆建立了外展训练基地，成为该训练组织下属的中国境内第一个培训基地。1995 年，以"拓展训练"命名的体验教育模式整合改造后进入中国内地，当时的北京华融拓展训练学校是最早开始在国内开展课程的培训机构。1999 年，高等学府清华大学率先将体验式培训引入 MBA、EMBA 的教学体系中，随后在北京大学光华管理学院、中欧国际工商学院、中山大学岭南学院、浙江大学、暨南大学等学校的 MBA/EMBA 教育中，也纷纷将拓展训练作为指定课程内容。

（二）户外拓展运动的特点与作用

户外拓展运动具有寓教于乐和效果持久两大优势，并且适应了当今时代完善人格、提高素质和回归自然的需要。以体验、经验分享为教学形式的拓展培训的出现，打破了传统的培训模式，它吸收了国外先进的经验，同时注意适应我国的心理特征与接受风格，将大部分课程放在户外，精心设置一系列新颖、刺激的情景，让学员主动地去体会、去解决问题，在参与、体验的过程中，丰富现代人文精神的管理内涵的道理。在特定的环境中去思考、去发现、去醒悟，对自己、对同仁、对团队重新认识、重新定位，这也是拓展培训的意义所在。

拓展培训打破了传统的教育模式，它并不会灌输某种知识或训练某种技巧，而是设定一个特殊的环境，让学员直接参与整个教学过程，在参与的同时，去完成一种体验，进行自我反思，获得某些感悟。

团队的力量大于个人力量之和，并且成功必须属于团队的每个成员。团队的力量是巨大的，有很多事情必须由团队的每个成员去完成，有很多事情必须靠团队里的每个成员相互协作、共同努力才能完成。

真切体会"人的潜力是深不可测的"这样一个道理。当完成了原来想都不敢想的事时，就会觉得自己是很棒的。决不轻言放弃。多了一些勇气和毅力，当遇到机会时不轻易放弃，现在的自己定会更好。

二、户外拓展的经典项目

（一）解手链

1. 任务

全体队员围成一个圆圈，双手交叉于胸前，双手分别与不相邻的学员相握，要求团队共同努力，将双手解开，形成自然状态下手牵手的状态。

解手链

2．规则

（1）所有学员肩并肩面向圆心站成一个圆圈。

（2）学员先举起左手，去握住与自己不相邻人的左手。

（3）再举起右手，去握住与自己不相邻人的右手，并且不握同一个人的手。

3．注意事项

（1）当出现反关节动作并且学员感觉痛苦时，不得强行拧转，可在松开手的情况下调整后再紧握。

（2）注意在跨越学员手臂时不要用膝盖或脚碰到其他学员的面部。

（二）协力起身（众志成城）

1．任务

当听到"预备"口令时，所有人的胳膊紧紧地与自己左右两边的人挽在一

协力起身

起，当听到"坐下"口令时，所有人坐下，臀部着地，双腿平伸，坐下去的时候要慢。坐好后当听到"1、2 起"口令时，所有人在胳膊不允许打开的情况下迅速起立，用秒表计算起立所用的时间。计时原则为：当听到"1、2 起"的口令时开始计时，等到团队中最后一位学员站起来后停止计时，中间这段时间就成为团队的有效时间。

2．规则

（1）全体人员共同参与，起落过程双臂均不得打开。

（2）坐下时，动作一定要慢且要注意安全，坐下的快慢不是考核的目标。

（3）有严重高血压、严重颈椎、腰椎疾病或身体不适的队员不可参加。

3．注意事项

（1）要求学员将身上的尖锐物品取下并放好。

（2）根据实际情况确定最终要达成的目标。

（3）每次都要提醒学员：向下坐的时候速度一定要慢。

（三）蛟龙出海

1．任务

根据实际情况将学员分成三组；给每组 12～20 条绳子；每组学员利用绳子将

每组学员小腿全部连接起来；连接好后，每组横向移动一段距离；每组最后一名学

蛟龙出海

员最先通过终点线的小组获胜。

2．规则

（1）行进间若绳子松开，则要立刻停止前进，马上调整，调整后方可继续移动。

（2）要求绳结捆绑在膝关节以下、脚面以上。

（3）要求全体学员横向移动（即以螃蟹行走方式移动）。

（4）前方有标志物，需要在标志物处转动一周。

（5）起点即终点，排头和排尾不允许互换位置（即排头永远是排头）。

3．注意事项

（1）如有学员摔倒，要立即停止，调整后方可移动。

（2）仔细观察每队学员移动的状况。

（3）学员练习时要多加引导。

4．器材

绳子、秒表。

（四）千手观音（齐眉棍）

齐眉棍

1. 任务

将一根横杆放在右手食指的第二关节上，所有队员共同托住横杆，由一定的高度降至所有队员的手接触地面。

2. 规则

（1）所有队员伸出右手食指，手心向上，食指始终保持水平并平均分布在横杆下。

（2）在横杆整个下降的过程中，全体队员的食指不得离开横杆，且不允许手指左右移动。

（3）如果违反上述任何一条规则，那么要恢复高度重新开始。

（4）教练在整个过程中不回答学员的问题。

3. 注意事项

（1）高度以教练指定的学员的眉毛高度为准。

（2）做好前期铺垫工作，告知学员这是一个非常有挑战的项目，做好鼓励工作。

（3）先让小组学员站成相对的两列，并教示范动作。

（4）视团队情况而定，项目开始前强调不允许中途放弃。

4. 器材

PVT 管或竹竿。

（五）急速反应

1. 任务

要求学员在规定时间内找出相应的数字卡片，并按顺序排列。在五轮比拼中，积分最高的队获胜。

2. 规则

（1）项目开始前所有学员必须站在起点线以外，不允许踏过起点线，否则扣分。

（2）每次只能一名学员进入圆圈内，只能挑选出一个数字卡片，返回后和下一名学员击掌，下一位学员才能出发。

（3）每轮教练和队长一起确认得分。只有找出三个或三个以上连续的数字卡片方可得分。

（4）项目将进行五轮，每轮都将规定不同的挑战时间。

第一轮：准备时间为 6 分钟，挑战时间为 6 分钟。

第二轮：准备时间为 5 分钟，挑战时间为 5 分钟。

第三轮：准备时间为 4 分钟，挑战时间为 4 分钟。

第四轮：准备时间为 3 分钟，挑战时间为 3 分钟。

第五轮：准备时间为 1 分钟，挑战时间为 1 分钟。

3. 注意事项

（1）挑战前，让学员清晰知道数字卡片所在区域及拿出数字卡片后的摆放位置和摆放顺序。

（2）挑战时，提醒学员注意安全。

（3）教练点评时，要尽量少讲，这个项目更多的是学员参与。

4. 器材

30 张数字卡片（数字类型各异）、粉笔、秒表。

（六）盲人方阵（盲兵布阵）

1. 任务

在每队的正前方三米内有一团杂乱的绳子，要求所有学员均戴上眼罩，先解开绳子上所有的绳结，然后将这条绳子围成一个面积最大的正方形，正方形围好后，所有学员平均地站在正方形的四条边上（每条边上人与人之间的距离要均等）。不能在正方形的四条边上平均站立的学员需要站在正方形的正中心。

2. 规则

在项目操作中，在教练没有告诉摘下眼罩之前不允许学员偷看。

3. 注意事项

（1）在列队时，让学员背对太阳站立。

（2）绳子放在空旷的区域，四周要有足够的空间。

（3）绳子不要太乱，当学员长时间解不开时可帮学员解开或让解绳子的学员暂时去掉眼罩，解开后再戴上，因为这个项目主要不是为了解绳子。

（4）在项目进行过程中学员不准离开场地，时刻注意保护好学员的安全。

（5）在最后摘眼罩时指挥学员背对太阳，先不要睁开眼睛，取下眼罩后引导学员慢慢地睁开眼睛。

4. 器材

绳子和眼罩。

（七）挑战 3 分钟

1. 任务

通过团队的共同努力，在规定的 180 秒（3 分钟）内完成六个项目。

2. 规则

（1）不倒森林：每队学员围成一个圈，将木板放置在圈的中央，所有学员都用右手按住杆头，左手背在身后，保持一定距离，学员共同向前去按前一个学员的木杆，连续转动一周，回到原始位置，木杆倒地或用手抓都要从头开始。

（2）诺亚方舟：若干学员同时站在边长为 40 厘米的正方形垫子或汽车轮胎上保持 20 秒，任何人落地即重新开始。

（3）大河之舞：一个组的两个学员摇大绳，其余学员一起跳，在没有学员中途绊到绳子的情况下，共同连续跳 20 下，若中途失败，则项目重新开始。

（4）能量传输：在某段距离内，每人手持一截 U 形槽，将小球在 U 形槽上连续传递到终点的杯子里，整个过程中不许用手摸球，如果球落地或回流，则项目重新开始。

（5）巧抛彩球：一个学员将弹力球抛出或弹力球落地弹起后，另一个学员用纸杯接住，连续接住 10 次。

（6）激情击掌：所有学员围成一个圆，击掌 6 次，每击一次掌多说出一个字，第一次说第一个字，第二次说前两个字，依此循环增加说的字数。击掌时先用双掌拍左边学员一次，然后拍右边学员一次，随后体前击掌一次，然后拍左边学员 2 次、右边学员 2 次，击掌 2 次，如此循环增加，直到完成后全体学员喊出 yes 结束。以"我们是最棒的"为例，过程"1、1、我"，"12、12、我们"，"123、123、我们是"依此循环。若有击掌或说错，则重新开始。

3. 注意事项

（1）禁止拿器械道具玩耍打闹，避免误伤他人。

（2）活动项目轮换时，不要把器械随意扔在地上，按照提前摆设的项目区域适当放置。

（3）当一个队伍正在挑战时，另一个队伍在指定区域内观看。

4. 器材

秒表、木杆、方形垫子或汽车轮胎、大绳、U 形槽、小球、弹力球、纸杯。

（八）有轨电车（大脚板）

1. 任务

所有学员跨立在两块长木板上带动木板一起行走，按地面标志物行走一周，起点即终点。

有轨电车

2. 规则

（1）学员按照木板上绳的位置站在木板上，通过团队的努力开动"电车"。

（2）活动过程中要保持步调一致，否则需要尽快调整，如果调整不及时出现摔倒的情况，学员要立刻同时扔掉绳子，并喊"停"以告知同伴。

（3）活动中要注意安全，练习成功后，进行垂直竞速和追逐赛。

3. 注意事项

（1）掌握自身平衡，防止拥挤摔倒。

（2）身体失控或脚落地应及时喊停，双脚尽力向板外侧踏出，防止压脚。

（3）当学员在转弯时出现拥挤或压板，需要立即停止并调整。

4. 器材

木板，秒表。

（九）同心鼓（击鼓颠球）

1. 任务

学员将一面四周绑了数根绳子的鼓提起，用这面鼓将一个排球连续颠起。

同心鼓

2. 规则

（1）要求每队中的学员各拿起一根绳子。

（2）每队中的一名学员负责抛球和捡球。

（3）颠球的高度不低于鼓面上方 20 厘米，否则此球不计数。

（4）颠球过程中要注意安全，教练叫停时必须停止。

（5）规定在 2 分钟内累计颠起次数最多的队伍获胜。

3. 注意事项

（1）所有的绳子都有学员牵拉，防止绳子落在地上绊倒学员。

（2）要有足够平坦的场地，检查场地上不要有石头、木棍等硬物。

（3）教练要注意观察学员颠球时的整体状态，当学员遇到问题时，教练要积极引导。

4. 器材

秒表、鼓、绳子、排球。

（十）穿越电网

1. 任务

用绳子做成"电网"，每个网格只能通过一名学员，且每次只允许通过一名学员，若有一名学员触网则全队重新开始。

目标：所有学员在规定时间内必须全部安全通过电网。

2. 规则

（1）项目开始后，任何学员的身体任何部位都不能触网，一旦触网就立即被淘汰。淘汰者站到一旁不允许帮助同伴。

（2）不管成功还是失败，每个网格只能使用一次，且每次只准通过一名学员，不能从网格的上下左右（用手势指明位置）通过。

（3）不允许直接穿跳过去（教练要加以说明）。女生需要被抬起，通过网格时尽量保持面部向上。

（4）每淘汰一名学员时，团队其他所有成员都被罚做 3 个俯卧撑。

3．注意事项

（1）在项目开始前，让学员把钥匙、手机、帽子、发卡等容易掉落的或尖锐物品取下。

（2）本活动的危险性不高，但教练要及时制止一些危险动作（如从上方跳跃，超越托举者力量的、有危险性的托举传送等）。

（3）教练要在项目中做好保护工作。

4．器材

绳子、标记夹。

（十一）无敌风火轮

1．任务

要求全体学员利用报纸制作一条封闭式履带，并要求全体学员站在履带中并行走一段距离。

2．规则

（1）将学员分成若干组。

（2）要求学员利用报纸和胶带制作一个封闭式履带，制作时间为 20 分钟。

（3）要求每组学员站在履带中，身体的任何部位不可以超出履带，但手除外。

（4）行走过程中，若履带出现断裂，则需要在原地修复，修复后才可继续行走，否则罚时 30 秒。身体离开履带罚时 5 秒。

3．注意事项

（1）教练观察学员的整体状态。

（2）教练要及时提醒学员注意安全。

（3）教练记录每个队伍所用的时间。

4．器材

报纸、胶带、秒表、标志物。

（十二）驿站传书

1．任务

全体学员排成一列，这时每名学员都相当于一个驿站。教练会将一组数字卡片给每队的最后一位学员，这位学员要想尽办法将这组数字信息传递给队伍最前面的学员，当最前面的学员收到信息后，要在规定的时间内将传递的信息写在白板上，然后由最后一名学员大声读出卡片上的信息，看是否与白板上的信息相符。

2．规则

（1）不能讲话（包括有规律的发出声音）、移动。

（2）不能回头。

（3）后面学员的任何部位不能超过前面学员身体的肩缝横截面以及无限延伸面。

（4）不能使用手机等通信工具。

（5）不能传递纸条。

（6）确认信息传递完毕后，迅速举手向教练示意，把信息写到白板上，学员举手示意时停止计时。

（7）每轮结束后，进行下一轮时，前一轮使用过的传递信息的方式不允许再次使用。

3. 注意事项

（1）教练要观察每队学员是否有违反规则的行为。

（2）每轮结束后给每队讨论时间。

（3）提醒每轮比赛时不能使用同一种传递信息的方法。

（4）项目进行过程中学员不能离开各自位置。

4. 器材

白板、记号笔、数字卡片、秒表。

（十三）无声数字

1. 任务

全体学员戴好眼罩，不能说话，把教练发下来的数字卡片由小到大或由大到小排成一排，排列好后，由队长向教练示意。

2. 规则

（1）在规定的时间内完成得 10 分。

（2）每提前 1 分钟完成加 0.1 分。

（3）在规定的时间外，每超出 1 分钟减 0.1 分。

（4）整个过程中发现有学员用语言交流扣 1 分，并将该学员淘汰。

3. 注意事项

（1）整个过程中学员不能说话，只能用肢体语言交流。

（2）整个过程学员不许摘掉眼罩，偷看同伴情况及同伴的数字。

4. 器材

数字卡片、眼罩。

（十四）交通堵塞（红绿灯）

1. 任务

要求四组学员全部通过十字路口，即全部学员由外向里，转变为通过十字路口后的由里向外，每名学员代表一辆车。

2. 规则

（1）将学员平均分成四组，面对面站在十字路口。

（2）红绿灯交替，绿灯方向的车可通过，每次最多只能通过两辆车，然后转为红灯，对面的车通过，只能直行，不得左右转和后退。

（3）一个空格只能停一辆车，若移动，则只能走进前面一个空格或超越对面的一辆车，不能连续超越两次。中间空格有车时只能在轮到自己时向前或由对面的车超越其前进，左右的人不得超越。

（4）如果不前进，则必须全队跳跃一次，以示礼让，其他方向的车可前进。

（5）可以先练习，但确认开始后，若出现错误则需要重新开始，不该移动的学员做动作即为违规。

3. 注意事项

（1）注意不要撞上后面伸头观察的学员的脸部。

（2）利用调停技术，避免学员出现语言冲突。

（3）注意除去中间的空格，最多只能有一个方向为奇数。

4. 器材

粉笔、秒表。

（十五）摸石头过河

1. 任务

在一块开阔场地上画出有起点线与终点线的区域，来模拟一条河流。要求每名学员利用若干"石头"作为渡河工具，从此岸到达彼岸。

2. 规则

（1）在渡河过程中，学员的双脚必须踩在"石头"上；一旦有人落水，则需要在总时长上加时5秒，跌落几次，就加时几次5秒。

（2）比赛开始前，学员站在起跑线后的第一、二块石头上，手拿第三块石头。发令后，学员依次将石头踩在脚下交替向前行进，赛程为若干米（根据场地大小而定）。

（3）当学员的任意一只脚踩在越过终点线所在垂直平面的石头上时，计时停止，用时少者名次列前。

3. 注意事项

（1）向前放置石头的距离不能大于手臂长度，最好与手臂长度相等，这样容易放和拿。

（2）三块石头最好在一条直线上，或者接近一条直线，每次向前跨不同的脚，不要在石头上换脚，身体的朝向必须是一左一右，这样速度最快。

（3）比赛过程中重心保持一致，不要时高时低，动作要快而稳，此方法适合平衡感较强、腰腿灵活的学员。

4. 器材

泡沫砖、秒表、尺子。

第六节　气　排　球

一、气排球运动简介

排球运动对于大家来说并不陌生，但是在大众体育里发展得并不理想。首先，排球的规则要求参赛运动员要有较好的基本功。其次，球网的高度要求参赛队员必须有较好的身体素质。最后，场地的设施和人数都是比较难兼得的，所以比较难普及。但是我国开展了一个全新的运动"气排球"，这项运动不仅结合了排球的一些规则和运动方法，而且改进了排球的重量和质量，并且场地的大小和人员因素更能贴近大众体育的发展。

气排球是我国土生土长的一项群众性排球活动。1984年，呼和浩特铁路局集宁分局为开展老年人体育活动，在没有规则限制的情况下，组织离退休职工用气球在排球场上打着玩儿。由于气球过轻且易爆，他们将两个气球套在一起打，最后又改用儿童软塑球。随后又参照六人排球规则制定了简单的比赛规则，并将这种活动形式取名为"气排球"。

气排球是一项集休闲、健身、娱乐为一体的群众性体育项目，最初是为中老年人创新的运动，这是因为该项运动对抗小、运动量适中。它集体性强，需要很好的协调配合，加上规则简单易懂，发展到现在不仅男女老少普及得很广泛，而且在国内有专业性的气排球比赛。

二、气排球运动的基本技术

（一）准备姿势和移动

准备姿势和移动是气排球击球前动作的基本技术，是完成各项动作的前提和基础。

1. 准备姿势

半蹲准备姿势：双腿开立，距离稍比肩宽，双脚尖适当内扣，脚后跟微微抬起，膝关节弯曲，上体前倾，重心着力点在前脚掌拇指根部，两肩前探超出膝关节，两臂自然弯曲置于胸腹之间，抬头看球，随时准备移动。

稍蹲、低蹲准备姿势：稍蹲、低蹲姿势与半蹲姿势基本相同，只是两膝与躯干弯曲的程度大于或小于半蹲的。

2. 移动步法

（1）滑步移动：主要用于短距离移动，即来球距体侧稍远。两脚平行站立略比肩宽。向左滑步时左脚先向左侧迈出一步，右脚同时迅速跟上做滑步。

（2）跨步移动：当来球低、速度快、距离身体 1 米左右时，运用跨步移动较多。跨步移动可以单独使用，也可与滑步、交叉步、跑步移动的最后一步结合使用。两脚前后站立，跨步时，一腿用力蹬地，另一腿向来球方向跨出一大步，后腿随重心前移自然跟上，两手做好迎球动作。

（3）交叉步移动：主要用于体侧 2 米至 3 米左右的来球，或二传手和拦网者在网前移动及防守两侧来球时。两脚左右站立，向右侧交叉步移动时上体稍向右转，左脚从右脚前向右交叉迈出一步，然后右脚再向右侧跨出一大步，同时重心移至右脚，身体转向来球方向，保持击球前的姿势。

（4）跑步移动：跑步移动经常与交叉步、跨步移动等结合起来用。例如，向侧方跑步时，常采用交叉步转身的方法起动，在接近球时，又常用跨步、倒地和各种跳跃动作来制动使之完成击球动作。

（5）综合步移动：主要用于身体离球较远的情况。用一种步法不便于完成击球动作时常用综合步移动。例如，跑步之后接侧滑步，或滑步之后接交叉步或跨步来完成拦网或救起距离较远的球。

（二）垫球

垫球技术是气排球比赛中的基本技术，也是初学者必须掌握的技术之一。

1. 正面双手垫球

正面双手垫球是基本的垫球方法。在能够移动到位的情况下都应采用正面双手垫球。

（1）准备姿势：采用半蹲准备姿势。

（2）移动找球：正面双手垫球通常采用滑步、跨步、跑步等移动步法。

（3）垫球手法：两手掌跟靠拢，两手手指重叠合掌互握，两拇指平行，手腕稍下压，两前臂外翻形成一个平面。

（4）击球部位：手臂触球部位在腕关节以上 10 厘米左右（小臂内侧平面）。击球的后中下部。

（5）击球点：击球时，击球点应在腹前，距离身体一臂远处。

（6）击球动作：移动到球下，主动迎球，两臂前伸，插到球下，含胸收腹，压腕，双脚蹬地，重心跟随，用全身协调动作迎击来球。

2. 侧面双手垫球

（1）球来到身体两侧，球速较快，当来不及移动采用双手正面垫球时，可采用侧面双手垫球。

（2）准备姿势：同正面双手垫球。

（3）移动找球：当需要使用侧面双手垫球时，主要运用侧跨步、滑步等移动步法。

（4）击球部位：击球部位同正面双手垫球。

（5）击球动作：移动到球下，重心落在垫球侧腿上，双手向垫球侧伸出，且同侧肩高于另侧肩。用转腰收腹动作带动两臂截击来球，向前垫出。

3. 背垫球

背垫球用于接应队友垫飞的球或第三次将球击到对方场地。

（1）准备姿势：同正面双手垫球。

（2）移动找球：背垫球主要以转身跑步作为移动步法。要准确判断并迅速移动到球的落点处（注意看球，转身移动，观察场地方向）。

（3）击球部位：击球部位同正面双手垫球。

（4）击球点：垫球时，击球点高于肩，距离身体一臂远处。

（5）击球动作：移动到球下，两臂夹紧前伸，插到球下。击球时，蹬地、抬头、挺胸、展腹，向后上方垫球。

4. 双手捧球

（1）准备姿势：同正面双手垫球。

（2）移动找球：同正面双手垫球。

（3）击球部位：双掌内侧。

（4）击球点：双手平摊紧靠，掌心向上，手指自然张开呈半球状，对准来球。

（5）击球动作：用双手全掌触球后下部，借助蹬地和双手挑送的力量击球的后下部，将球捧出。

5. 挡搬球

（1）准备姿势：同正面双手垫球。

（2）移动找球：同正面双手垫球。

（3）击球部位：双掌内侧。

（4）击球点：两手自然张开，肘关节弯曲，手一上一下对准来球。下面那只手竖着面向来球，上面那只手横向面对来球。

（5）击球动作：位置在下的手向下方托住球，位置在上方的手向上方做出挡的动作。双手协调用力，完成击球。

（三）传球

传球技术主要用于网前二传和调整传球。掌握正面双手传球技术后，就要不断尝试在组织进攻中运用。

1. 正面双手传球

（1）准备姿势：采用稍蹲的准备姿势，便于随时移动，上身稍前倾，双手自然放松置于胸前。

（2）移动找球：传球主要用跑步、交叉步作为移动步法，步法灵活。

（3）击球手法和部位：双手触球时，两手自然张开成半球形，手腕稍后仰，两拇指相对成"一字"或"八字"，拇指指向自己的额头。用拇指内侧，中指第一二指节、无名指和小指第一指节触球的后中、下部。

（4）击球点：在额头前上方一球距离处击球。

（5）击球动作：移动到球下，当球来到额头前时主动迎球，用蹬地、伸膝、伸臂和手指、手腕的协调用力将球传出。

2. 背传球

背传球技术主要用于网前二传组织背后进攻时使用。

（1）准备姿势：采用稍蹲准备姿势。

（2）移动找球：同正面双手传球。

（3）击球手型：手腕比正面传球更后仰。

（4）击球部位：击球下部，拇指多用力。

（5）击球点：在头上方，比正面传球稍偏后。

（6）击球动作：移动到球下，抬头、挺胸、展腹，向后上方发力传球。

3.　调整传球

调整传球也是正面传球技术的运用。当来球远离球网，需要组织进攻时，就形成调整传球。调整传球时一般离进攻点较远，传球时注意全身协调发力，充分蹬腿和伸臂。在调整传球时，关键是找好击球点，并保持上体稳定和手形正确。传球高度要合适，给扣球队员以足够的助跑时间。

（四）发球

发球技术是气排球比赛中唯一不受对方和队友影响，且不需要队友配合的技术。掌握发球技术动作方法并不难，只要充分重视抛球，掌握正确的挥臂轨迹即可。

1.　侧面下手发球

侧面下手发球可以利用转体带动手臂击球，不费力，既适合初学者，也适合女生。

（1）准备姿势：左肩对网，两脚左右开立，与肩同宽，两膝微屈，弯腰收腹上体稍前倾，重心落在两脚间，左手持球于腹前。

（2）抛球：左手将球平稳抛离，离手 10～20 厘米，距离身体一臂远。

（3）挥臂击球：右手外展引臂，同时重心移至右腿，在用左手抛球时，右脚蹬地向左稍转体带动右臂向体前上方摆动，在腹前击球的后中下部。击球后，迅速进场比赛。

（4）击球手法：侧面下手发球的击球手形可以是五指并拢，用掌根击球，也可以用半握拳的拳心击球，还可以用虎口击球。

2.　正面上手发球

正面上手发球时利用转体、收腹带动手臂加速挥击，同时利用手腕的推压动作，使发出的球向前旋转飞行。这种发球方法需要有较强的腰腹力量，更适合男生。

（1）准备姿势：面对球网，两脚自然开立，左脚在前，左手持球于体前。

（2）抛球：用抬臂和手掌的平托上送，将球垂直抛于头上方，高于头 1 米以上。

（3）挥臂击球：左手抛球的同时，右臂抬起，屈肘后引，肘与肩平，手指自然张开拉至耳边，上体稍向右侧转动。击球时，利用蹬地，使上体向左转动，同时收腹，带动手臂挥动，完成鞭甩动作。用力顺序是腰带动肩、肩带动上臂、上臂带动前臂、前臂带动手腕，最后传递到手。在右肩上方伸直手臂处击球。击球后，随重心前移，迅速进场。

（4）击球手法：用全手掌击球的中下部。击球时，手指自然张开与球吻合，手腕迅速、主动做推压动作，使击出的球呈上旋飞行。

3.　上手飘球

上手飘球是一种采用上手形式，发出的球不旋转而出现不规则飘晃飞行的发球方法。

（1）准备姿势：同正面上手发球。

（2）抛球：左手持球平稳地将球抛在体前右肩前上方，比正面上手发球偏前、偏低，且不旋转。

（3）挥臂击球：抛球同时，右臂抬起，屈肘后引，肘略高于肩，上体稍后展。以收腹、转体迅速带动手臂挥动。挥臂最后阶段呈直线，在右肩前上方，用手掌的掌根击球的后中下部。击球用力集中、迅猛，使作用力通过球的重心，使球不旋转地向前飞行。

（4）击球手法：五指并拢，手腕稍后仰并保持一定紧张度。击球瞬间，手指、手腕固定，不加推压动作。用掌根部位击球，击球后，手臂要有急停动作。

（五）扣球

扣球技术是气排球比赛中最常用和最有利的得分手段之一，也是观众最愿意欣赏和学习的技术之一。

（1）准备姿势：采用稍蹲的准备姿势，两臂自然下垂，站在距网3米左右的位置观察来球，做好向各个方向助跑的准备。

（2）助跑起跳：左脚放松，自然地向起跳的方向迈出一步，紧接着右脚跨出一大步，支撑点落在身体重心之前，并以脚跟先着地，过渡到全脚掌着地，两臂从体侧摆至体后。同时左脚及时踏在右脚前方，脚尖稍向内扣，身体重心下降，两膝微屈，上体前倾。双脚蹬地时，双臂由体后向上摆动，使身体向上起跳。

（3）空中击球：跳起后挺胸展腹，上体稍向右转，右臂向后上方屈臂抬起，右手自然张开至右耳边，身体稍右转并成反弓形。挥臂时，以迅速转体、收腹动作发力，依次带动肩、肘、腕各关节成鞭打动作并向前上方弧形挥动，在右肩前上方最高点击球。

（4）击球手法：击球时，五指自然张开成勺形，并保持适度紧张，用全手掌击球的中下部，手腕迅速、主动做推压动作，使击出的球呈上旋飞行。

（5）落地：击球后，双脚同时落地，以前脚掌先着地，同时屈膝、收腹，缓冲下落力量，保持身体平衡，并准备下一个动作。

（六）拦网

拦网在网上近距离的攻防对抗中是一项被动的技术，因此拦网技术的运用比较难掌握。

1. 单人拦网

（1）准备姿势：面对球网，密切关注对方动向。采用稍蹲的准备姿势，两脚平行开立，约与肩同宽，两膝微屈，两手自然弯曲置于胸前。与网距离大约30厘米。

（2）移动找球：根据对方扣球点的距离，可灵活运动滑步、交叉步等移动步法，快速接近起跳位置。

（3）起跳：移动后，两膝弯曲，重心下降，起跳时两脚迅速用力蹬地，两臂在体侧画小弧用力向体前上方摆动，带动身体垂直向上摆动，起跳后，含胸收腹，以便控制身体平衡和延长腾空时间。

（4）空中拦击：随着起跳后，两手贴近球网向网上沿伸出，两肩尽量上提，两臂尽量伸直并过网接近球，两手张开，增大拦截面积。当对方扣球后，拦网手触球瞬间突然压腕，将球拦下。当身高和弹跳有限时，起跳后尽量提肩，手臂向上伸，手腕稍向后，以拦到球、降低扣球速度为目的。

（5）落地：拦网后双脚自然落地，缓冲下落力量，并迅速准备下一个动作。

2. 双人拦网

双人拦网是比赛中运用最多的拦网技术。双人拦网以单人拦网为基础，关键是两人之间的配合。双人拦网时，四只手要同时出现在网上，并保持在一个平面上。移动配合拦网队员注意制动，避免冲撞两侧的同伴。

三、气排球运动战术

（一）进攻战术

气排球场地较小，且场上只有5个人，所以在战术方面与排球"神似形不似"。在气排球比赛中，一般有两种进攻战术。第一种是"四一战术"，意思是场上只有一名二传手，这在排球比赛中也是最常见的，但是气排球场地小，来回球较快，二传手根本来不及补上，所以在气排球比赛中，这种战术用得不多。第二种是比较常用的"三二战术"，意思是场上有两个二传手，这样始终有一名二传手保持在前排，更有利于在来回球中组织进攻。

（二）防守战术

防守战术一般也是两种。第一种是"二一二战术"，意思是前排三名队员中，由两名队员进行拦网，一名队员进行跟吊球，后排两名队员进行防守。这种战术在男女混合比赛中使用较多，因为女队员相对身高较矮，一般不参与拦网。第二种是"三二战术"，在男生高水平的比赛中用得较多，也就是三人拦网两人防守。遇到进攻强的队伍时，三人拦网可以更好地限制对方的进攻，而且男队员脚步较快，在气排球的场地中后排防守队员有足够的时间防吊球。

四、气排球运动的比赛规则

（一）队员

（1）每队最多可有 8 名队员，队员上衣必须有号码，为 1 号至 8 号。身前号码面积为 10 平方厘米，身后号码面积为 15 平方厘米。场上队长应在上衣胸前有一个明显标志。

（2）教练员和队员应了解并遵守规则，以良好的体育道德作风服从裁判员的判定。如有疑问，只有场上队长可向裁判员请求解释，教练员不得对裁判员的判定提出异议或要求解释。

（3）教练员和队员必须尊重裁判员和对方队员，不得以任何行为影响裁判员的判断，不得以任何行为和表现去拖延死球时间或被认为有意延误比赛。

（二）进行

（1）队员场上位置：前排三名，后排两名。前排左边为 4 号位，中间为 3 号位，右边为 2 号位，后排左边为 5 号位，右边为 1 号位。每局比赛开始，场上队员必须按位置表排定的顺序站位，并在本局中不得调换。在新一局比赛中，每名队上场队员的位置可重新调整。

（2）暂停：每局比赛中，每个队可请求暂停两次，每次暂停时间为 1 分钟。只有成死球时，经教练员或场上队长向第二或第一裁判员请求后才准予暂停。第一裁判员鸣哨后，比赛应立即继续进行。若某队请求第三次暂停，则裁判员应予拒绝，并提出警告。第一裁判员已鸣哨发球，队员尚未将球发出或在教练员鸣哨的同时请求暂停，均应拒绝，如第二裁判员在此时间错误鸣哨允许暂停，第一裁判员也不得同意，应再次鸣哨发球。

（3）换人：每局每队最多可替换 6 人次，一下一上为 1 人次。某队换人时应由教练员或场上队长在死球时向第二或第一裁判员提出请求，并说明替换人数和队员的号码。裁判员准许换人时，上场队员应已做好准备并从前场区上下场，若队员未做好准备，则判罚该队一次暂停。

（三）成绩计算

（1）得分：比赛采用每球得分制，当某队胜一球时，即得一分，同时获得发球权。

（2）胜一场：比赛采用三局两胜制，胜两局的队为胜一场。当 1：1 平局时，进行决胜局（第三局）的比赛。

（3）胜一局：第一、二局先得 21 分同时超过对方 2 分为胜一局，当比分为 20：20 时，比赛继续进行至某队领先 2 分（如 22：20、23：21……）为胜一局。决胜局，先得 15 分同时超过对方 2 分的队获胜，当比分为 14：14 时，比赛继续进行至某队领先 2 分（如 16：14、

17∶15、……）为胜一局。决胜局的比分为 8 分时，双方队员要先交换场地后再进行比赛，比赛按照交换场地时的阵容继续进行。

（4）若某队被召唤后拒绝比赛或无正当理由而未准时到达比赛场地，则宣布该队弃权，对方以每局 21∶0 的比分和 2∶0 的比局获胜。若某队被宣布一局或一场比赛阵容不完整，则输掉该局或该场比赛，判给对方胜该局或该场比赛所必要的分数和局数，并保留阵容不完整的队伍所得的分数和局数。

（四）动作和犯规

1. 发球

（1）当发球队胜一球或接发球队取得发球权时，该队队员必须按顺时针方向轮转一个位置，由轮转到 1 号位的队员发球，若没有按发球顺序轮转发球，则为轮转错误，必须立即纠正，并被判失去发球权。

（2）发球队员必须在第一裁判员鸣哨发球后 8 秒钟内将球发出，球被抛出后发球队员未击球，球也未触及发球队员而落地，允许继续发球。

（3）发球队的队员不得以任何方式阻挡对方观察发球队员和球的飞行路线。

（4）发球时判断队员的位置错误，应以队员身体着地部分为依据，在发球队员击球的一刹那，球未击出前，同排队员的站位不得左右超越或平行，前后排队员不得前后超越或平行，即 4 号位队员不得站在 3 号或 2 号位队员的右边，2 号队员不得站在 2、3、4 号位队员的前面或与其平行，否则应判失球权或对方得分。发球队员与本方 5 号位队员不受站位的限制。

（5）发球触网算违例，发球和比赛过程中，球触网均按违例处理。

2. 击球

队员击球时，有意或无意把球接住停在手中，或用双臂将球夹住停留时间较长，或用手将球夹住停留时间较长再将球送出，判击球犯规。队员身体任何部位连续触球多于一次，则判连击犯规（拦网除外）。

（1）过中线和触网。比赛进行中，队员踏越中线，应判过中线犯规；队员身体任何部位触及球网，判触网犯规，因对方击球入网而使网触及本方队员时，不算触网犯规。

（2）队员在后场区可以对任意高度的球做进攻性击球，但在起跳时不得踏及或踏越限制线，否则为违例犯规。

（3）队员在前场区，采用攻击力强的扣、抹、压吊动作，将高于球网上沿的球击入对区、则判犯规。若采用攻击力小的传、顶、挑的动作，击球的底部或下半部，使球具有一定向上的弧度，此时过网不算犯规。

（4）队员在前场区，对低于球网上沿的球，可用任何击球动作将球击入对方场地。

3. 拦网与过网

（1）后排两名队员不得拦网，参加拦网并起到拦网作用时，应判犯规。

（2）拦网不算一次击球，还可再击球一次。

（3）不得拦对方的发球和对方队员进入前场区直接击过网的球，只允许拦对方队员在后场区直接击过网的球。

（4）甲方完成直接向乙方击球前，乙方的手触及甲方场地上空的球时，应判乙方队员过网犯规。

第七节　健　美

一、健美运动简介

健美运动是一项根据人体解剖学、运动生理学、运动医学及音乐、美学等学科基本知识，徒手或通过器械，运用专门的动作练习方式进行锻炼，以增强体质、发达肌肉、改善体型、促进人体健美为目的的体育活动。

健美

（一）健美运动的起源与发展

现代健美运动的创始人是德国人尤金·山道。在他的倡导下，1901 年 9 月 14 日，在英国伦敦举办了第一次世界健美比赛。1946 年，加拿大人乔·韦德创办了一本油印健美杂志——《您的体格》。同期的另一位加拿大人本·韦德，因 1946 年在加拿大成立了国际美联合会（IFBB），他被称为国际健美运动最伟大的组织者，该组织现有 169 个协会会员。中国健美协会于 1985 年 11 月 2 日加入国际健美联合会。

健美运动自 1947 年正式成为单项国际性竞赛项目以来，每年有一次国际业余健美锦标赛和世界最高水平的"奥林匹亚先生"（自 1965 年开始）、"奥林匹亚小姐"（自 1980 年开始）等职业比赛。美国健美运动员阿诺德·施瓦辛格是健美运动史上最富传奇色彩的人物之一，他曾多次获得"宇宙先生""世界先生""奥林匹亚先生"等称号。

现代健美运动是从 20 世纪 30 年代由欧美传入我国的，赵竹光先生被誉为"中国健美运动之父"，他是第一位将健美运动引入我国的人士。赵竹光先生于 1940 年创办了"上海健身院"，这是我国第一所运用教学方法来指导健美锻炼的学府，1940 年 7 月，由赵竹光先生主办的《健力美》杂志正式创刊。现代健美运动在我国的真正兴起是在 20 世纪 80 年代。当时上海、北京、广州等大城市率先开展了健美这项运动，很快就普及到全国的中小城市。第一本全国性健美杂志——《健与美》于 1980 年创刊。第一届全国健美邀请赛——"力士杯"男子健美邀请赛于 1983 年 6 月在上海举办。到了 20 世纪 90 年代初，高校体育课上开设了健美教学，深受广大学生欢迎。

早期的健美运动主要以男性为主，旨在展示身体健康、力量和美感。随着时间的推移，健美运动不再局限于男性，越来越多的女性也开始热衷于健美运动，现代健美运动强调均衡身体发展，包括肌肉力量、肌肉质量、体型比例和身体匀称，目的是塑造出理想的体型。

（二）健美运动的特点与作用

1. 健美运动的特点

保持健康，美化身心；增强肌肉，匀称体型；随时随地可以练习；动作简单，老少皆宜；促进交往，丰富生活。

2. 健美运动的作用

促进中枢神经系统的发育，促进心脑血管和呼吸系统机能的改善；调节心理活动，陶冶情操；改善身体形态，矫正畸形体态。

二、健美运动的基本技术

（一）肩部肌肉（三角肌、斜方肌）锻炼方法

1. 哑铃前平举

主要锻炼三角肌前束。

动作要领：站立，双手持哑铃下垂于体侧，上体正直，两肘微屈，哑铃上提至与肩同高，稍作停顿，双臂慢慢放下还原。

2. 哑铃侧平举

主要锻炼三角肌中束。

动作要领：站立，双手持哑铃下垂于体前，上体正直，两肘微屈，哑铃上提至头部高度，稍作停顿，双臂慢慢放下还原。

3. 哑铃俯立飞鸟

主要锻炼三角肌后束。

动作要领：两脚左右开立，比肩稍宽，上体前屈与地面平行，挺胸，塌腰，双手持哑铃，拳眼朝前，放松直臂下垂于腿前，两肘微屈向两侧提举哑铃至最高点，稍作停顿，慢慢放下还原。

4. 杠铃体前推举（坐姿）

主要锻炼三角肌、胸肌上部和斜方肌。

动作要领：骑坐在凳子上，上体正直，挺胸收腹，腰部收紧，双手与肩同宽持杠铃置于锁骨处，将杠铃垂直上推至手臂伸直，稍作停顿，慢慢放下还原。

5. 杠铃颈后推举（坐姿）

主要锻炼三角肌、斜方肌和背阔肌。

动作要领：骑坐在凳子上，上体正直，挺胸收腹，腰部收紧，双手比肩稍宽，持杠铃置于肩上，将杠铃保持在颈后上推至手臂伸直，稍作停顿，慢慢放下还原。

（二）胸部肌肉（胸大肌、前锯肌）锻炼方法

1. 哑铃仰卧飞鸟

主要锻炼胸大肌外侧。

动作要领：仰卧在长凳上，双手持哑铃，掌心相对，双臂自然伸直于胸部上方，挺胸沉肩，双手持哑铃向体侧慢慢屈肘下落，直到两臂不能再降为止，使胸肌充分被拉伸开，接着通过胸大肌的收缩发力，使哑铃由原下降路线向上举起，成直臂还原。

2. 杠铃卧推（平卧）

主要锻炼胸大肌、肱三头肌。

动作要领：平卧在卧推凳子上，双手握杠铃，比肩稍宽，杠铃横置于胸上方，开始练习时要主动退让，使杠铃下降至离胸肌约 1 厘米处，不停顿用胸大肌和肱三头肌协调发力，以较快速度向上推起杠铃，直到双臂伸直。

3. 杠铃卧推（上斜卧）

主要锻炼胸大肌上部、肱三头肌。

动作要领：上斜卧在卧推凳子上（头高脚低，身体成斜 30° 左右），双手持杠铃比肩稍宽，横置于锁骨上方，开始练习时主动退让，使杠铃下降至离胸肌上部约 1 厘米处，不停顿用胸大肌和肱三头肌协调发力，以较快速度上推杠铃，直到双臂伸直，练习时注意保护。

4. 杠铃卧推（下斜卧）

主要锻炼胸大肌下部、肱三头肌。

动作要领：下斜卧在卧推凳子上（头低脚高，身体成斜 20° 左右），双手持杠铃比肩稍宽，横置于胸腹交接处上方，开始练习时主动退让，使杠铃下降至离胸肌下部约 1 厘米处，不停顿用胸大肌和肱三头肌协调发力，以较快速度上推杠铃，直到双臂伸直，练习时注意保护。

5. 俯卧撑

主要锻炼胸大肌、肱三头肌。

动作要领：直臂双手支撑在地面，手指向前，两手间距与肩同宽或比肩稍宽，双臂靠近体侧，两腿并拢伸直，以前脚掌支撑，身体挺直，头稍微抬起，然后屈臂使身体下降至手臂完全弯曲，随即以胸大肌和手臂肌群协调发力，使双臂伸直还原。

（三）背部肌肉（背阔肌、冈下肌、竖脊肌）锻炼方法

1. 俯立划船（杠铃）

主要锻炼背阔肌、冈下肌和三角肌后束。

动作要领：两脚左右开立，与肩同宽，上体前屈与地面平行，双手直臂握杠铃于腿前，挺胸，塌腰，头略微抬起，上身保持不动，然后通过背部肌群协调发力，贴身将杠铃提拉至胸腹交接处，接着慢慢下放杠铃还原。

2. 双轴划船器划船

主要锻炼背部肌群、三角肌后束。

动作要领：在双轴划船器上进行练习，保持正确的坐姿，腰背肌肉收紧，背部挺直，双臂从前伸开始，同时用力后拉，使上臂至于背部齐平，稍作停顿，慢慢放下还原。

3. 俯卧背伸

主要锻炼背阔肌、竖脊肌、腰肌和臀肌。

动作要领：俯卧在垫子上，同伴按住双脚，练习中双臂前伸或双手抱头，通过腰背肌群发力，背伸使上体离开垫子，再慢慢返回原位。

4. 单杠引体向上

主要锻炼背阔肌、肱二头肌。

动作要领：双手正握单杠与肩同宽，身体悬垂，腰部以下放松，两腿自然伸直并拢，然后通过背阔肌和肱二头肌协调发力将人体引向上方，使下腭超过横杠，稍作停顿，伸肘慢慢放下至原位。

（四）臂部肌群（肱二头肌、肱三头肌、前臂肌群）锻炼方法

1. 哑铃（杠铃）弯举

主要锻炼肱二头肌。

动作要领：两脚左右开立与肩同宽，上体保持正直，手握哑铃（或杠铃）于体前，直臂下垂，上臂紧贴腹部，然后通过肱二头肌收缩发力，屈肘弯起前臂，让肱二头肌完全收缩，稍作停顿，两臂慢慢伸直放下回到原位。

2. 哑铃（杠铃）臂屈伸

主要锻炼肱三头肌。

动作要领：两脚左右开立与肩同宽，上体保持正直，正握哑铃（或杠铃），两臂伸直上举，上臂固定不动，慢慢屈肘，使哑铃（或杠铃）下落至头后最低点，接着通过肱三头肌收缩发力，两臂伸肘上举回到原位。

3. 正握腕弯举（坐姿）

主要锻炼前臂屈腕、屈指肌群。

动作要领：坐在凳子上，两脚分开与肩同宽着地，上体略前倾，两手掌心向前，正握杠铃，屈肘前臂贴住大腿，手腕下垂，然后通过前臂曲腕肌群收缩发力，使手腕向上弯起做屈伸动作。

4. 反握腕弯举（坐姿）

主要锻炼前臂伸腕、伸指肌群。

动作要领：坐在凳子上，两脚分开与肩同宽着地，上体略前倾，两手掌心向下，反握杠铃，屈肘前臂贴住大腿，手腕下垂，然后通过前臂伸腕肌群收缩发力，使手腕向上伸起做屈伸动作。

5. 双臂屈伸

主要锻炼肱三头肌、胸大肌内侧。

动作要领：在双杠上练习，支撑好后，通过屈肘下降身体，人体稍微前倾，下降到肘与肩同高时，通过肱三头肌发力伸直手臂回到原位。

（五）腿部、臀部肌群（股四头肌、股二头肌、小腿肌群、臀大肌）锻炼方法

1. 杠铃深蹲

主要锻炼股四头肌、臀大肌。

动作要领：两脚左右开立与肩同宽，上体正直，脚尖稍向外分开，肩负杠铃，抬头挺胸，腰部紧收，然后两腿下蹲至最低点，紧接着股四头肌和臀大肌协调发力起身还原。

2. 杠铃负重提踵

主要锻炼小腿三头肌。

动作要领：肩负杠铃并脚直立，然后通过小腿三头肌收缩发力，两脚跟向上提起至最高点，稍作停顿，慢慢下落脚跟，伸展小腿三头肌。

3. 坐姿负重腿屈伸

主要锻炼股四头肌。

动作要领：端坐在高凳上，小腿下垂，脚部负重，然后通过股四头肌收缩发力伸直膝关节，稍作停顿，屈膝放小腿还原。

4. 俯卧负重腿弯举

主要锻炼股二头肌。

动作要领：俯卧在长凳或垫子上，两腿并拢伸直，脚跟处套住拉力带，另一端固定住，然后通过股二头肌收缩发力，使小腿做屈膝上弯，稍作停顿，慢慢伸膝还原。

5. 站立直腿后举

主要锻炼臀部肌群。

动作要领：直立，双手扶固定物，一条腿直立支撑，另一条腿向后上方举到最高点，稍作停顿，慢慢还原。

（六）腰腹部肌群（腹直肌、腹侧肌、腰肌）的锻炼方法

1. 仰卧起坐

主要锻炼腹直肌上部。

动作要领：仰卧在垫子上，两腿并拢屈膝，双手交叉放在颈后，通过上腹部肌肉收缩发力，使躯干向上弯到上体靠近大腿，稍作停顿，慢慢后仰还原。

2. 仰卧举腿

主要锻炼腹直肌下部、大腿股四头肌。

动作要领：仰卧在垫子上，两腿并拢自然伸直，双手置于头上抓住固定物，下腹部肌肉和大腿前群肌肉协调收缩发力，使两条腿上举至垂直于地面，接着慢慢把腿放下还原。

3. 负重体侧举

主要锻炼腹侧肌（腹内斜肌、腹外斜肌）。

动作要领：肩负杠铃，两脚左右开立，比肩稍宽，通过人体腹部侧面肌肉收缩发力，使上体向左右两侧弯曲。

4. 杠铃直腿硬拉

主要锻炼腰背肌肉群。

动作要领：两脚左右开立与肩同宽，直腿、弯腰双手抓握杠铃，手臂保持伸直，通过腰背肌群收缩发力，提升杠铃沿着身体往上至大腿前面，身体直起形成背弓，接着慢慢放下杠铃回到原位。

三、健美运动训练计划和比赛基本战术

（一）训练计划

（1）分为多年计划、全年计划、阶段计划、周训练计划和课程训练计划。

（2）根据训练年限可分为：初级水平（0～6 个月）、中级水平（6 个月～1 年）、高级水平（1 年以上）。

（3）初级水平：每周训练三次，每次一个小时。中级水平：每周训练四次，每次一个小时。高级水平：每周训练 5 次以上，每次一个半小时以上。

（二）比赛基本战术

（1）在参加健美比赛前，运动员要控制好体重，使自己处于有利的竞赛级别。

（2）通过日光浴，保持肤色为健康的棕色。根据比赛现场灯光情况做好人体涂妆。

（3）赛前要做好准备活动，使各部位肌肉处于充血状态，更好展示肌肉的质量，充分体现力与美。

四、健美运动的比赛规则

（一）健美比赛分类

男子个人、女子个人、男女混合双人、元老组、全场冠军等。

（二）比赛级别（男子成年组）

（1）羽量级：体重为 60 千克及以下。

（2）雏量级：体重为 60.01 到 65 千克。

（3）轻量级：体重为 65.01 到 70 千克。

（4）次中量级：体重为 70.01 到 75 千克。

（5）轻中量级：体重为 75.01 到 80 千克。

（6）中量级：体重为 80.01 到 85 千克。

（7）轻重量级：体重为 85.01 到 90 千克。

（8）重量级：体重为 90 千克以上。

（三）比赛级别（女子成年组）

（1）羽量级：体重为 46 千克及以下。

（2）雏量级：体重为 46.01 到 49 千克。

（3）轻量级：体重为 49.01 到 52 千克。

（4）次中量级：体重为 52.01 到 55 千克。

（5）中量级：体重为 55.01 到 58 千克。

（6）重量级：体重为 58 千克以上。

（四）规定动作和自选动作

1. 男子个人比赛的七个规定动作

（1）前展肱二头肌。

（2）前展背阔肌。

（3）侧展胸部。

（4）后展肱二头肌。

（5）后展背阔肌。

（6）侧展肱三头肌。

（7）前展腹部和腿部。

2. 女子个人比赛的五个规定动作

（1）前展肱二头肌。

（2）侧展胸部。

（3）后展肱二头肌。

（4）侧展肱三头肌。

（5）前展腹部和腿部。

3. 自选动作

男子个人比赛的自选动作展示时间为 60 秒，女子个人比赛的自选动作展示时间为 90 秒，男女混合双人比赛的自选动作展示时间为 120 秒。

第八节　跆　拳　道

跆拳道

一、跆拳道运动简介

跆拳道缘起于人类远古祖先的生存需要。随着社会的发展，不断变化的生活环境和不同种族之间的斗争，要求人们具有强健的体魄并掌握一定的搏斗技能，这样才能保障生活的安定，这便是跆拳道的雏形。经过漫长的岁月，人们本能地强健体魄和自卫而产生的搏击逐渐演化为有意识的技击活动，从而产生了朝鲜民族特有的运动形式——跆拳道。

1966 年，国际跆拳道联盟（ITF）成立，崔泓熙任首届联盟主席。1973 年 5 月，世界跆拳道联合会（WTF）成立，金云龙当选主席。1975 年，世界跆拳道联合会被正式接纳为国际体育联盟会员。1980 年，国际奥委会正式承认了世界跆拳道联合会。此后，跆拳道运动在世界范围内得到了迅猛发展。世界上有 140 多个国家的 3000 多万人在进行跆拳道练习。第一届世界跆拳道锦标赛和第一届亚洲跆拳道锦标赛分别于 1973 年和 1974 年举行。在 1986 年第十届亚运会上，跆拳道被列为正式比赛项目。1994 年 9 月，国际奥委会通过决议，将跆拳道列为 2000 年奥运会正式比赛项目，设男、女各四个级别。

1992 年 10 月 7 日，中国跆拳道筹备小组成立。1995 年 5 月，共有 22 个单位 250 多名运动员参加了在北京体育大学举行的第一届全国跆拳道锦标赛，从此，跆拳道运动在我国迅速发展起来。1999 年 6 月 7 日，在加拿大埃特蒙多举行的世界跆拳道锦标赛上，我国女运动员王朔战胜多名世界强手，获得了女子 55 公斤级冠军，这是我国运动员获得的第一个跆拳道世界冠军。

（一）跆拳道的特点与作用

1. 跆拳道的特点

（1）以腿法为主，拳脚并用，主要关节武器化：由于竞赛的需要、规则的限制和跆拳道进攻方法的特点，使得跆拳道以腿法攻击为主。

（2）方法简捷，刚直相向，少用躲闪及守法：无论是比赛中还是实战中，跆拳道的进攻方式都是十分简捷而有效的。

（3）内外兼修，方法独特，以功力验水平：长期练习跆拳道，使人达到内外合一的境界，即内功和外力达到统一的巅峰。

（4）发声也是跆拳道的特点之一：虽然没有严格规定发什么音是正确的，但有一个原则是发出的声音要给对方以威慑力，并能增强自己的信心。

2. 跆拳道的作用

（1）修身养性，磨炼意志：跆拳道深层内涵的精神，要求练习者在练习时要做到"以礼始，以礼终"，在练习中要以"礼义廉耻，忍耐克己，百折不挠"的精神为宗旨。经常练习跆拳道可以培养顽强果断、吃苦耐劳的精神，磨炼坚忍不拔、积极向上的品质，培养礼让谦逊、宽厚待人的美德。

（2）强身防身，健全体魄：经常练习跆拳道可以提高速度、力量、灵敏性等身体素质和人体内脏器官的机能和人体神经系统的灵活性，强壮筋骨。

（3）可观赏性强：在跆拳道比赛或实战中，高超的技术展示，不仅给观众以美的享受，还能激发观众的斗志，鼓舞观众奋发向上。

（二）跆拳道的礼仪与精神

跆拳道的礼仪是指练习者从内心深处溢出的、自然的、表现在人的行为上的、高尚的、有价值的举动。谦虚和正确的言语、忍让和友好的态度、虚心和好学的作风是跆拳道练习者应当遵循的重要礼仪。跆拳道运动极其重视礼仪，是以敬礼的形式体现出来的。它要求练习者在学习与训练中一定要严格遵守礼仪，要学会敬礼。敬礼的要求是：身体面向对方，并步直立，两臂自然置于身体两侧，上体前倾 15°，头部前倾 45°，目视地面稍停后，还原成直立姿势，行礼完毕。

二、跆拳道基本技术

（一）品势跆拳道基本技术

1. 手形

（1）拳：除拇指外，其他四指并拢握拳，拇指再扣于食指和中指的第二关节上，拳面要平。

（2）手刀：四指伸开并拢微弯曲，拇指向食指靠近，着力点是小指侧的掌外沿。

2. 步形

（1）开立步：两脚分开与肩同宽，两臂弯曲置于胸前；头部直立向前，目视正前方。

（2）马步：两腿分开稍宽于肩，两脚平行，膝弯曲下蹲，重心在两腿中间，立腰挺胸。

（3）前行步：脚前后分开间隔一步（自然走路一步距离），重心在两腿中间，立腰挺胸。

（4）前屈步：脚前后分开间隔一大步（本人两脚半左右），前腿膝盖弯曲，后腿膝盖伸直。

3. 基本手法

（1）冲拳：双手抱于腰间，拳心向上，手臂由屈到伸臂内旋以正拳向前直冲，拳心向下。主要有马步冲拳、前屈步冲拳。

（2）下格挡：以右手下格挡为例，上体右转，左手臂伸直，右手握拳屈肘上举至左肩前上方，右手腕由上向下向前用力下扫至右大腿前外侧，拳离开大腿一拳距离，左拳收回抱腰间，目视前方。

（3）中格挡：以右手内中格挡为例，双手握拳向右侧上方举起，腰微右转，上身左转，同时右手腕由后向前，由外向内旋腕格挡，左手收抱于腰间。手肘弯曲约为 120°，目视前方。

（4）上格挡：以右手内上格挡为例，双臂屈肘，双手握拳交叉置于身体左侧，上身稍向左转，挺胸，同时右手臂由左向前向上翻腕上挡。左手抱于腰间，目视前方。上格挡时蹬腿挺胸，以腰发力。右手臂与前额相距 10 厘米左右，手肘弯曲。

4. 基本腿法

（1）前踢：右架站立，重心移至左脚。提膝时，膝盖朝前，脚面绷直，双手握拳自然垂放在身体两侧。髋关节前送，右大腿向前抬起，当大腿抬至水平或稍高时，向前弹出小腿，用脚面击打目标，脚面绷直。在小腿弹出的一瞬间，要有一个制动的过程，使小腿产生鞭打的效果。向右转髋，使右小腿折叠快速收至原位，后撤，右腿还原。出腿要快速有力，直线攻击对手，攻击中段主要使用脚前掌，攻击上段主要使用脚尖。

（2）其他腿法：参考后面竞技跆拳道的基本腿法技术。

（二）品势套路：太极一章

预备势：并步自然站立，左脚向左侧横开一步站稳，两手经过腹部握拳，拳心向上慢慢抬至胸口后手臂内旋，拳心向下慢慢按压至腹部前，两拳相对，两臂微屈。

1. 左下格挡

身体左转 90°，左脚向左侧方向成左前行步，左臂下格挡（防左下段），右拳回收腰侧。

2. 上步冲拳

右脚向前迈进一步成右前行步，同时右拳向前冲拳（攻击中段），左拳回收腰侧。

3. 右下格挡

右脚向后退一步、身体右转 180° 成右前行步，同时右臂下格挡（防右下段）。

4. 上步冲拳

左脚向前迈进一步成左前行步，同时左拳向前冲拳（攻击中段）。

5. 左转下防

身体左转 90°，同时左脚向前成左前屈步，左拳屈肘下格挡（防左下段），右拳回收腰侧。

6. 正位冲拳

左脚不动，右脚向右移步成右前行步，身体右转，左臂由外向内中格挡（防左中段），拳心向上，右拳回收腰侧。

7. 上步冲拳

左脚向前迈进一步成左前行步，同时右拳前冲拳（攻中段），左拳回收腰侧。

8. 左转内防

左脚向后退一步，身体向后转 180° 成左前行步，右臂顺势屈肘向里中格挡（防中段），拳心向上，左拳回收腰侧。

9. 上步冲拳

右脚向前迈进成右前行步，同时左拳前冲拳（攻中段），右拳回收腰侧。

10. 右转下防

以左脚为轴，身体右转 90°，右脚移步成右弓步，右臂屈肘上抬至左肩，然后向下格挡（防右下段），左拳回收腰侧。

11. 正位冲拳

两脚不动，左拳前冲拳（攻中段），右拳回收腰侧。

12. 左转上防

身体左转 90°，左脚向前移步成左前行步，左臂屈肘上格挡（防左上段），置于额前，拳心朝外。

13. 前踢冲拳

上提重心，左脚跟稍提，右脚前踢，两臂下垂，置于体侧。右腿下落成右前行步，右拳前冲拳（攻中段），左拳回收腰侧。

14. 右转上防

以左脚为轴，身体右后转 180°，右脚移步成右前行步，右臂屈肘上格挡（防右上段），置于额前，拳心朝外。

15. 前踢冲拳

上提重心，右脚跟稍提，左脚前踢，两臂下垂，置于体侧。左腿下落成左前行步，左拳前冲拳（防中段），右拳回收腰侧。

16. 右转下防

以右脚为轴，身体右转 90°，左脚向前移步成左前屈步，左臂屈肘上抬至右肩，然后向下格挡（防左下段），右拳回收腰侧。

17. 上步冲拳

右脚向前迈进一步成右前屈步，右拳前冲拳（攻中段）并发声，左拳回收腰侧。

18. 收势

以右脚为轴，身体左后转 180°，左脚向后撤与右脚平行，两手握拳屈臂恢复到品势的预备势。

（三）竞技跆拳道基本技术

1. 实战姿势

左脚在前为左势，右脚在前为右势（以下都以左势为例）。两脚前后开立与肩同宽，前脚尖 45°斜向右前方，后脚跟抬起，膝关节微屈，重心落在两脚之间；上身自然直立，45°斜向右前方，双手握拳，拳心相对。

2. 基本步法

在跆拳道练习中，步法训练非常重要。能准确和强有力地击打对方，主要是通过机动、灵活、稳固的步法来实现的。

（1）上步：实战姿势站立，后脚朝前上一步，转换为实战姿势（右势）。

动作要点：以前脚为轴，迅速拧腰转髋，上步时上身保持平稳。

（2）退步：实战姿势站立，左脚迅速由前向后退一步，成右架站立。

（3）前跃步：实战姿势站立，两脚同时向前跃出一步，保持左架站立。

动作要点：移动时两脚距离保持不变，两脚离地不要过高，滑步稳，跟步快。

（4）后跃步：实战姿势站立，两脚同时向后撤一步。

动作要点：两脚稍离开地面即可，重心保持平稳。

（5）前滑步：实战姿势站立，右脚蹬地，左脚向前上半步，落地时左脚掌先着地，而后右脚再向前跟半步。

动作要点：滑步要快，跟步也要快。移动时保持两脚平行，移动完成后两脚距离保持不变。

（6）后滑步：实战姿势站立，左脚蹬地，右脚向后退半步，落地时右脚掌先着地，而后左脚向后跟半步。

动作要点：滑步要快，跟步也要快。移动时保持两脚平行，移动完成两脚距离保持不变。

（7）换跳步：左架站立，两脚原地前后交换，换成右架站立。

动作要点：换步灵活，弹跳不宜太高。

3. 基本拳法

直拳在跆拳道比赛中只能用于攻击对方胸口和胸腹部，并且必须用拳的正面击打。

4. 基本腿法

（1）横踢腿：动作分解为① 右架站立，重心移至左腿。② 右脚离地，向前上提右膝至腰部或胸腹部，同时髋部略向左转，大腿与小腿夹紧，脚背稍绷直。③ 继续将右大腿向前抬高，左脚以前脚掌为轴向前转至 130°～180°，髋内扣，右膝盖朝向对方，沿小腿快速弹收。④ 落地成左架站立，后撤右脚，还原成右架站立。

（2）侧踢：动作分解为① 右架站立，将重心移至左腿。② 右脚离地，提右膝同时左脚以前脚掌为轴脚跟前旋，右腿弯曲向左转髋，勾右脚，身体右侧对对方，脚底向前。③ 大腿带动小腿展髋，直线平趾出右腿，用脚掌外侧攻击对方。④ 落地成左架站立，后撤右腿，还原成右架站立。

（3）下劈：动作分解为① 右架站立，重心先移至左腿。② 右脚离地，向前上提右膝至胸部高度，同时髋部向左、向上送，身体重心向上。③ 向上弹出小腿，稍高过头，右腿伸直贴紧上体，重心向上送。④ 右腿快速下劈（如劈木块一样），用脚掌或脚后跟向下砸对方的头部，力至右腿上，身体要稍后仰来控制重心。⑤ 落地成左架站立，后撤右脚，还原成右架站立。

（4）双飞踢：动作分解为① 右架站立，重心移至左腿。② 提起右大腿使用横踢，然后在右脚未落下时，立即跳起，提左腿使用横踢，也就是连续两个横踢。③ 两脚自然落下，还原成右架站立。

5. 攻防练习

熟悉掌握基本动作形成正确的定型动作后，两人一组，由一方反复使用同一动作进攻另一方，另一方做出防守动作。动作由慢到快，反复练习，形成正确的条件反射。使防守技术达到自动化程度。再进一步，可以加上不同情况下的反击动作。通过攻防练习，可以不断提高各项技术的实战应用能力。跆拳道的攻防练习方法有很多种，原则上由简单到复杂，可以采用喂靶练习、一攻一防练习、一对多练习等。

6. 实战练习

经过攻防练习能够熟练、准确地判断对方动作并进行有效的防守后，可以进行条件实战（有前提条件限制的实战）和自由实战（根据比赛规则完全放开的实战）。实战练习必须掌握安全第一的原则，先做好防护措施，再安排水平接近的选手进行练习。

三、跆拳道基本战术

竞技跆拳道比赛是斗智斗勇的格斗项目,战术的运用对夺取比赛的胜利有着重要的作用。设计合理的战术要遵循两个原则:一是要灵活多变,二是要有针对性。战术形式有很多种,下面介绍四种常用战术。

(一)强攻战术

强攻战术是指硬性突破对方防守后发出的攻击战术。运用强攻战术应具备的条件如下。

(1)对方动作连续性比较差。

(2)对方耐力比较差。

(3)我方耐力、力量、速度比较好,但技术不如对方。

(4)比赛经验不如对方,但身体素质较好,技术较全面。

(5)对方心理素质比较差。

注意,运用强攻战术时不要盲目蛮干,而是为了通过这一战术发挥我方之长来攻克对方之短。

(二)佯攻战术

佯攻战术也称为假动作战术,即比赛中有目的地利用假动作给对方错觉,把对方引入歧途,进而实现真实进攻。佯攻战术是跆拳道比赛中最常见的战术之一。运用佯攻战术应具备的条件如下。

(1)对方反应快,防守能力强。

(2)当我方直接进攻,遭到对方防守截击时,利用假动作指上打下、指下打上、指右打左、指左打右,分散对方的注意力,趁机攻击其防守空当部位。

(三)防守反击战术

防守反击战术是指利用我方反击能力较好的特点,待对方进攻时给予有力的回击。运用防守反击战术应具备的条件如下。

(1)对方进攻动作比较单一。

(2)对方性情急躁,缺乏比赛经验,喜欢猛冲猛打。这时运用防守反击战术,以防守反击为主,主动进攻为辅,以主动进攻掩盖我方反击战术意图,刺激对方,使其更加急躁,为反击创造条件。

(四)边角战术

边角战术是利用比赛中对方退到边界线边缘、出界而被警告的不利心理,进行攻击的战术。运用边角战术要注意以下问题。

(1)比赛中对方有怕出界的心理因素,故临近边角时技术容易出现漏洞,此时抓住机会连续进攻,成功率较高。

(2)使用边角战术时,我方要把握好距离感、空间感,以免因用力过猛或进入对方的圈套反而自己出界。

四、跆拳道的比赛规则

(一)竞技跆拳道的比赛规则

1. 比赛场地

竞技跆拳道比赛场地:在原来 8 米×8 米场地的基础上切掉直角边长为 2.4 米的 4 个角,变为八角形场地,场地总面积为 52.48 平方米。

2. 比赛时间及结果

比赛分为三局，每局为 2 分钟，局间休息 1 分钟。青方和红方选手使用规则允许的技术动作击败对方。比赛采用三局两胜制。

3. 比赛装备

一般指护具，包括护腿、护臂、护胸、护头、护手、护脚、护裆、护齿。

4. 比赛种类

分个人赛、团体赛。个人赛按相同的体重级别进行比赛；团体赛按相同的体重级别进行 5 人团体赛。

5. 允许技术及攻击部位

（1）拳的技术：紧握拳头并使用直拳进行正面攻击的技术。

（2）脚的技术：使用踝关节以下脚的部位进行攻击的技术，主要通过腿法来体现。

6. 允许击打的部位

（1）躯干：允许使用拳法和脚法攻击被护具包裹的躯干部位，但禁止攻击后背脊柱。

（2）头部：指锁骨以上的部位，只允许使用脚法攻击头部。

7. 得分部位

（1）躯干：护胸的蓝色或红色区域。

（2）头部：锁骨以上的部位。

8. 得分分值

（1）利用有效直拳正面击打护胸，得 1 分。

（2）利用有效腿法击打护胸，得 2 分。

（3）利用有效腿法击打头部，得 3 分。

（4）利用有效转身腿法击打护胸，得 4 分。

（5）利用有效转身腿法击打头部，得 5 分。

（6）一方犯规，对方运动员得 1 分。

9. 犯规行为

（1）越出边界线。

（2）倒地。

（3）故意回避或消极比赛。

（4）抓或推对方。

（5）抬腿阻碍和 / 或踢对方腿部以阻挡其进行腿部进攻；抬腿或空踢超过 3 秒以阻碍对方的可能进攻动作。

（6）攻击对方腰部以下部位。

（7）在主裁判员发出分开口令后攻击对方。

（8）用手攻击对方头部。

（9）用膝部顶撞或攻击对方。

（10）攻击已倒地的对方。

（11）在贴靠状态下，膝部向外，用脚两侧或脚底击打对方躯干部位的护具。

（12）双方选手或教练员有不良言行。

10. 获胜方式

跆拳道获胜方式包括主裁判员终止比赛胜（RSC）、最终局数胜（PTF）、优势胜（SUP）、弃权胜（WDR）、失格胜（DSQ）以及因不符合体育道德精神而被取消资格获胜（DQB）。

（二）品势跆拳道比赛的主要规则

1. 比赛场地

比赛场地为 12 米×12 米的正方形，且为无障碍的水平场地。

2. 比赛种类

个人赛、团体赛。

3. 评分标准

总分为 10 分，由准确性 4 分和表现力 6 分组成。准确性的扣分点包括：在完成品势的过程中，出现细小失误时每次扣 0.1 分；在完成品势的过程中，出现明显失误时每次扣 0.3 分。表现力包括：速度和力量共 2 分，律动和节奏共 2 分，气的表现为 2 分。

4. 计分方法

按照准确性和表现力，计算选手得分；在 7 名裁判员的评分中，除去最高分和最低分后，取总评分的平均值。

第九节　瑜　　伽

瑜伽

一、瑜伽的概述

瑜伽大约在公元前 300 年起源于印度，被人们称为"世界的瑰宝"。瑜伽是梵文"Yoga"的音译，其本意为"结合""一致"，这也是瑜伽的宗旨和目的。瑜伽是一种非常古老的能量知识修炼方法，集哲学、科学和艺术于一身。对于瑜伽发展的历史阶段，有各种划分方法。目前比较普遍的一种划分方法是根据瑜伽体系的建立情况，将瑜伽分为四个时期：以"韦达经"为标志的"吠陀瑜伽"时期；以"奥义书"为标志的"前经典瑜伽"时期；以《瑜伽经》为标志的"经典瑜伽"时期；以及近现代的"后经典瑜伽"时期。

二、瑜伽的基本技术

（一）瑜伽的呼吸控制法

在瑜伽理论中，瑜伽学者们常常形容呼吸就是吸取生命之气。呼吸是瑜伽练习中的精华和关键。不正确的呼吸方法对身体有害，甚至会引发疾病。大家一定感到疑惑："从我来到这个世界的第一刻开始就在呼吸，为什么还要学习怎样呼吸？"瑜伽理论认为，人的呼吸受意识的影响，复杂、混乱的思维意识会导致呼吸失去平衡，慢慢地我们就会忘记怎样才是最自然、最正确的呼吸方式。大部分人都会有呼吸不完全的现象，也就是没有充分利用和发挥肺脏的作用，人们可能只用了肺脏的三分之一或者二分之一的功能。生活中大部分人们似乎很习惯做胸式呼吸，也就是说只用肺的上半部来进行呼吸，如果长期用这种方式呼吸，造成的后果就是胸部、肩部的肌肉紧张，脊柱僵硬，大脑供氧不足，出现头晕、头痛等现象。

1. 横膈膜呼吸法

练习时要确保自己的姿势稳定，可以选取站姿、坐姿或仰卧姿势。对于初学者，建议选择一个舒服的坐姿：简易坐、双盘腿、莲花坐、单盘腿（半莲花坐）。最好能在臀部下面放一个垫子，让身体更稳定。练习横膈膜呼吸法是学习瑜伽呼吸法的基础。具体方法为：想象自己的身体像一个气球，随着深深地吸气，横膈膜下沉，让空气充满整个肺，先让腹部鼓起，然后让胸部最大限度地扩张，可以感觉肩膀微微上抬；深深吐气时，横膈膜上移，先放松肩膀、胸部，然后放松腹部，最后收缩腹部肌肉，让所有的废气排出体外。可以说这是由胸式呼吸和腹式呼吸结合而成的一种呼吸法，呼吸应平缓、深长、稳定。瑜伽理论指出：当呼吸不平稳时，人的思想也会游离不定；当呼吸平稳时，人的思想也会稳定。学好这种呼吸法是体会瑜伽调息法（Pranayama）的基础。有经验的瑜伽师认为：瑜伽调息法是瑜伽练习中非常重要和严格的一项内容，它不仅有清理呼吸通道的作用，还有洁净"意识垃圾"的功效，因此在练习瑜伽调息法之前都应先做简单的冥想练习（如做语音冥想 50 次），让自己身心放松，这样练习的效果会更好。当然可以根据自己的时间和需要来安排冥想时间的长短。

瑜伽呼吸法由三个步骤组成——吸气、悬息（屏气）、呼气。人们常常认为吸气是呼吸中最重要的部分，但事实上，吐气才是最关键的部分。吐出去的废气越多，才有机会吸入更多的氧气，所以在许多瑜伽呼吸法中，吐气比吸气时间长，而悬息会让氧气停留在体内的时间更长。

2. 交替鼻孔呼吸法（Anuloma Viloma）

这种单鼻孔呼吸的练习可以交替地清理左右呼吸通道，先通过一个鼻孔吸气，然后悬息，再通过另一个鼻孔呼气，其用时比例是 1：4：2。练习时，先盘腿坐好，再用毗湿奴（Vishnu）手印（置右手于鼻子旁，把中指和食指卷起来，呼吸时，用拇指按右鼻孔，无名指按左鼻孔）辅助呼吸。呼吸模式为左鼻孔吸气——悬息——右鼻孔呼气——右鼻孔吸气——悬息——左鼻孔呼气。这种呼吸法能够帮助自身清理经络，排除毒素，给身体更多的氧气供应，使人精神更加焕发，内心更加安宁、清澈，获得更多的生命之气。这种呼吸法每天可以练习 3～4 个回合，每个回合练习 20 次左右。由于瑜伽呼吸法的练习强度相对比较强烈，因此在做完所有的练习后，应采用仰卧放松法彻底放松身体。

3. 喉式呼吸法（Ujjayi）

这是一种通过鼻子吸气，然后通过喉咙后部发出类似"打鼾"的声音来呼气的呼吸法，也就是一种 20%的气流通过鼻子、80%气流通过喉咙的呼吸法。喉式呼吸法被广泛地运用到各种类型的瑜伽练习中。这种呼吸法可以使姿势更加稳定，稳定神经和降低血压。

4. 光洁呼吸法（Kapalaphati）

这是一种快速的腹式呼吸法，主要以强调吐气的动作来完成，通过有意识地吐气动作，清除肺底部所有的残留空气，然后让更多的新鲜氧气通过自然、不强迫的吸气动作进入肺部，达到清理整个呼吸系统的作用。这也是初学者学习瑜伽呼吸法十分有效和重要的一种练习。Kapalaphati 的字面意思是"发光的、闪亮的头脑"，人们通过这种特殊的呼吸方法，能给大脑和身体输送大量新鲜的养分，使头脑更加清醒，充满精力，还可以提高记忆能力及集中精神的能力；同时，快速吐气、收缩腹部肌肉的动作，使横膈膜上抬，达到按摩腹部脏器和心脏、消除腹部脂肪的作用。

呼吸方法：先选择简易坐或者莲花坐，放松全身，做几次正常的呼吸，让身体稳定，然后吸气。吐气时，先快速收缩腹部，可以听见气流通过鼻孔呼出的声音；吸气时，自然地放松腹部，让空气自然地流进身体，使肺部充满空气，吸气是安静的，没有声音的。如此呼吸 20 次为一组，可重复 2～3 组。随着练习的时间增加，每组呼吸次数可增加到 30 或 40 次。注意，高血压、心脏病患者和孕妇、经期妇女不要用这种呼吸法。

（二）瑜伽姿势

瑜伽姿势（Asana）是瑜伽练习中非常重要的一部分，是人们最初能体会到的肉体和精神相结合的重要部分。大多数人是通过瑜伽姿势开始了解瑜伽的含义的，即平衡、宁静、自然的完美结合。刚开始，也许只有身体外在的感受——身体的抻、拉、挤、拧，随着练习时间的加长，一定会有进一步的感触——它能影响整个精神状态。练习瑜伽姿势是一个循序渐进的过程，它绝不是简单的抻拉练习。练习时，应该遵循瑜伽"身心合一"的原则，没有强迫，没有比较，一切动作都是那么自然。不管把身体摆出多大难度的动作，从某种意义上来说，它都只是最初级的瑜伽；瑜伽的高级阶段注重的是人对精神和意识的控制，也就是冥想阶段。当然，初级的姿势练习也是将呼吸、意识、姿势融为一体的，所以有经验的瑜伽师说，"每一个姿势都是一个初级的、运动中的冥想，它们都是练习高级瑜伽的基础"。

数千年前，瑜伽修行者在喜马拉雅山的森林中冥想、静坐时，偶尔观察野生动物以及它们的美妙姿势，以充实独居生活。经过仔细观察，他们察觉到大自然孕育、教导动物形成健康、灵敏、警觉的技巧，同时让各种动物掌握治疗放松自己、睡眠或保持清醒的方法。古时的瑜伽修行者模仿这些动物的姿势，创造出一系列有益于身心的锻炼方式，也就是瑜伽姿势。这些姿势，有许多是依照动物的名称来命名的，如眼镜蛇式、猫式、蝗虫式等。

瑜伽姿势最初被当成一种辅助治疗的手段，而现代人大多用它来减肥和保持身材，所以更加侧重它对身体外形的作用，而忽略了它对内脏及精神的作用，由此造成的后果是：许多人在练习瑜伽姿势时没有选择性，把适合和不适合的姿势一起练习。这就好比一个病人把有用和没用的药，甚至是有副作用的药一起吃下去，长此以往不但没有好处，反而对身体有害。所以，我们要有选择地练习，"Listen to your body"（听从身体的感受）是瑜伽师在教授瑜伽课程时经常说的一句话，也就是说，当不适合某个姿势时，身体会做出反应。有些初学者在刚刚开始练习时，会有一些头晕、恶心的感受，这是正常感受，随着练习次数的增加，这样的不良感受一般会慢慢消失，所以不要太紧张；如果同样一个姿势在不同时间练习总有同样的不适感，如剧痛、恶心等，便可以放弃这样的姿势而去尝试其他的姿势。应该了解：虽然每个人都可以练习瑜伽，但这并不说明每个姿势都适合每个人。人们应该根据自己身体的状况选择适合自己的瑜伽姿势。

三、瑜伽的基本姿势练习

（一）眼镜蛇式

1. 动作步骤

（1）身体俯卧，前额贴地；两臂屈肘，紧靠两肋旁边，两手掌放在肩部下面，掌心贴地，掌指朝前；两腿紧靠，脚背着地；身体肌肉完全放松，自然呼吸。

（2）模仿眼镜蛇抬头动作，一边吸气，一边慢慢地抬起头。

（3）上动不停，两手按地，慢慢地伸直双肘（当练习到较好的程度时，也可用十指撑地）。

（4）随着双臂伸直，上体缓缓地向上挺，脊椎按照颈椎、胸椎、腰椎的顺序翘起来，脊柱越来越弯，头部大幅度地向后仰弯，眼视眉心。这时，身体从脐部到脚尖都要贴紧地面，腿要放松，要感受到压力由颈部朝下方的胸部、腰部及最后的尾骶部移动。保持以上姿势默数 5～10 个数。

（5）一边呼气，上体一边缓慢地向左扭转，尽力争取看到右脚跟；左肘稍弯，右臂伸直；一边吸气，上体一边慢慢地转回，恢复姿势。接着做右扭转身，动作跟左扭转身相同，只是方向相反。

（6）一边呼气，一边弯曲双肘，上体按照腹部、胸部、肩部、头部的顺序慢慢地放下来，恢复姿势，稍放松一会儿后，做下一组练习，下一组练习跟上述动作步骤相同。每次练习 8～12 组。

2. 要点

（1）初练此式时，抬头后仰做到自己力所能及的程度即有练习效果；随着练习的进展，脊柱的灵活性、肌肉的弹性提高，再加大动作幅度。

（2）抬头动作要模仿眼镜蛇抬头动作，完全靠脊柱及上体的力量。动作开始时，头稍前伸，把脊柱拉长；然后按头部、颈部、胸部、腰部的顺序慢慢翘起来，上体尽量后仰，眼看眉心。不能靠手臂的力量，手臂只起辅助作用。

（3）左右扭转头的动作，一定要在上体、头部尽量后仰时进行，而不能在上体下落时，或头一边下落一边向左或右做扭转动作。

3. 作用

此式锻炼下的脊椎像被拉动的串珠，一个个被慢慢地拉起和放下，脊椎和韧带被拉向后方，增大了血液量的输入。腹肌被牵拉、强化，腹压增高，各内脏器官得到调理和按摩，还加强了胸肌、颈肌的力量。因而，能有效地消除颈痛和腰肌劳损，保持和提高脊柱的弹性；防止脊椎老化、变形和增生，矫正脊柱小关节移位，治疗颈椎综合征；能健美体形，消除自卑感；对生殖器官起到保健、强壮的作用；能有效地调整和治疗月经失调、性功能失调等妇科疾病。

（二）狮子式

1. 动作步骤

（1）在练习眼镜蛇式之后接着练习此式，因此该式的预备动作与眼镜蛇式的相同。

（2）两手用力把上体撑起来，两膝着地；接着重心慢慢后移，两肩尽量下压，双臂伸直，十指尽量前伸，塌腰，自然呼吸，停 5～10 秒。

（3）重心慢慢后移，脚背着地，臀部坐在脚跟上，双膝并拢，两腿紧靠，直背、挺胸、头上顶，眼平视前方；双手放在大腿上，掌心向下，手指朝前，自然呼吸。

（4）先吸一口气，然后一边呼气，一边收腹、收肛，尽量把气体呼出；同时两眼圆睁，尽量睁大，眼球稍向上翻；张大嘴，舌头尽量向外向下伸出，使颈部和面部肌肉处于紧张的收缩状态；上体稍前倾，十指用力分开，收缩上体所有肌肉，使上体变得强硬，如狮子即将扑向猎物那样，保持以上姿势稍停。

（5）一边吸气，臀部一边慢慢地坐回脚跟上；舌头慢慢地缩回，轻轻地合起嘴巴，眼看地下；然后放松手指，放松上体所有肌肉，轻轻地闭上眼，放松眼睑，放松面部所有肌肉，好像想笑又笑不出来一样。转入自然呼吸，稍停再进行下一组练习，动作如前。每次练习 3～5 组。

2. 要点

（1）初练此式时，会觉得有些滑稽可笑，甚至感到一时仪态不美，有点不太习惯。但不必担心，舌头伸得越长，眼睛睁得越大，面容越恐怖，功效则越好，越能有效地焕发青春容貌。

（2）此式每天练 2 次，每次 3 组即可。

3. 作用

狮子式能有效地锻炼舌和喉，改善舌根和喉部的血液循环，可防止和减轻咽喉炎，使发声洪亮和改善音质；能有效地锻炼和增强面部肌肉的弹性，延缓和减少随着年龄增长而出现的皱纹与皮肤松垂；并能增强手指力量。

（三）猫式

1. 动作步骤

（1）双膝跪下着地，两小腿分开与肩同宽；双掌向前扶地，指尖朝前，分开与肩同宽，两臂垂直；躯干挺直。

（2）慢慢地吸气，以引气至腹部；吸气的同时，塌腰、鼓腹、臀部上翘，伸颈、抬头、后仰，使身体各部位的动作都有助于气体的吸入。

（3）身体姿势不变，屏息（气体停留体内不呼出，约 5～10 秒，以呼吸没有难受的感觉为宜）。慢慢地呼气，同时弓腰、收腹和低头，以帮助体内气体全部排出，如猫弓腰伸展。

2. 要点

（1）一吸一呼为练习的一次，每练习 10 次为一组，练习 3～5 组为宜，但也因人而异。

（2）两手要保持伸直。低头时，头尽量低至两臂中间。

3. 作用

此式简单易学，能改善和提高脊柱的柔韧性，放松肩部肌肉，有助于消除腰背部肌肉劳损和疼痛；对腹腔各器官起到按摩作用，对消化系统慢性疾病有改善作用；能改善习惯性便秘。早晨起床时喝一杯淡盐水或开水，约 10 分钟后练习此式，对解除便秘之苦有较显著效果。特别是对女性生殖器官有很好的保健作用，并能帮助消除腰腹部脂肪。

（四）拜日式

1. 动作步骤

（1）两脚并拢，两手自然下垂；直腰、挺胸、头微微上顶，两眼正视前方，自然呼吸。

（2）两手心翻向上，一边吸气，一边直臂从身体两侧慢慢上举，在举至体正中时，两掌合拢，然后下落至胸前成合十式。

（3）一边呼气，两掌一边慢慢分开，使掌心朝内，掌指相对，经胸前、腹前落至身体两侧，恢复姿势。

（4）一边吸气，两臂一边由下向上、向后慢慢举起，身体尽量向后弯。

（5）一边呼气，上体一边慢慢前屈，头部、胸部尽量向双腿靠拢；两掌在脚的两侧着地或体前着地。

（6）吸气的同时右脚后退一大步，脚趾着地；两臂伸直，十指着地；臀部尽量向下压；抬头，头尽量后仰，眼看眉中。

（7）呼气的同时左脚后退一大步，与右脚并拢；重心后移，上体前俯，臀部尽量向上挺；臂直，肩尽量下压，这时两掌着地，十指尽量前伸；塌腰，双腿要伸直，身体成三角形。

（8）一边吸气，一边屈肘，身体下沉，重心前移，头贴着地面向下、向前、再向上仰起，双臂随着头部后仰的同时撑直。

（9）一边呼气，一边后移重心，臀部上挺，上体前俯，恢复初始姿势。

（10）一边吸气，一边左脚向前上一大步，恢复初始姿势。

（11）一边呼气，一边右脚向前上一大步，与左脚并拢；上体前俯，恢复初始姿势。

（12）以上为左式动作，接着做右式动作，右式动作与左式动作相同，只是退步、上步动作相反。

（13）收式动作：吸气的同时，两手心翻向上，随着上体慢慢起来，直臂从身体两侧慢慢上举；当举至体正中时，两掌合拢，然后落至胸前成合十式；一边呼气，一边两掌慢慢分开，使掌心朝内，掌指相对，经胸前、腹前落至身体的两侧，恢复初始姿势。

2. 要点

（1）此式最好在早上面向太阳练习。

（2）做完退右步动作一次后，接着做退左步动作。左右退步完成一次为练习一组，每次练习 2 到 5 组。

（3）练习时，动作要柔而缓慢，每个动作的定式都要略停。

3. 作用

拜日式是一种古老的瑜伽外功，能消除疲劳，提高活力；能伸展人体韧带，锻炼人体肌肉，能有效保持脊骨和关节的柔韧性和灵活性，防止骨质增生，软化骨刺；能有效地消除腰腹部脂肪；由于呼吸与动作紧密配合，因此能有效地增加肺活量，消除腹中积气。

（五）束角式

1. 动作步骤

（1）慢慢弯曲双膝（双脚脚底、脚跟和大脚趾靠拢），让双脚靠近身体。

（2）十指交叉，双手抓住双脚大脚趾，让脚跟靠近会阴处。双脚外侧接触地面，脚跟后部接触会阴，尝试让大腿和膝盖放在地面上。

（3）吸气，边呼气边向前、向下弯曲身体，同时弯曲肘部。

（4）保持正常呼吸，把前额放在地面上，这是最终体位。能保持多久就保持多久，注意要保持舒适。

2. 返回

（1）随着吸气，慢慢抬起头部、颈部、胸部，保持背部挺直。

（2）随着呼气放松双手。

（3）正常呼吸，体前慢慢伸直双腿。

（4）放松，正常呼吸。

3. 禁忌

背痛、高血压、心脏有问题和近期做过腹部手术、中耳炎、严重鼻子疼的患者，禁做该式。

4. 作用

该式对泌尿功能失调的人非常有帮助，能够保持肾脏和前列腺的健康；刺激膀胱，减缓坐骨神经痛，预防疝气；减轻睾丸的疼痛。该式对女性也非常友好，对月经问题有帮助。该式和月亮式对女性都大有裨益。该式能增强血液在头部的循环。该式非常简单，即使仅仅在最终体位上保持几分钟，都会感觉到它的益处：身体所有部位的所有气息的流动变得有节奏起来。该式对于肚脐区域和肾上腺也都有好处。

（六）坐角式

1．动作步骤

（1）坐立准备姿势。慢慢将双腿向两侧伸展，右腿向右，左腿向左，双腿尽量向侧面打开。

（2）保持双手放在体前的地面上。

（3）吸气，随着呼气身体向前向下，让腹部、胸部和下颌触地。

（4）保持正常呼吸，右手抓右脚趾，左手抓左脚趾。保持肘部伸直，按压大拇趾，让大拇趾触地。

2．禁忌

背痛、心脏有问题、高血压、腹痛患者禁做该式。孕期女性不要做该式。

3．作用

有胃病、胃胀气、坐骨神经痛的人能从该式中获得很多益处。该式可以预防疝气，使腿部和骨盆区域的肌肉变得更加柔韧；增强腿部、髂骨区域和上半身的血液循环；增强肺活量和心脏功能等。

（七）鸟王式

1．动作步骤

（1）缓慢地抬起右腿，屈右膝，环绕左膝。左膝略向下弯，右脚趾勾住左小腿。

（2）缓慢地将双手抬到体前与肩同高。弯曲手肘，右臂从下方绕左臂，手掌相合。

（3）拇指指向鼻尖，目视前方。保持正常呼吸，尽量长时间舒适地保持该姿势。

2．返回

松开右腿，右脚放在地面上并尽量长时间舒适地保持；左膝伸直，站直，松开右手，将双手放回体侧；保持正常的呼吸，采取山式放松。

3．禁忌

关节很痛和腿部力量非常虚弱的人不要做该式。

4．作用

该式可以加强双腿、膝关节和踝关节的力量，提升专注力，放缓呼吸，使心态更平和。放缓呼吸对高血压患者很有好处，如果能保持该式几分钟，将体会到心态的平和。

（八）风吹树式

1．动作步骤

（1）摆好山式站姿。缓慢地将右手从体侧抬起到水平位置。手掌翻转向上。

（2）吸气，继续将右手举至垂直位置，右臂内侧触碰右耳，掌心向左侧。

（3）右手向上伸展，呼气时身体缓慢地向左侧弯曲，保持正常呼吸。这是最后的体位，要尽量长时间舒服地保持。左手完全放松，手心轻触左腿，手肘和膝盖伸直。

2．返回

（1）吸气，还原身体。右手保持向上伸展。

（2）呼气，缓慢地将右手放回水平位置，翻转掌心向下。

（3）将右臂慢慢回落。正常呼吸，放松。从左侧再重复做一次以上动作。

3．禁忌

心脏病患者禁做该式。

4. 作用

该式能增强肝功能，减少腰腹部脂肪，拉伸身体侧腰部，增强肾功能。对缓解肝、脾和便秘问题均有帮助。同时提升腿部肌腱和韧带的灵活性，增强大小腿的力量。平衡腿部和头部区域的血液循环、气息循环和能量。

（九）三角伸展式

1. 动作步骤

（1）站立，右脚向右迈出，双腿分开约 150 厘米。

（2）吸气，双手侧平举 90°，与肩同高，掌心向下，双臂与地面平行。

（3）呼气，身体向右侧弯曲。右手掌心轻触右膝，然后移到脚踝处。左手上举过头，手肘伸直，眼睛看向左手掌心。这是最后的体位，尽量长时间舒服地保持。

2. 返回

（1）吸气，上身还原并伸直，双手平举与肩同高，掌心向下。

（2）呼气，双手放回体侧。

（3）右脚靠近左腿，采取山式放松，然后换另一侧腿再练习。

3. 禁忌

有严重脊椎问题的患者，或者近期腹部做手术者，以及心脏病和高血压患者，禁做该式。

4. 作用

该式可以增强腿部、膝盖和脚踝的力量。减少腰部、臀部的多余脂肪，塑造腰部、大腿和肩膀的完美线条。该式对于平衡下半身的气息和能量都非常好。如果在这个体位上放松地保持，那么整个身体都会感到越来越轻松。

（十）三角侧伸展式

1. 动作步骤

（1）迈出右腿，双腿分开约 90 厘米。

（2）吸气，双手侧平举与肩膀同高，掌心向下。

（3）缓慢地将右脚向右侧转动 90°，保持膝盖伸直。

（4）呼气，弯曲右膝，上身贴住右大腿，右大腿与地面平行。

（5）右手放在右脚外侧地面上。吸气，左手臂举过头顶，手臂内侧贴住耳朵。眼睛看向前方；或者转头向上，眼睛看向左手指尖。保持正常的呼吸，这是最后的体位，尽量长时间舒服地保持。

2. 返回

（1）吸气，慢慢伸直右膝，双手平举与肩膀同高。

（2）右脚转回。

（3）呼气，双手放落。双脚并拢。

（4）保持正常的呼吸，采取山式放松。

3. 禁忌

心脏病患者，以及严重的膝盖疼痛者，禁做该式。

4. 作用

该式有助于扩展胸部，减少腰部、臀部脂肪。增强大腿和肩膀的力量：对脚踝、膝盖、大腿和肩膀都有好处。还能平衡下半身的气息循环和能量。

第十节　八　段　锦

一、八段锦简介

八段锦由八节动作组成，因简便易学，深受人们喜爱。八段锦是我国古代导引术中的一个重要组成部分，是一套针对脏腑、病症而设计的锻炼方法。其中每句歌诀都明确提出了动作的要领、作用和目的。八段锦中的伸展、前俯、后仰、摇摆等动作，分别作用于人体的三焦、心肺、脾胃、肾腰等部位和器官，可以防治心火、五劳七伤等各种疾病，并有滑利关节、发达肌肉、增长气力、强壮筋骨、帮助消化和调整神经系统的功能。八段锦之所以对人体有良好的作用，是因为它的动作可以对某一脏器起到一定的针对性作用，但是这种作用又是综合性、全身性的，并非头痛医头、脚痛医脚。只有把八段锦各节动作综合起来，才能起到调脾胃、理三焦、去心火、固肾腰的作用。

二、动作说明

1. 预备动作

两脚并步站立；两臂自然垂于体侧；身体中正，目视前方。随着松腰沉髋，身体重心移至右腿；左脚向左侧开步，脚尖朝前，约与肩同宽；目视前方。两臂内旋，两掌分别向两侧摆起，约与髋同高，掌心向后；目视前方。上动不停。两腿膝关节稍屈；同时，两臂外旋，向前合抱于腹前成圆弧形，与脐同高，掌心向内，两掌指间距离约为10厘米；目视前方。

2. 两手托天理三焦

接上式。两臂外旋微下落，两掌五指分开在腹前交叉，掌心向上；目视前方。上动不停。两腿缓缓挺膝伸直；同时，两掌上托至胸前，随之两臂内旋向上托起，掌心向上；抬头，目视两掌。上动不停。两臂继续上托，肘关节伸直；同时，下颌内收，动作略停；目视前方。身体重心缓缓下降；两腿膝关节微屈；同时，十指慢慢分开，两臂分别向身体两侧下落，两掌捧于腹前，掌心向上；目视前方。

3. 左右开弓似射雕

接上式。身体重心右移；左脚向左侧开步站立，两腿膝关节自然伸直；同时，两掌向上交叉于胸前，左掌在外，两掌心向内；目视前方。上动不停。两腿缓缓屈膝半蹲成马步；同时，右掌屈指成"爪"，向右拉至肩前；左掌成八字掌，左臂内旋，向左侧推出，与肩同高，坐腕；掌心向左，犹如拉弓射箭之势；动作略停；目视左掌方向。身体重心右移；同时，右手五指伸开成掌，向上、向右画弧，与肩同高，指尖朝上，掌心斜向前；左手指伸开成掌，掌心斜向后；目视右掌。上动不停。重心继续右移；左脚回收成并步站立；同时，两掌分别由两侧下落，捧于腹前，指尖相对，掌心向上；目视前方。本式一左一右为一遍，共做三遍。做第三遍最后一动时，身体重心继续左移；右脚回收成开步站立，与肩同宽，膝关节微屈；同时，两掌分别由两侧下落，捧于腹前，指尖相对，掌心向上；目视前方。

4. 调理脾胃须单举

接上式。两腿缓缓挺膝伸直；同时，左掌上托，左臂外旋上穿经面前，随之臂内旋上举至头左上方，肘关节微屈，力达掌根，掌心向上，掌指向右；同时，右掌微上托，随之臂内旋，下按至右髋旁，肘关节微屈，力达掌根，掌心向下，掌指向前，动作略停；目视前方。松腰沉髋，身体重心缓缓下降；两腿膝关节微屈；同时，左臂屈肘外旋，左掌经面前落于腹前，掌心向上；右臂外旋，右掌向上捧于腹前，两掌指尖相对，相距约为 10 厘米，掌心向上；目视前方。本式一左一右为一遍，共做三遍。做第三遍最后一动时，两腿膝关节微屈；同时，右臂屈肘，右掌下按于右髋旁，掌心向下，掌指向前；目视前方。

5. 五劳七伤往后瞧

接上式。两腿缓缓挺膝伸直；同时，两臂伸直，掌心向后，指尖向下，目视前方。上动不停。两臂充分外旋，掌心向外，头向左后转。动作略停，目视左斜后方。松腰沉髋，身体重心缓缓下降；两腿膝关节微屈；同时，两臂内旋按于身旁，掌心向下，指尖向前；目视前方。本式一左一右为一遍，共做三遍。做第三遍最后一动时，两膝关节微屈，同时，两掌捧于腹前，指尖相对，掌心向上，目视前方。

6. 摇头摆尾去心火

接上式。身体重心左移；右脚向右开步站立，两腿膝关节自然伸直；同时，两掌上托与胸同高时，两臂内旋，两掌继续上托至头上方，肘关节微屈，掌心向上，指尖相对，目视前方。上动不停。两腿缓缓屈膝半蹲成马步；同时，两臂向两侧下落，两掌扶于膝关节上方，肘关节微屈，小指侧向前；目视前方。身体重心向上稍升起，而后右移，上体先向右倾，随之俯身；目视右脚。上动不停。身体重心左移；同时，上体由右向前、向左旋转；目视右脚。身体重心右移，成马步，同时，头向后转，上体起立，随之下颌微收；目视前方。本式一左一右为一遍，共做三遍。做完三遍后，身体重心左移，右脚回收成开步站立，与肩同宽；同时，两掌向外经两侧上举，掌心相对；目视前方。随后松腰沉胯，身体重心缓缓下降。两腿膝关节微屈，同时屈肘，两掌经面前下按至腹前，掌心向下，指尖相对；目视前方。

7. 两手攀足固肾腰

接上式。两腿挺膝伸直站立；同时，两掌指尖向前，两臂向前、向上举起，肘关节伸直，掌心向前；目视前方。两臂外旋至掌心相对，屈肘，两掌下按于胸前，掌心向下，指尖相对；目视前方。上动不停。两臂外旋，两掌心向上，随之两掌手指顺腋下向后插；目视前方。两掌心向内沿脊柱两侧向下摩运至臀部；随之上体前俯，两掌继续沿腿后向下摩运，经脚两侧置于脚面；抬头，动作略停；目视前下方。两掌沿地面前伸，随之用手臂举动上体起立，两臂伸直上举，掌心向前；目视前方。本式一上一下为一遍，共做六遍。做完六遍后，松腰沉髋，重心缓缓下降；两腿膝关节微屈；同时，两掌向前下按至腹前，掌心向下，指尖向前；目视前方。

8. 攒拳怒目增气力

接上式。身体重心右移，左脚向左开步；两腿缓缓屈膝半蹲成马步；同时，两掌握固，抱于腰侧，拳眼朝上；目视前方。左拳缓慢用力向前冲出，与肩同高，拳眼朝上；瞪目，视左拳冲出方向。左臂内旋，左拳变掌，虎口朝下；目视左掌，左臂外旋，肘关节微屈；同时，左掌向左缠绕，变掌心向上后握固；目视左拳。屈肘，回收左拳至腰侧，拳眼朝上；目视前方。本式一左一右为一遍，共做三遍。做完三遍后，身体重心右移，左脚回收成并步站立；同时，两拳变掌，自然垂于体侧；目视前方。

9. 背后七颠百病消

接上式。两脚跟提起；头上顶，动作略停；目视前方。两脚跟下落，轻震地面；目视前方。本式一起一落为一遍，共做七遍。

10. 收势

接上式。两臂内旋，向两侧摆起，与髋同高，掌心向后；目视前方。两臂屈肘，两掌相叠置于丹田处（男性左手在内，女性右手在内）；目视前方。两臂自然下落，两掌轻贴于腿外侧；目视前方。

第十四章　特殊群体的体育锻炼

特殊群体是指有残疾障碍或者通过医生诊断不适合体育运动的、有疾病的学生。学校的特殊群体不仅包括身体有残疾的学生，还包括体弱多病者、身体肥胖者、体质瘦弱者、运动能力低下者、有先天性疾病患者和不参加体育活动的懒惰者。2002年颁布的《全国普通高等学校体育课程教学指导纲要》对体育特殊群体进行了解释：体育特殊群体的身体状况和普通大学生相比处于一种相对弱势状态；在体质健康测试及正常参加体育活动时处于一种相对落后状态；在体育教学中无法通过考试。

《国家中长期教育改革和发展规划纲要（2010—2020年）》指出：把特殊教育纳入国家八大教育发展任务之一。可见特殊群体进入高校接受高等教育已是常态化。特殊群体享有体育与健康课程教育是基本的人权保障，近年来普通高校特殊群体数量逐年增多，许多高校开设了保健体育课。根据这类学生的身心特点，选择适宜的教学内容，运用恰当的教学手段和方法，引导和帮助他们排除不良的心理因素，锻炼他们坚强的意志品质，培养终身体育意识，树立正确的体育观和人生观，进而提高生活质量，提升社会竞争能力。

根据特殊群体的特殊性将其分成四类，分别为：一是"残障类"，指身体部分残障不宜参加常规体育活动的学生，如断肢、弱视等；二是"病症类"，指身体患慢性疾病，不宜参加剧烈运动的学生，如哮喘、肝炎、高血压等；三是"体弱类"，指身体过度肥胖（BMI>26.5）或瘦弱（BMI<20）的学生；四是"其他类"，指少数高龄者及有心理障碍等特殊情况的学生。

第一节　"残障类"特殊群体的体育锻炼

一、"残障类"特殊群体与体育锻炼

"残障类"特殊群体不是同质人群，残障及残障程度的不同，对体育锻炼的要求也不同。这类特殊群体开展体育活动比较困难，面临的困难包括体育器材不足；因残障引起的对运动的心理障碍。

二、适合"残障类"特殊群体体育锻炼的项目

适合"残障类"特殊群体参加的体育锻炼项目有：肢体"残障类"、智力"残障类"、视觉"残障类"、听觉"残障类"等。一般有球类、登山、长距离走、游泳、跑步、跳绳等。

三、体育锻炼对"残障类"特殊群体的积极作用

（1）体育锻炼可增强"残障类"特殊群体生活的信心。参加体育活动有助于交流，改善心理素质，克服心理障碍。消除由缺陷心理、挫折心理、信赖心理、防御心理带来的种种弊端。"残障类"特殊群体参加体育活动具有十分重要的社会意义。通过体育活动，"残障类"特殊群体可积极参与社会活动，增添生活情趣，陶冶情操，促进身心健康，扩大活动范围；同时，开展"残障类"特殊群体的体育运动还可以通过意志和体能的较量，挑战生命的潜力。

（2）体育锻炼有利于"残障类"特殊群体身心的康复和素质的提高。促进残障部分的功能恢复，提高其他部位的能力，改善"残障类"特殊群体的心理状态，提高他们的生活自理能力和社会适应能力。

（3）体育锻炼有助于"残障类"特殊群体回归社会。促进"残障类"特殊群体之间的情感交流，增强自信心。"残障类"特殊群体因残障而生活自理能力受到不同程度的影响，而体育锻炼对"残障类"特殊群体提出了更高的要求。

第二节　"病症类"特殊群体的体育锻炼

一、哮喘患者的体育锻炼

（一）哮喘概述

哮喘是抗原性或非抗原性刺激引起的一种气管、支气管反应性过度增高（气管、支气管收缩痉挛）的发作性慢性疾病。

（二）哮喘的成因

（1）空气污染。

（2）呼吸系统感染。

（三）哮喘的危害

（1）哮喘经常发作，会使患者体质变差、体能减退、免疫力下降。

（2）长期重症哮喘还伴有感染，会引起心肺功能障碍。

（四）专家建议

（1）哮喘患者应在医生的指导下，积极治疗，防止哮喘经常发作。

（2）哮喘患者参加体育锻炼，能增大肺活量，增强体质，提高免疫能力，减少发病次数。

（3）运动前要做好准备活动，逐渐增加运动量。

（4）对无心肺功能障碍的患者，运动强度的控制为：儿童心率可达 150～170 次／分，成年人心率可达 140～150 次／分。

（5）哮喘患者适合做间歇运动。

（6）运动时要随身携带哮喘喷雾器。

二、肝炎患者的体育锻炼

（一）肝炎

肝炎是由病毒感染引起的一种以肝脏为主的传染性疾病。肝炎有甲、乙、丙、丁、戊共五种类型。

（二）肝炎的症状

（1）轻度患者：表现为轻度乏力，食欲稍减、腹胀，肝区有轻度不适感，肝大，肝功能试验有轻度异常。

（2）中、重度患者：食欲与体力明显减退，腹胀、肝大、肝功能试验有明显异常。

（三）专家建议

（1）肝功能指标日趋好转时可适当参加体育锻炼。

（2）运动强度因人而异，以不感觉疲劳为原则。

（3）肝炎患者可参加气功、太极拳、步行等体育锻炼。

（4）要注意对肝炎患者进行医务监督。

三、高血压患者的体育锻炼

（一）体育锻炼具有预防高血压的作用

动物实验结果表明，体育锻炼可减缓自发性高血压大鼠伴随成熟而发生的血压升高。经常进行体育锻炼可以降低高血压发生的概率。

（二）体育锻炼具有降压作用

既往的研究报道证实，体育锻炼可使大部分低中度原发性高血压患者的收缩压和舒张压降低，而对于高度原发性高血压患者而言，在药物治疗的基础上，结合体育锻炼将会有更好的降压效果。

（三）体育锻炼降压的可能机制

体育锻炼使高血压患者血压降低的机制仍不清楚，但至少有一点是可以确定的，体育锻炼达到的降压效果独立于体重和体脂的减少。

（四）降压的运动处方

（1）体育锻炼形式：步行、跑步、骑自行车、游泳、登山或爬楼梯、划船、有氧舞蹈。

（2）运动频率：大量的研究表明，适宜的运动频率是每周3～5天。

（3）持续时间：大多数研究表明，每天20～30分钟的运动是改善心血管机能的适宜量。

（4）运动强度：这是降压运动处方中最重要的因素之一。对于大多数人来说，适宜的运动强度为大于或等于最大摄氧量。

第三节　　"体弱类"特殊群体的体育锻炼

一、肥胖者与体育锻炼

（一）肥胖的定义

肥胖是指人体脂肪的过量储存，表现为脂肪细胞增多和（或）细胞体积增大，即全身组织块增大，与其他组织失去正常比例的一种状态。常表现为体重增加，超过了根据相应身高确定的标准体重。

（二）肥胖的判断

脂肪是人体不可缺少的成分，在人体的生命和体育活动中起着重要的作用。依据脂肪含量与身体重量的比例来判断是否肥胖，一旦体内的脂肪堆积数量大于身体重量的正常比例，就意味着肥胖。

诊断肥胖较常见的方法是体质指数（Body Mass Index，BMI）法。即 BMI=体重（千克）/[身高（米）]²（单位为千克/米²），根据 BMI 的值来判断是否肥胖。

（三）肥胖的原因

各种年龄段的人均可能发生肥胖，但肥胖大多数出现在中年以后。引起肥胖的原因大体上可分为遗传和环境两类。

（四）体育锻炼对肥胖者的意义

体育锻炼通过一系列复杂的新陈代谢的变化来影响人体的组成、体重和基础代谢。对减肥的效果主要表现在长期的、有规律的锻炼中。

最佳的减肥方法是体育锻炼和饮食节制的结合，因为它们比运用一种方法能更快捷、更有效地减肥。从长远的眼光看，要想成功地、持久地控制体重，避免减肥后的"反弹"，必须养成体育锻炼和饮食节制的习惯。

（五）肥胖者与体育锻炼

1. 肥胖者的运动处方

减肥的关键在于运动。目前，专家们认为，若要减肥必须要做到节制饮食，并加强运动，即减少摄入的热量或者努力消耗体内的热量。所以说值得大力提倡的有两个方面：一方面是平衡膳食，另一方面就是运动。美国专家的调查表明，要使减肥效果持久，除了减少热量摄入，还必须增加运动量。

科学节食与运动相结合。适当减少碳水化合物及脂肪的摄入仅对轻度肥胖者有效，对重度肥胖者要严格控制饮食。但仅靠控制饮食的减肥效果不持久，通过单纯控制饮食能控制体重者一般不到20%，大约50%的肥胖者在2～3年内恢复到以前的体重。

2. 减肥运动的强度

从能量消耗的角度来看，中等强度的运动（如长跑）可以持续较长的时间，总能量消耗较多。而且对于中等强度运动，除了糖，脂肪是供能的重要来源。根据这个原理，时间长、中等强度的运动对减肥效果最好。

日本爱知医科大学运动医疗中心提出的运动减肥方案是：运动强度为最大运动量的40%～60%；每次运动2.5小时消耗的热量1004.5～1255.7千焦耳（约240～300千卡）；每周运动3次以上，减肥运动最佳心率为：最佳心率＝（220–年龄–安静心率）÷2＋安静心率。

3. 选择合适的运动项目

（1）选择锻炼全身体力和耐力的有氧运动项目，如长距离步行、慢跑、自行车和游泳等。

（2）选择以锻炼肌肉力量、肌肉耐力为目标的静态运动。

（3）选择准备活动和整理活动的伸展体操。尤应注意更换运动内容，以免枯燥。但有高血压和冠心病的患者，不要做静力运动，以免引起心率过快或血压升高。

4. 制定减肥目标和计划

美国运动生理学家莫尔豪斯认为：减肥必须采取理智和稳健的方法，即根据自己的实际情况制定切实可行的减肥目标和计划，然后逐渐调整热量消耗与饮食的关系。他提醒减肥者，在1周内减重不应超过0.45千克。

实行每周减重0.45千克的减肥计划。由于0.45千克的脂肪可以产生约3500千卡的热量，所以平均每天要比摄入量多消耗约5000千卡的热量。消耗这些热量的最佳方法是：每天减少约2000千卡热量的食物摄入，再通过运动多消耗约3000千卡的热量。

（1）运动锻炼的目的。一是减轻体重、防止肥胖；二是保持和增加体力，预防肥胖并发症。

（2）耐力运动项目。如长距离步行、慢跑、自行车、游泳等。

（3）运动强度：60%～70%的最大心率，相当于50%～60%的最大摄氧量；或心率为120～130次／分。

（4）运动时间和频率。每次30～45分钟，每周3～4次。

（5）锻炼方法。① 准备活动5分钟，可做些腰、腿和髋关节轻微活动。② 慢走与快走交替20分钟，如步行由慢到快再到慢；用10分钟走完1200米，速度为2步/秒，再用10分钟走完1300米。③ 基础运动练习15分钟，仰卧起坐20个，俯卧撑20个为一组，做两组，俯卧抬起上体20次，提脚跟50次，立卧撑20次，蹲跳起20次。④ 以上全部内容锻炼总时间为 45 分钟，共消耗热量约 300 千卡，此热量相当于 90 克米饭或 3 个煎鸡蛋的热量。

注意事项：锻炼时若感到轻松或过于吃力，可稍调节锻炼内容和次数；以锻炼后第二天不感到疲劳为宜，可每周适当增加运动量；严寒、酷暑或身体不适时，应停止锻炼。

二、瘦弱者的体育锻炼

肥胖对身体健康是不利的，但如果体重低于标准体重的 10%～20%，也是不健康的表现。

（一）瘦弱的危害

瘦弱者多表现为无力、不能胜任较重的体力劳动、心脏耐力差、做事兴趣低、工作和学习效率不高，常有力不从心之感。由于这类群体身体的脂肪储存少、能量储存少，器官功能也会受到影响，导致免疫能力差、耐寒抗病能力弱，易患肺结核、肝炎、肺炎等疾病。此外，在心理上，瘦弱者也会由于单薄的体型而羞于参加锻炼，不愿与他人交往。

（二）瘦弱的成因

（1）遗传因素：虽然可能没有器质性疾病，但家族成员瘦弱的基因会在他们身上得到体现。其特点是：身体消瘦，颈细长，垂肩，胸廓扁平，易患各种慢性病。

（2）疾病因素：由某些慢性病及器质性疾病引起，如缺铁性贫血、结核、肿瘤、甲状腺功能亢进、消化道溃疡、寄生虫等，阻碍人体对营养的吸收。

（3）营养因素：由于饮食习惯而导致营养失衡、热量供给不足，以及由蛋白质、维生素及矿物质摄取不足所致。

（4）情绪因素：由精神焦虑、生活不规律、睡眠不足，以及由此而产生的消耗大于营养摄入等因素。

（5）缺乏体育锻炼。

（三）增加体重的注意事项

（1）树立正确的体型观：瘦弱不是美的别名，更不代表健康。所以，瘦弱者首先要走出追求瘦即美的误区。

（2）生活规律化：改掉不良生活习惯和饮食习惯，如吃饭、睡觉、活动、休息都要有规律，并培养多种兴趣爱好，参加有益的文娱活动，保持心情舒畅。

（3）合理增加营养：首先要保证足够的蛋白质和热量供给，其次为了刺激食欲，烹调加工尽可能讲究方法，使菜肴美味可口。另外，要注意营养的合理搭配。

（4）坚持锻炼，增强体能：长期坚持体育锻炼，可以使肌肉发达。

（四）瘦弱者的运动处方

（1）锻炼的目的。改善和提高心肺功能和内脏器官功能，增长肌肉，强壮身体。

（2）项目的选择。锻炼初期（1～3 个月）：以改善心血管系统和呼吸系统功能、运动强度较小的有氧运动为主，如快走、健身跑、骑自行车、游泳、太极拳及强度较小的其他运动项目；锻炼中期（3～6 个月）：在锻炼初期的基础上增加锻炼强度和锻炼时间，适当增加力量练习，如利用健身器械的无氧运动、强度较小的健身操及自己喜好的球类项目；锻炼后期（6 个月以后）：在不致疲劳及损伤的前提下，安排全面的身体锻炼，根据个人爱好，选择以提高心肺功能和肌肉力量为主的锻炼项目。

（3）锻炼的强度。锻炼初期：最高心率控制在 110 次/分以内；锻炼中期：最高心率控制在 120～140 次/分；锻炼后期：最高心率控制在 120～160 次/分。锻炼强度及运动量以第二天不感到疲劳为宜。

（4）锻炼时间。锻炼初期：一次锻炼时间控制在 30～40 分钟；锻炼中期：一次锻炼时间控制在 40～50 分钟；锻炼后期：一次锻炼时间控制在 50～70 分钟。以上时间都不包括热身活动和整理活动的时间。在各阶段锻炼中，达到目标心率的锻炼时间须在 5 分钟以上。

（5）锻炼频率。锻炼初期：每周 2 次；锻炼中期：每周 3～4 次；锻炼后期：每周 5 次。

第四节　"其他类"特殊群体的体育锻炼

一、高龄者的体育锻炼

（一）高龄者的界定

年龄是指一个人从出生时起到计算时为止生存的时间长度，通常用 "岁" 来表示。年龄是一种具有生物学基础的自然标志，一个人出生以后，随着岁月流逝，年龄也随之增长，这是不可抗拒的自然规律。

现代医学认为，生命周期中随时间推移而表现出功能不断衰退，直至死亡的过程，这个过程称为衰老。衰老是人类生命历程中的自然规律，有史以来，人类一直在追求健康与长寿。经常参加体育锻炼能改善和提高高龄者身体各器官系统的代谢能力和工作能力，从而减缓衰老，预防老年常见病，延长寿命。

世界卫生组织对年龄的划分为：44 岁以下为青年人；45～59 岁为中年人；60～74 岁为年轻老年人；75～89 岁为老年人；90 岁以上为长寿老年人。

（二）高龄者体育锻炼的一般原则

1. 循序渐进原则

刚开始锻炼的运动量和运动强度要小，以后随身体适应能力提高而逐渐加大。高龄者最合适的运动强度一般为最高心率的 60％，最高心率随年龄增长而减小。也有人提出高龄者慢跑时的心率应为 170 – 年龄（次/分）。高龄者在慢走时，开始时的速度要慢，每分钟为 60～90 步（每步 70～80 厘米），或每小时 2.5～4 千米。以后逐渐提升速度，最高可达每分钟 120～140 步，或每小时 5.6～6.4 千米。在此基础上转为慢跑或走跑交替。开始速度要慢，距离要短，适应 1～2 周后，再逐渐增加运动量，延长锻炼时间。

2. 经常性原则

由于高龄者心血管系统适应能力较差，因此突然剧烈运动容易引起心血管疾病。只有经常坚持运动，才能获得很好的效果。一旦间断，心肺功能、体力和工作能力也会随之下降。

3. 区别对待原则

要根据高龄者的年龄、性别、体力特点、健康状况及以往运动史等来决定最适宜的运动项目，并制定合理的锻炼计划。高龄者适宜进行低强度的运动，如长跑、快走、游泳、骑自行车、练气功、打太极拳等。不宜进行速度性项目，如短跑。运动强度要适中，应根据个人具体情况而定。40 岁以上的人，每周至少锻炼 3 次，每次 10～15 分钟，运动强度应相当于最高心率的 60％或最大吸氧量的 50％以上。在锻炼过程中，如果感到呼吸顺畅、精神饱满、有轻度疲劳但无气喘、心率过快等现象；以及锻炼后食欲增加、睡眠改善、晨脉较稳定、血压正常、体重正常等情况，都是良好反应。如果锻炼后有头疼、恶心、胸部不适、食欲下降、睡眠不好、晨脉加快、疲劳感不能消失等现象，表示运动量过大，需要调整或暂停锻炼。锻炼时间应根据四季变化有所调整。一般早晨要等到太阳出来后锻炼才好。若在室外，避开太阳直晒（如夏季）。至于上午、下午什么时间锻炼最好，并不绝对，要因人而异。春秋季节可在花园、林间、庭院等室外空气清新的地方进行锻炼，冬夏季节可在室内进行锻炼。

（三）高龄者的运动处方

（1）高龄者在锻炼前必须要对自身状况进行检查，了解自身健康状况，以便合理选择运动项目和确定运动处方，尤其要进行心血管系统的功能检查。50 岁以上的人要有近期体检证明，特别是安静时和负荷后心电图应无异常。定量负荷后，每分钟心率的标准是：40～44 岁为 160 次/分，45～49 岁为 155 次/分，50～54 岁为 150 次/分，55～59 岁为 145 次/分，60～65 岁为 140 次/分，65 岁以上为 135 次/分。

（2）加强锻炼的医务监督（包括自我监督），防止过劳或意外损伤。如进行慢跑锻炼，不能跑得太快，否则踝关节容易扭伤，高血压患者容易发生意外，还有可能使身体缺氧，诱发心脏病。要注意慢跑的环境，跑鞋要轻软合脚等。锻炼中要有间歇，可以走跑结合。慢跑过程中如有胸痛、胸闷、轻度头晕、恶心，甚至呼吸困难等症状，应立即停止活动。冬季锻炼要注意身体保暖，防止感冒。

（3）锻炼期间要遵循正常的生活规律。如保证充足的睡眠，夏季最好在早晨锻炼，饭后至少间隔 1～2 小时再进行锻炼等。

（4）注意锻炼期间的饮食和营养。饮食以易消化，蛋白质和维生素含量高、低脂肪的食物为主。可多吃瘦肉、黄豆制品、鱼类及蔬菜和水果。还应多吃花生、牛肉、包心菜、芝麻油等富含维生素的食物。要控制脂肪、糖和盐的摄入。

（5）高龄者在锻炼期间应禁烟和禁酒。因为吸烟能诱发心脏病，并使患肺癌率升高。健康高龄者不应饮酒或少饮酒，过量饮酒有可能导致肝脏中毒，故冠心病、胃溃疡、肝炎、高血压患者不应饮酒。

二、心理障碍与体育锻炼

心理障碍是指一个人由于心理、生理或社会原因而导致的各种异常心理过程、异常人格特征和行为方式，是一个人表现为没有能力按照社会认可的适宜方式行动，以致其行为的后果对本人和社会都是不适应的。

（一）大学生心理障碍的诱因

（1）环境适应不良。刚进入大学，大学生或多或少会产生一些不适，一般这种问题在一段时间后就会自动消失。

（2）学习存在障碍。很多大学生在进入大学后会突然丧失学习的目标和动力，具体表现为学习不积极、态度差，考试成绩不理想等。

（3）人际关系不和谐。进入大学后，大学生对人际关系的关注程度远远高于初、高中生，这也是造成心理问题的主要原因。具体表现为不能和别人和谐相处，没有朋友等。

（4）性格与情绪问题。这类问题是大学生中比较常见也是表现比较严重的问题，性格有一部分是先天的，也有很大部分和后天的经历有关；大学生处于青春期后期，在情绪控制上相比初、高中阶段会有一定的提高，但还会有一些问题，如自卑、偏激、孤僻等。

（5）求职与择业的困扰。这是大学生找工作和实习期间的常见问题，大四的学生经常会感到迷茫和担忧。选择什么样的职业，怎样选择适合自己的职业，怎样得到心仪的工作等这些问题，都会或多或少使他们为难。

（6）其他精神性疾病等。

（二）体育锻炼对心理障碍的积极作用

体育锻炼不仅能改善大学生的身体状况，而且能促进他们的心理健康，有效的体育锻炼有利于大学生心理健康的发展。

大量证据表明，经常参加体育锻炼能保持良好的心理健康水平。通过对美国和加拿大十年间多组人群的横向调查显示，较高水平的体育锻炼与总体幸福感、低水平焦虑和抑郁以及总体积极情绪呈正相关。长期的适量体育锻炼有助于大脑皮质的重量增加，体育锻炼能够促进血液循环，为大脑神经细胞的运动提供充足的氧气使其保持充分的能量供给，提高大脑中枢神经系统功能的稳定性和灵活性。体育锻炼有助于预防和治疗大学生因生理变化而产生的各种心理健康问题，从而提高大学生的心理健康水平。

（三）大学生心理障碍与体育锻炼

运动实践和运动心理学的研究表明，各项体育活动都需要有较强的自我控制能力、勇敢果断和坚韧刚毅的意志等心理品质作为基础。因此，有针对性地进行体育锻炼，是克服心理障碍、培养健康体质的有效手段。

（1）对于不大合群、不习惯与同伴交往、孤僻、拘谨的大学生，可以选择足球、篮球、排球以及接力跑、拔河等集体项目进行锻炼。因为参加这些项目的锻炼，大学生可以通过肌肉运动使情感得到融通，建立起人与人之间的信任，进而相互了解，彼此尊重。同时，在与同伴的交往中变得开朗、乐观，愿意同他人进行情感交流，改变孤僻的性格。

（2）对于胆小、怕冒险、害羞的大学生，可选择游泳、滑冰、滑雪、拳击、摔跤、单双杠等项目进行锻炼。这些运动要求大学生不断克服害怕摔跌的心理，以勇敢无畏的精神去战胜困难。经过一段时间的锻炼，随着大学生的技术水平不断提高，胆子也会越来越大。这种心理体验会给大学生在学习、生活中建立一种良好的心理基础，使他们处事逐渐变得成熟，不再胆小怕事。

（3）对于处事总是犹豫不决、不够果断的大学生，可以多参加乒乓球、网球、羽毛球、拳击、跨栏、跳高、跳远等项目。因为在进行这些项目锻炼时，任何犹豫、徘徊都会延误时机，最终失败，这些项目所需要的是判断准确，反应迅速，如果长期坚持这些项目的锻炼，会变得果断。

（4）对于遇事急躁、易冲动的大学生，可以多参加太极拳、慢跑、长距离步行及游泳、骑自行车郊游等项目。这些项目的动作频率较慢，需要较长时间才能完成，可以帮助大学生调节神经冲动，增强自我控制能力，稳定情绪，克服急躁、冲动的弱点。

（5）对于遇到重要的事情难为情、容易紧张的大学生，可以多参加公开性的激烈比赛，特别是集体项目，如足球、篮球、排球比赛，这些项目的比赛场面一般都比较激烈。面对这些比赛，只有冷静沉着，控制自己，正常地发挥出技术水平，才能取得胜利。经常在这种场合下进行锻炼，遇事就不会过分地紧张或惊慌失措了。

（6）对于好逞强、易自负的大学生，可以在所喜欢的体育项目中，寻找一些水平超过自己的对手进行较量，如乒乓球、网球、羽毛球、足球、篮球、排球等，通过不断地与对手较量，使自己逐渐清楚地认识到自己的长处和短处，对自己有一个正确的评价，从而不断提醒自己，谦虚使人进步，骄傲使人落后，人各有所长，万万不能自负。

要使体育锻炼达到促进心理健康的目的，锻炼时要选择科学的锻炼方法，在锻炼强度、质量和时间上有一定要求。锻炼要持之以恒，循序渐进，并做好安全措施。

附录 《国家学生体质健康标准》的测试成绩及评价

表1 单项指标权重分配表

单项指标	权重（%）
体重指数（BMI）	15
肺活量	15
50 米跑	20
坐位体前屈	10
立定跳远	10
引体向上（男）/1 分钟仰卧起坐（女）	10
1000 米跑（男）/800 米跑（女）	20

注：体重指数（BMI）=体重（千克）/身高²（米²）

表2 体重指数（BMI）评分表

等级	单项得分	男生	女生
正常	100	17.9～23.9	17.2～23.9
低体重	80	≤17.8	≤17.1
超重		24.0～27.9	24.0～27.9
肥胖	60	≥28.0	≥28.0

表3 单项评分表1

等级	单项得分	肺活量/毫升				50 米/秒				坐位体前屈/厘米			
		男生		女生		男生		女生		男生		女生	
		大一 大二	大三 大四	大一 大二	大三 大四	大一 大二	大三 大四	大一 大二	大三 大四	大一 大二	大三 大四	大一 大二	大三 大四
优秀	100	5040	5140	3400	3450	6.7	6.6	7.5	7.4	24.9	25.1	25.8	26.3
	95	4920	5020	3350	3400	6.8	6.7	7.6	7.5	23.1	23.3	24	24.4
	90	4800	4900	3300	3350	6.9	6.8	7.7	7.6	21.3	21.5	22.2	22.4
良好	85	4550	4650	3150	3200	7	6.9	8	7.9	19.5	19.9	20.6	21
	80	4300	4400	3000	3050	7.1	7	8.3	8.2	17.7	18.2	19	19.5
及格	78	4180	4280	2900	2950	7.3	7.2	8.5	8.4	16.3	16.8	17.7	18.2
	76	4060	4160	2800	2850	7.5	7.4	8.7	8.6	14.9	15.4	16.4	16.9
	74	3940	4040	2700	2750	7.7	7.6	8.9	8.8	13.5	14	15.1	15.6
	72	3820	3920	2600	2650	7.9	7.8	9.1	9	12.1	12.6	13.8	14.3
	70	3700	3800	2500	2550	8.1	8	9.3	9.2	10.7	11.2	12.5	13
	68	3580	3680	2400	2450	8.3	8.2	9.5	9.4	9.3	9.8	11.2	11.7
	66	3460	3560	2300	2350	8.5	8.4	9.7	9.6	7.9	8.4	9.9	10.4

续表

等级	单项得分	肺活量/毫升 男生		女生		50米/秒 男生				肺活量/毫升		男生	
及格	64	3340	3440	2200	2250	8.7	8.6	9.9	9.8	6.5	7	8.6	9.1
	62	3220	3320	2100	2150	8.9	8.8	10.1	10	5.1	5.6	7.3	7.8
	60	3100	3200	2000	2050	9.1	9	10.3	10.2	3.7	4.2	6	6.5
不及格	50	2940	3030	1960	2010	9.3	9.2	10.5	10.4	2.7	3.2	5.2	5.7
	40	2780	2860	1920	1970	9.5	9.4	10.7	10.6	1.7	2.2	4.4	4.9
	30	2620	2690	1880	1930	9.7	9.6	10.9	10.8	0.7	1.2	3.6	4.1
	20	2460	2520	1840	1890	9.9	9.8	11.1	11	-0.3	0.2	2.8	3.3
	10	2300	2350	1800	1850	10.1	10	11.3	11.2	-1.3	-0.8	2	2.5

表4　单项评分表2

等级	单项得分	立定跳远/厘米 男生 大一/大二	大三/大四	女生 大一/大二	大三/大四	引体向上/个 男生 大一/大二	大三/大四	1000米 男生 大一/大二	大三/大四	1分钟仰卧起坐/个 女生 大一/大二	大三/大四	800米 女生 大一/大二	大三/大四
优秀	100	273	275	207	208	19	20	3'17"	3'15"	56	57	3'18"	3'16"
	95	268	270	201	202	18	19	3'22"	3'20"	54	55	3'24"	3'22"
	90	263	265	195	196	17	18	3'27"	3'25"	52	53	3'30"	3'28"
良好	85	256	258	188	189	16	17	3'34"	3'32"	49	50	3'37"	3'35"
	80	248	250	181	182	15	16	3'42"	3'40"	46	47	3'44"	3'42"
及格	78	244	246	178	179			3'47"	3'45"	44	45	3'49"	3'47"
	76	240	242	175	176	14	15	3'52"	3'50"	42	43	3'54"	3'52"
	74	236	238	172	173			3'57"	3'55"	40	41	3'59"	3'57"
	72	232	234	169	170	13	14	4'02"	4'00"	38	39	4'04"	4'02"
	70	228	230	166	167			4'07"	4'05"	36	37	4'09"	4'07"
	68	224	226	163	164	12	13	4'12"	4'10"	34	35	4'14"	4'12"
	66	220	222	160	161			4'17"	4'15"	32	33	4'19"	4'17"
	64	216	218	157	158	11	12	4'22"	4'20"	30	31	4'24"	4'22"
	62	212	214	154	155			4'27"	4'25"	28	29	4'29"	4'27"
	60	208	210	151	152	10	11	4'32"	4'30"	26	27	4'34"	4'32"
不及格	50	203	205	146	147	9	10	4'52"	4'50"	24	25	4'44"	4'42"
	40	198	200	141	142	8	9	5'12"	5'10"	22	23	4'54"	4'52"
	30	193	195	136	137	7	8	5'32"	5'30"	20	21	5'04"	5'02"
	20	188	190	131	132	6	7	5'52"	5'50"	18	19	5'14"	5'12"
	10	183	185	126	127	5	6	6'12"	6'10"	16	17	5'24"	5'22"

参考文献

[1] 刘茂辉，郝光安. 新编大学体育与健康[M]. 上海：上海科学技术出版社，2023.

[2] 兰华勋，韦李，唐进昌. 大学生体育与健康[M]. 南昌：江西人民出版社，2020.

[3] 李钦升，许宁，王国昆. 新编大学生体育与健康[M]. 西安：西北工业大学出版社，2021.

[4] 李仪，傅建. 大学体育与健康教程（第二版）[M]. 北京：高等教育出版社，2018.

[5] 袁守龙. 大学体育与健康教程：图解示范＋视频指导[M]. 北京：人民邮电出版社，2019.

[6] 高维纬. 体育保健学[M]. 北京：北京体育大学出版社，2021.

[7] 王月英，赵轩. 大学体育保健与康复教程[M]. 北京：中国纺织出版社，2018.

[8] 孙娜娜，许治，冯国梁. 大学体育文化与健康教程[M]. 北京：电子工业出版社，2022.